ちくま学芸文庫

# 邪教・立川流

真鍋俊照



筑摩書房

目次

# 邪教・立川流

# はじめに

立川流のことをまとめたい、という気持がかたまったのは実に単純な動機であった。数年前にドイツのケルン市立美術館で、当時館長をされていたロジャー・ゲッパー先生が特別に企画されて、日本の『密教美術=真言』の展覧会が催されたのがその縁である。先生は大変な親日家で専門は仏教美術であり、最近は『愛染明王』[1]という本を出版されている。その先生がこの展覧会の準備のために何度か日本を訪れることになった。私はそのたびごとに御夫妻にお会いし、展示品の選定のお手伝いをすることになったのである。むろんこの選定には、文化庁をはじめ東京、奈良の国立博物館の学芸スタッフが全面的に応援することになった。展示の眼目は真言密教をひらいた空海直系の宗教美術を、彫刻・絵画・工芸品・書跡といった区分けで選び出し、密教独自の深い美意識がわかるように構成することにあった。

その過程の中で、私にわりあてられた図録の原稿のテーマが、真言密教の「立川流」であった。この原稿は私がはじめ英語で稿を起し、その後、誤解のないように入念に校正しドイツ語に翻訳された。(2) 短い論考であるが、密教の秘奥の世界に立川流の内証を邪義も交えて位置づけるのは至難のわざともいうべき仕事であった。これが契機となり、自分なりにまとめようと目論《もくろ》んだのが本書である。「邪教」と加えたのは、いうまでもなく有快の著作から、立川流が「邪流」であることを記しているからである。ところで、当時のヨーロッパにおいて日本の密教に注目し、これほど大がかりに密教美術の作品群を公開するのに際して、ゲッパー先生のように、より強く日本を意識しながら固有の密教美術だけに的をしぼって展示構成を考える人は意外と少なかった。なるほど今日では高野山大学の松長有慶先生の指導をうけられたベルギーのゲント大学（日本語学科）のポール・ヴァンデン・ブルック先生のように、立川流を邪教と批判した有快著『宝鏡鈔』の英訳出版(3)の成果などが若干みられるようになったが、諸外国での立川流の研究は、それでもまだやっと入口に到達したというか、日本密教研究の一部として認められた程度にすぎないのである。

前おきが長くなってしまったが、本書でとりあげる立川流について、少し概要を述べておきたいと思う。

平安時代末期に左大臣阿闍梨仁寛《にんかん》によって創始されたとされる真言密教の立川流（立河流とも書き、武蔵国立川に由来する）は、その教えや実践、修行が実に卑猥きわまりないために、十四世紀中ごろには邪教というレッテルをはられることになる。もとより弘法大師・空海が開いて以来の正純な密教は、事相《じそう》（灌頂《かんじょう》・修法など具体的に修する作法・実践）

と教相《きょうそう》（教え・教義）をまさに車の両輪のごとくバランスを保ちながら一体となし、苦行に苦行を重ねて、ついに最終的には即身成仏《そくしんじょうぶつ》を完成することを目的とする。

ところがこの立川流では、密教理論の要《かなめ》ともいうべき即身成仏を実現するために、こともあろうに男女二根の冥合《みょうごう》（交接）による性愛秘技をもって可能だというのである。さらにまた鎌倉時代の文永九年（一二七二）に書かれた誓願房心定《せいがんぼうしんじょう》の『受法《じゅほう》用心集』には、野ざらしにされた死者の髑髏《どくろ》をよりすぐり、これを本尊に仕立てあげる過程が入念に記されている。立川流ではこれを本尊大頭作成法という。

そのしゃれこうべ（曝首）に住みついていたとされる生前の人間の霊と深い関係にある三魂七魄《さんこんしちはく》を蘇らせるために、行者は女性と交わり、赤白二諦《しゃくびゃくにたい》（渧《たい》とも書く）、すなわち男女の愛液・精液・性液を採取しては八年にわたって髑髏本体に塗りつづけると、しだいに生気を帯びて、生きもののごとく声を発し、ついにはしゃべり出すというのである。この心定の記述はまさに異様な事態を想像させる。

こうした本尊用の髑髏は、尸陀林《しだりん》（死体遺棄場）で採集される法界髏のほかに、千人の頭骨を粉末にしてつくられた千頂《せんちょう》や、さらには智者（智識人）、修行者のそれ、国王、将軍、大臣、長者、父や母のものなど十種ほどに分類されるという。

この赤白二諦から展開される性愛（エロティシズム）と立川流の本尊の一つ髑髏の結びつきは、当然のことながら「死の世界の境地」（タナトス）を呼び起すことになる。性と死はある意味において表裏一体の関係にあり、両者の本質を理解する回路・システムをたどってゆけば、密教の即身成仏も、異端という烙印を押されながらも秘儀立川流が成立するという脈絡も、それほど不自然なことではない。ところが、これが密教の教相・事相の側からすると重大な問題をはらんでいるというのである。

ところで、人間の身体はおよそ三百六十片の骨格によって成りたっていると『往生要集』巻上に説かれている。そして肉体が朽ちてゆくはかなさも、さめた目で写実的にとらえられている。

末法の世の考えかたでは、おそらく肉体の肉の部分がこの世から消え去ってしまっても、不思議なことに人骨だけは消えないで残ってしまうという解釈があり、この考えは今なお生きているとみてよい。したがって人骨は人間というものの存在をある意味で絶対的に証明することのできる、唯一のものであると考えることができる。恐らくここには肉とは異なる骨の霊力のようなものが潜んでいるという見方も生じるに違いない。それはまた骨が長年うけとめてきた生命（宇宙にも通じる生命）を懐古させる図式となり、自ずと死の世界より浮上させようという気持が作用することになる。

そのような人間存在をつきつめてゆくと、どうも私は、邪教立川流のなかに、そのすべてを切り捨てることのできない別の尊い意味を、それも謙虚な思いで感ずるのである。『宝鏡鈔』を著し立川流を邪教と評した宥快こそ、正純な真言密教からははかり知ることのできない大切な部分を内心では感じとっていたのかもしれない。

このように「立川流」を真言密教の一セクトとして片づけずに、正純な真言密教を考えるうえでの一つの手段として位置づけることによって、背反するかもしれないが、むしろ逆に正純な真言密教の本質や構造を浮彫りにすることができるかもしれないと思うのである。真言密教は人間存在というテーマに対して、宇宙生命を掲げながら、数多くの修法を展開し、奥深い解釈をつみあげてきた。

平安時代以降の立川流の伝える舎利灌頂をつぶさに検討してみると、『駄都口伝』には仏性を「父祖赤白二渧和合ノ肉身也」と解釈している。これは正純密教の本有学派からみると二渧と二心の和合と生成はすでに男女の肉身を意識した曲解とされるのである。ただこの理論をおしすすめてゆくと途中までは、興教大師覚鑁《かくばん》所説の自身それ自体が法身舎利《ほっしんしゃり》であるという理にもかなうものであることがわかる。さらにはその自身（身体）を三弁宝《さんべんほう》珠《じゅ》と観念することにより最終的に「父母所生身速証大覚位」となる。この過程については本書「四　邪法と立川流の構造」で、父母と「定恵」あるいは「阿吽《あうん》」に置き換えて、その境地ととらえている。そして母は赤肉、父は白骨というイメージ化において、立川流のシンボリックな流れをとらえたうえで論を進行させている。

本書で立川流にあえて邪教と付した理由は現存の真言密教が脈々と伝来している立場上の意もあるが、典拠は宝性院快成が有快の記述をまとめたという『立河聖教目録』の記述

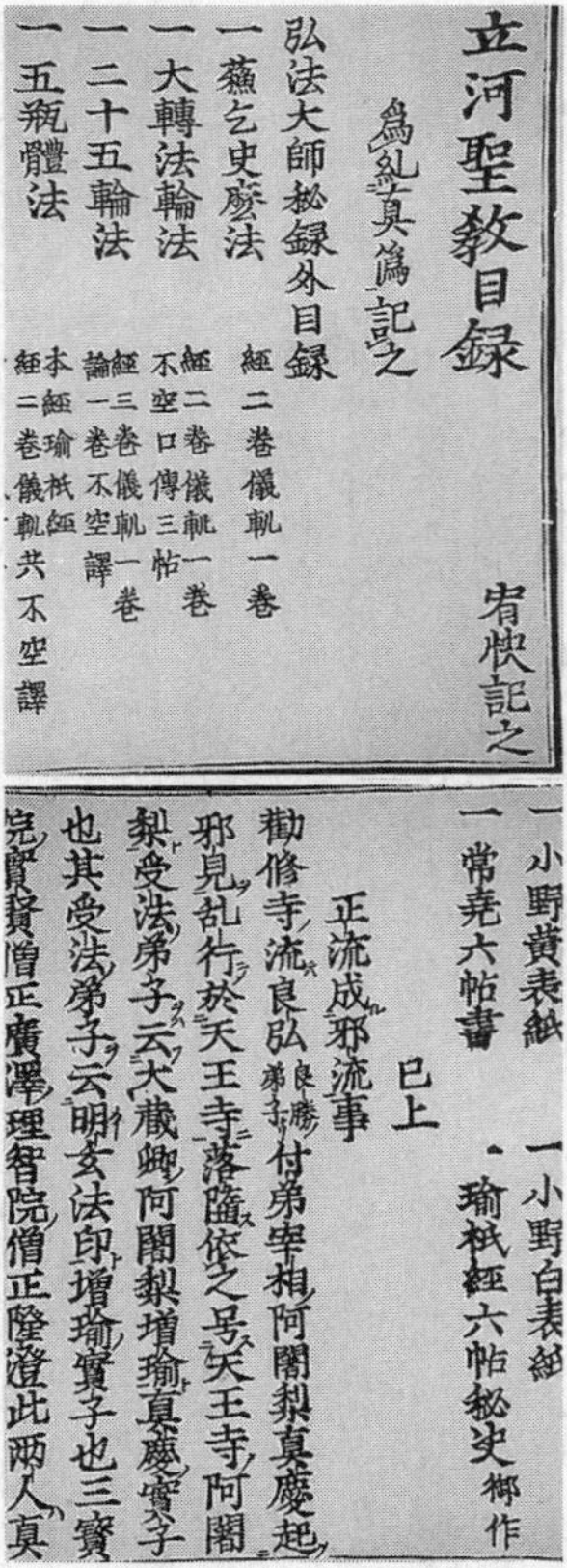
立河聖教目録
宥快記之
為糺真偽記之
弘法大師秘録外目録
一蘇乞史麼法 経二巻儀軌一巻
一大轉法輪法 経二巻儀軌一巻 不空口傳三帖
一二十五輪法 経三巻儀軌一巻 論一巻不空譯
一五瓶體法 本経瑜祇経 経二巻儀軌共不空譯

一小野黄表紙 一小野白表紙
一常尭六帖書 一瑜祇経六帖秘史 御作
已上
正流成邪流事
勧修寺流良弘 良勝弟子 付弟寺相阿闍梨真慶起
邪見乱行於天王寺落謫依之号天王寺阿闍
梨受法弟子云大蔵卿阿闍梨増瑜真慶實子
也其受法弟子云明玄法印増瑜實子也三寶
院賢賀僧正廣澤理智院僧正隆澄此両人真

宥快著『立河聖教目録』(上)冒頭には、その真偽について、空海請来の録外を意識して「蘇乞史麼法」以下引用している。下は、立川流が邪流であることを歴史的に細かく述べている。

による。すなわち立川流について「根本邪流の起りは、勝覚の舎弟左大臣阿闍梨仁寛（後に蓮念と改む）、伊豆の州に配流せられて邪見を起し、其より以来、蓮念・兼蓮（念）・覚印・澄鑁・覚明と是の如く相承し、道範・真弁・恵深は覚明に秘密瑜祇《ゆぎ》を相伝す。仍て彼の流は清浄ならざる方之れある歟。中院流は邪法交れる。龍光院の先師源照（円定房）は、下野に流されて邪法を相伝す。此れは明澄（尊信房）、賢誓（観信房）、勝深（一心院円観房）と是の如く次第相承せり。仍て彼の方流は邪法交るなり」と血脈の相承にも触れている。なぜ邪教であるのかは、正純密教の立場から『宝鏡鈔』で有快が示したように、密教理論の中心をなす本有説を曲解している点に要因がある。立川流の流布は関東を中心に武蔵国立川、伊豆、下野、越中、大和、摂津、紀伊、伊勢、肥後、京都、近江などに拡がっていった。しかし正純密教者の東寺杲宝や高野山の有快などは邪義を含む立川流聖教・典籍の多くを焼却したという。

いずれにしてもここでは限られた立川流の資料をよりどころにして、人間存在と密教理論のイメージ化を中心として、まとめている。

## 註

(1) Roger Goepper : Aizen-Myōō—The Esoteric King of lust an iconological study— (Switzerland

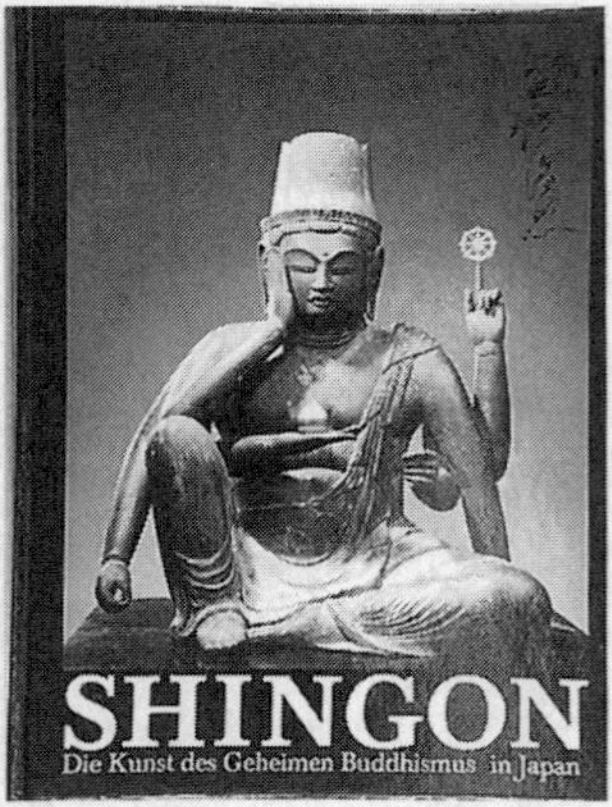


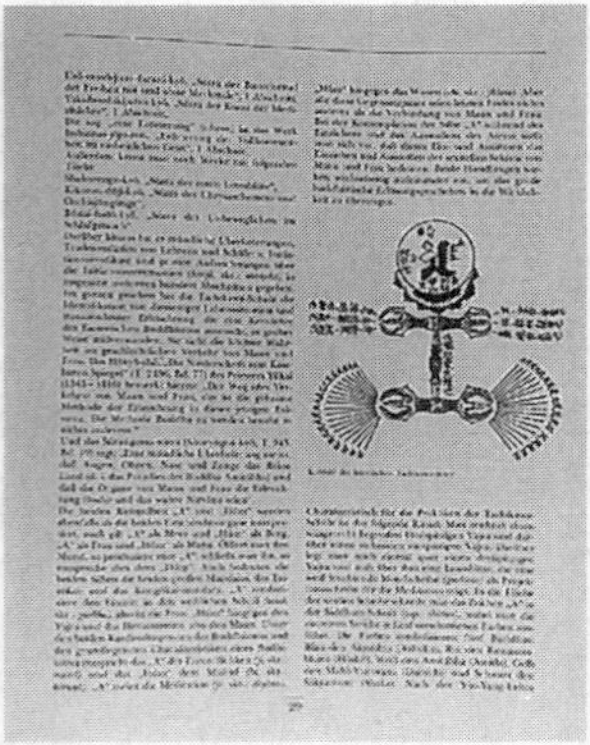

HŌKYŌSHŌ

'THE COMPENDIUM OF THE PRECIOUS MIRROR'

OF THE MONK YŪKAI

寶

鏡

鈔

Translated with an Introduction and Notes

by

POL VANDEN BROUCKE

Ghent National University

**右上**：真鍋俊照著『立川流』（ドイツ語訳）。
**右下**：P・ヴァンデン・ブルック氏の『宝鏡鈔』（英訳）。
**左上**：ケルンで開かれた『密教美術＝真言』のカタログ。

1988)

(2) S. Manabe : Die höretische Tachikawa-Schule im Esoterischen Buddhismus Japans
（ケルン市立美術館刊行図録『密教美術展＝真言』所収「立川流」。展覧会は一九八八年九月二十四日－十二月二十七日に開催された）

(3) Pol Vanden Broucke : "Hōkyōshō" The compendium of the precious mirror, of the Monk Yūkai. Ghent National Univ., Belgium. 1992
立川流を邪教と批判した宥快著の『宝鏡鈔』のはじめての英訳。

# 一　仁寛の登場

## 立川流の創始者仁寛

空海（七七四—八三五）がひらいた真言密教（「東密《とうみつ》」ともいう）の中に突如として立川流が出現するのは平安時代末期である。そしてこの法流を興したのはこれまでの通説によれば、京都の醍醐寺に住していた左大臣阿闍梨仁寛《にんかん》（—一一一四頃）だといわれている。しかし法流として活動が始まるのは、醍醐寺を舞台にしたある事件により、仁寛が流罪となって以降のことである。

立川流はのちに東密の中で、性愛の秘儀化が進み、そのことが表だつにつれ、邪教（邪悪なる法を説く教え）というレッテルをはられ異端視されるようになる。しかも、東寺や高野山など正純な密教の聖地《メッカ》に立川流の教え（教義）が接近するにつれ、この教義はあちこちで弾劾《だんがい》され、さらには実用化された次第《しだい》（テキスト）や理論書までもが多数焼きすてられるという運命をむかえる。

ところで仁寛が実在したか否か、を証明する史料はそれほど多くない。しかし実在した

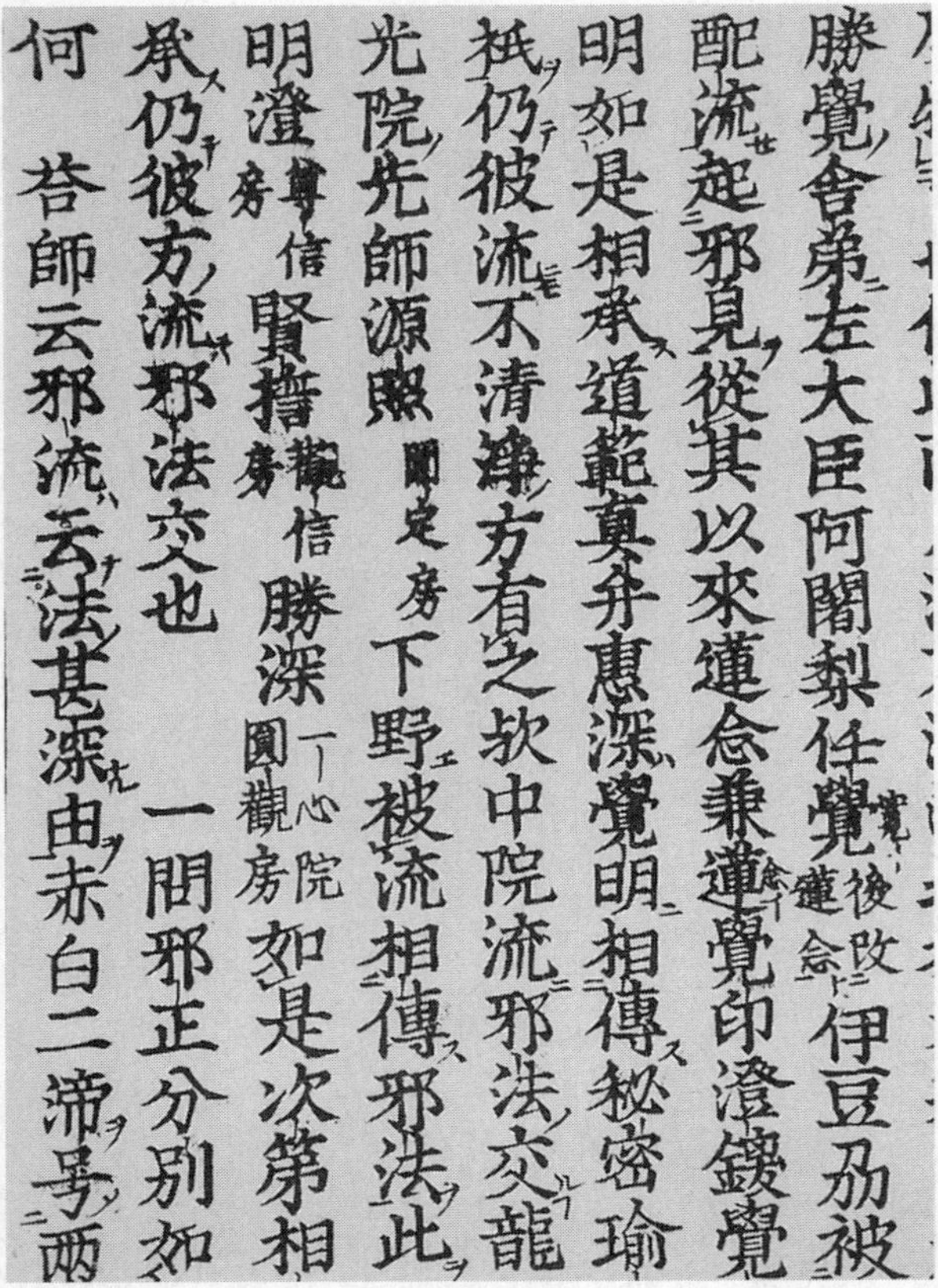
勝覺舍弟左大臣阿闍梨任覺寬蓮後改念伊豆被
配流起邪見從其以來蓮念兼蓮念覺印澄鑁覺
明如是相承道範眞弁惠深覺明相傳秘密瑜
祇仍彼流不清淨方有之欤中院流邪法交龍
光院先師源照開定房下野被流相傳邪法此
明澄尊信房賢㨖觀信房勝深一心院圓觀房如是次第相
承仍彼方流邪法交也　一問邪正分別如
何　答師云邪流云法甚深由赤白二渧爲兩

『立河聖教目録』（七丁部分。）仁寛が伊豆へ配流になることを伝えている。

ことは疑う余地がない。真言宗の歴史を考えるうえで、もっともポピュラーな『野沢血脈《やたくけちみゃく》集《しゅう》』の第二巻に醍醐寺の三宝院（醍醐寺の塔頭）を開いた勝覚《しょうかく》（一〇五七―一一二九）の実弟として登場する。むろんその間柄は系図に正確に記されている。すなわち仁寛は兄とともに左大臣源俊房の息で、俗に阿闍梨ともよばれていた。後で述べる上醍醐に清瀧宮を勧請したのは寛治三年（一〇八九）であった。また康和三年（一一〇一）同じ醍醐寺内の無量光院において三宝院の法流の流祖である定海とともに勝覚から伝法灌頂をうけた。そして輔仁《すけひと》親王の護持僧となったとされる。輔仁親王とは後三条天皇（一〇三四―七三）の第三皇子であるが、後三条の遺命によって皇太弟とされるべく、幼少のときから陽明門院禎子（後三条天皇の母）に養育されていた。後三条天皇は亡くなる約一年前（一〇七二）に譲位するが、藤原氏とは直接外戚関係がないため、藤原氏に遠慮せず天皇親政の強化につとめた。

仁寛によって立川流の萌芽が見られたのは、ちょうどこの頃、つまり政治の実権が院に移った時期にあたる。仁寛の出生で注目しなければならないことは、父は既にふれたように能書家としても有名な左大臣俊房であり、母は陸奥守藤原朝元の女（『尊卑分脈』）であるということである。しかしこの伝承も確信がもてない。なぜなら『血脈類聚記』は慎重をきわめて、仁寛の母方の記載が無いからである。ところが仁寛の父俊房からもう一人、東密の有力な高僧が出ている。名を源覚《げんかく》といい、声明家覚意《かくい》の付法であり、高弟である。

保延二年（一一三六）四月に五十八歳で亡くなっている。この源覚の母親が参議基平の女であるから、勝覚と仁寛とは腹違いの兄弟ということになる。いずれにしても源覚は真言僧としても特異な存在であるが、灌頂は後に醍醐寺の勝覚からも受けている。ちなみに別伝の『密宗血脈鈔』には基平の女とは、越前守良経の女であるという。この『密宗血脈鈔』は鎌倉時代の徳治二年（一三〇七）に京都東山の白毫院の律僧として知られている静基が編纂したもので、なかなか信頼度の高いものである。

仁寛がちょうど醍醐寺内の無量光院に登場する康和年間に注目してみよう。康和三年（一一〇一）二月には兄の門をたたいて勝覚に師事し、伝法職位を受けている。これで真言密教僧として第一関門を突破したわけである。長治三年（一一〇六）二月には、仁寛は灌頂の教授職に加わり兼俊（同じ勝覚門下の逸材）の師僧となっている。

この時代に灌頂を授ける資格を有することは重要な意味をもっていた。それは資産を獲得するばかりでなく、うまくやれば小さな法流をも興すことができたからだ。そのせいか天仁元年（一一〇八）には聖賢や聖尊といった醍醐寺内の有望な若い僧侶に期待をつなぐのである。とくに醍醐寺の有力な塔頭である理性院との力関係を考えた場合に、聖賢や聖尊に灌頂を受法せしめたことは、仁寛が勝覚門下にあっても事相（実践・修行）でいかに重要視されていたかをおもわしめる。その証拠に勝覚の周辺についてはかなり院家を含めた公家の男女間のスキャンダルが渦巻いていたことは疑いえない。ただし仁寛の人となりの情報の根拠はどうも宮中内部にソースがあったようにも思える。というのはこれまで断片的に言われているように、輔仁親王の護持僧であったという伝承もあるくらいだから、このことが仁寛を当時の仏教界の表舞台に登場させる要因になっていたのではなかろうか。勝覚の付法は醍醐寺に伝わる内部史料である『三宝院附血脈』によれば総勢二十五人といい、その第二番目が仁寛である。寺の内部では俗に東院《とういん》アジャリ（阿闍梨）とよばれていた。

受け継いでいる法流は醍醐寺の中でももっとも多くの支流を生み出した三宝院流と報恩院流である。しかも阿闍梨という真言密教僧としては最高の地位にあり、「大夫阿闍梨」ともよばれ学識ももちあわせていた。ただ同じく内部史料であるが『醍醐報恩院血脈』には「公家を呪詛《じゅそ》したてまつることあり」と記されているとおり、ある呪詛事件にまき込まれて伊豆に流罪になったことが仁寛の生涯を一変させる。

この事件で仁寛だけがなぜ伊豆配流となったのか、必ずしも明らかではないのであるが、当時の公家の日記として知られている『長秋記』天永二年（一一一一）四月五日の条に仁

醍醐寺三宝院開祖
勝覚（一〇五七—一一二九）
（左大臣源俊房の息）

醍醐寺三宝院流流祖
定海（一〇七四—一一四九）
（左大臣源顕房の息）

寛阿闍梨が三宮すなわち輔仁親王の側近の一人であったことが記されているから、すでにふれたように三宮（輔仁親王）の護持僧説はほぼ間違いなかろう。また仁寛は醍醐寺内にあっても、所属する院家の僧侶集団は政治的なグループとしては仁和寺教団に属していたことが知られる。これは醍醐寺側の史料ではあまりあからさまには出てこないが、父の俊房を『尊卑分脈』で確認すると、いうまでもなく村上源氏で、母は「法成寺関白道長公女」（『尊卑分脈』）とあり、仁寛が伊豆へ配流になった旨を伝えている。輔仁親王は仁和寺へ蟄居となり、仁寛はその護持僧であったがゆえに、阿闍梨としての活動は、それ以降は仁和寺教団の範囲に入ることになる。しかしこの活動も表向きは醍醐寺が主体であって、仁和寺に拠点をおいたという意味ではない。仁和寺と仁寛の関係はあくまでも二次的なものである。

仁寛が舞台とした醍醐寺は、寺伝によると理源大師聖宝《しょうぼう》が貞観十八年（八七六）に准胝《じゅんでい》、如意輪両観音を刻したのが、同寺の開基と伝えている。寺勢がさかんになったのは十世紀から十二世紀にかけて源氏系の貴紳が入山をくり返した時代である。密教の理論（教相）はさかんに研究されたが、それ以上に実践修行を重んじる事相が隆盛をきわめた。しかし隆盛のきっかけはさらに醍醐天皇（八八五―九三〇）までさかのぼる。

それ以降は朱雀・村上両天皇など皇室をバックボーンとして源氏出身者が主流となっていった。花山法皇の皇子として名高い十三世の覚源《かくげん》（一〇〇〇―一〇六五）。源隆国の子で十四世の定賢（一〇二四―一一〇〇）。十五世勝覚（一〇五七―一一二九）は仁寛の兄で源俊房の子。十六世の定海（一〇七四―一一四九）は源顕房の子。十七世の元海《げんかい》（一〇九三―一一五七）は源雅俊の子というように、これらの三宝院流の高僧たちによって東密の中でも京都を中心とする真言密教の事相の勢力は拡大し、しだいに小野流を中心とする密教集団が形成されるにいたった。しかもこの勢力は塔頭を確固たるものとしてゆく。

三宝院内の建物については、勝覚が永久三年（一一一五）に三宝院を建立、元海も後に無量寿院をつくる。この二つの建物は醍醐六流のうちの二門の拠点となり、やがて師資相承によって多くの弟子が輩出される。また十四世定賢は有名な鳥羽僧正覚猷《かくゆう》と兄弟であったために天台密教とも密接なつながりをもっていた。

## 仁寛と醍醐三宝院流

仁寛が醍醐寺でおさめた法流は、兄の勝覚が開基であった三宝院流である。この法流は後に正嫡として継いだ定海によって組織化され大成されたので、醍醐寺を含む六つの大きな法流（小野六流）の中では最も繁栄した。また支流も多く、鎌倉時代にはそれらのいくつかが東国（関東）に流布し、意教流や慈猛方《じみようがた》（方《がた》は流の枝わかれ）を展開する。また憲《けん》静《じよう》の願行方《がんぎようがた》は伊豆にひろまる。また三宝院流の報恩院の系統は鎌倉へ流伝し守海の佐々目流を生んだ。このように仁寛が活躍した背景には兄勝覚とのつながりによって醍醐三宝院とその法流が大きな影を落していることがわかる。つまり仁寛の京都時代は、当時、醍醐寺の中心的存在である三宝院流での密教事相が大きな力となっていたのである。

その力関係の根底には勝覚が開基となった醍醐寺の塔頭があるわけである。この三宝院というのは永久三年（一一一五）に山内《やまのうち》に灌頂院として建立されたのがはじまりであるが、なにゆえに金堂のような本尊礼拝の中心的な建造物に力をそそがず修法伝法の中心・灌頂院に目を向けたのか。いうまでもなく山内という場所は醍醐寺内でも北方にあたる。その北で一院を建立することは、当時すでに著名であった定賢や義範や範俊といったこの時代の第一級の三法流の保持者の流儀を統一するような意味で、「法流」（三宝＝トリラトナ）すなわち「宝流」と称して、三宝院流にまとめたのである。

命名の由来は、三つの法流を一身にうけとめる（具える）という意だという。この考えかたは真言密教の教理（理論）の側からみるならば、三密《さんみつ》（身《しん》・口《く》・意《い》の三密）の具足、すなわち密教の中心である大日如来を体得し実践・実現することに等しい。このような勝覚の発想の出発点を考えると当時すでに空海の真言密教には、かなりの混乱の萌芽があったとみてよかろう。

後世流布した立川流の法流内容を限られた伝承で検討してみると、正邪はともかく、きわめて実践的な一派であったことは確かである。しかし、その内容が仁寛自身の中でどのように考えられていたか、修法の内容から推測してみると、兄勝覚とのかかわりにおいては、ただ実践的な形態であっただけでなく、金胎《こんたい》両部を男性女性の両性に配置する密教教義のパターン認識をどこでどのように組み込んだかが、問題となってくる。十二世紀前後の醍醐寺内の尊人、すなわち法流組織者の多くは、両部よりも別尊を通して実践的であったといいうるであろう。①勝覚は寛治三年（一〇八九）に上醍醐に清瀧宮を勧請したことでも知られているし、②既述の定海は勝覚の清瀧宮完成をうけて実質的な行事としての清瀧会などもさかんに行ったし、薬師堂や僧房など建造物建立に力点をおいている。そして③元海にいたっては、醍醐寺内の活動範囲に限界を感じたのか、東寺に自ら長者となった際に南大門に仁王像を造立するのである。このように仁寛周辺の高僧たちがいずれも密教寺院の中心を金堂中心主義においていないことに注目したい。そのような風潮が醍醐寺内における事相を多角的に見なおす基盤を生じさせたのではないか。立川流的視点もその所産ではなかったか。そのように私には見える。

以上のような醍醐寺を舞台とする立川流発生にかかわる初期の流れの中で、問題となるのが千手丸事件である。

## 千手丸事件

この事件の発生について、山折哲雄氏は次のように述べている。

時は藤原氏による摂関政治がようやく衰退に向かい、白河上皇によって院政の体制が確立した時期にあたる。いうまでもなく藤原氏による摂関政治の栄華の世界を描いたのは、『源氏物語』であり『栄花物語』であるが、それからほぼ百年の時日を経て、白河院政期がはじまった。われわれはこうして、王朝時代の『源氏物語』の世界から、中世期の同じ女流文学の粋『とはずがたり』へと推移していく、ちょうど分水嶺の時期に、いわば隠微な風説につつまれはじめる秘教「立川流」の誕生に遭遇することになるのである。

白河天皇は応徳《おうとく》三年（一〇八六）十一月に退き、皇子の堀河天皇に譲位した。白河院政がはじまったのであるが、そのため弟宮の輔仁《すけひと》親王は皇位につくチャンスを失う。やがて病弱であった堀河新帝は世を去り、皇子宗仁《むねひと》がわずか五歳で即位した。後の鳥《と》羽《ば》天皇である。これによって白河上皇による専制体制がますます強化され、上皇の弟宮・輔仁の王位《ママ》継承の可能性が完全につぶされる。

その不遇の輔仁親王を支持していたのが、左大臣・源俊房《みなもとのとしふさ》、右大臣・源顕房《あきふさ》の兄弟が廟堂《びょうどう》にならび立つなど、当時勢力をのばしつつあった村上源氏である。そこへ突然のように、輔仁親王とこれら村上源氏の失脚を策する白河法皇側の謀略事件が発生した。すなわち鳥羽天皇が即位してから六年目の永久《えいきゅう》元年（一一一三）十月、白河天皇の内親王・令子の御所に落書が投げ込まれ、輔仁親王と村上源氏が共謀して、天皇殺害の計画を立てていると密告したのである。その密告書にはさらに、暗殺実行者として京都・醍醐《だいご》寺座主《ざす》勝覚《しょうかく》（一〇五七〜一一二九）のもとにいる千手丸《せんじゅまる》という童の名が書かれていた。ただちに千手丸が捕らえられ、尋問の結果、その背後に勝覚とその弟子の仁寛《にんかん》がいることがあきらかになった。じつをいえば、この仁寛は勝覚のじつの弟であり、しかもさきの輔仁親王の護持僧《ごじそう》であった。「護持僧」とは、天皇をはじめ貴人のそばに侍《じ》してお伽《とぎ》の役をつとめ、また病《やまい》にかかったときは、加持祈禱をおこなう高位の官僧である。こうして天皇の呪詛《じゅそ》の張本人と目された仁寛は捕らえられて伊豆に流され、暗殺実行者の千手丸は佐渡に流された。

　ここでまずもって注意すべきは、醍醐寺の座主であった勝覚とその弟子仁寛が、ともに左大臣源俊房の子であったということである。そのため俊房はもちろん、その子の師時《もろとき》や師重《もろしげ》までが、自ら出仕をやめて謹慎の生活に入った。村上源氏の勢力がいっきょに地に墜《お》ち、輔仁親王の皇位への期待も絶望的になった。

　それからもう一つ大切なことは、勝覚・仁寛の兄弟が所属する醍醐寺派が、真言宗のなかでも由緒のある宗派であったということである。周知のように、わが国の真言《しんごん》密教は空海《くうかい》（七七四〜八三五）によって樹立され、以後その法脈が弟子たちによって伝えられた。なかでも仁和寺に住した益信《やくしん》（八二七〜九〇六）と醍醐寺に住した聖宝《しょうぼう》（八三二〜九〇九）の流れが、やがて栄えるようになったが、さきの勝覚と仁寛は村上源氏の勢威を背景にして活躍したのである。

仁寛が事件によって伊豆に流されたのは永久《えいきゅう》元年十一月であったが、その翌年の三月になって岩に身を投じて自害した。配流地における滞在は、わずか五か月にすぎなかったのである。だがその短い流罪の期間に、彼は伊豆の葛城山《かつらぎ》（俗称・乳房山）に籠《こも》って護摩《ごま》を修し、武蔵国立川出身の無名の陰陽師《おんみょうじ》に、真言秘密の法を授けたのだという。そして、この辺境における真言僧と陰陽師との怪異な出会いという伝承を発火点にして、後の世に衝撃をおよぼす立川流の系譜がつむぎだされることになるのである。

仁寛事件が発生するのは白河院政期であるが、それからほぼ百年余を経て、関東から北陸の地にかけて「立川流」なる一派が成立していたらしい。そのことをうかがわせるのが、文永《ぶんえい》年間（一二六四～一二七五）に書かれた『受法用心集《じゅほうようじんしゅう》』である。時あたかも蒙古襲来の圧力が鎌倉に刻々と伝えられる時期にあたっていたが、この書は越前に居住していた誓願房心定《せいがんぼうしんじょう》という僧が、立川流の邪義を批判し破却するためにあらわしたものである。（「真言立川流」『曼荼羅の宇宙』所収、一六三―一六四頁）

ここで注目したいことは、立川流と流祖仁寛の脈絡をたどると、世俗の政界がらみの中で村上源氏周辺の僧侶・公家にまで及んでいた点である。これはある意味で真言密教の多彩さを物語るものであろう。村上源氏は平安時代の賜姓皇族の中でもひときわ目立った流れをもっていた。それは具平《ともひら》親王の子である源師房（村上天皇の孫）に始まり、公家として宮廷に仕え、代々大臣・大将を輩出した。その嚆矢となったのが師房の延久元年（一〇六九）の右大臣就任である。これにより摂関家の勢力へ王族が食い込む足がかりをつくったのである。これをきっかけに村上源氏という勢力が次第に力を増し、やがて摂関家をしばしば圧倒しようとしたのである。鎌倉時代になると堀川・久我《こが》・土御門《つちみかど》・中院の四家に分かれてゆく。

このような状況下で公家と密接な関係にあった僧の側の、仏《ほとけ》と女性（女人）のかかわりはどうであっただろうか。ここに九条兼実の興味深い解釈がある。「一切の女人は三世諸仏の母であるが、一切の男子は諸仏の本当の父ではない」（九条兼実『玉葉』を現代語訳）。これは兼実が当時すでに有名であった澄憲僧都の法話をもとに記した話である。兼実は女房達に対して実に寛容であったようだ。この時代に女人往生を是認した一人ではなかろうかと思う。仏教徒にとって女人がそのまま成仏しうる、ということは当時の常識ではなかった。平安末期の女人蔑視の偏見により女性は確かにその存在感が仏教という土壌《どじょう》の中でゆがめられていたように思う。それゆえ兼実の「三世諸仏の母こそ女人である」という視点は、見過ごせないものである。この傾向は、明恵上人の母親に対する思慕ともかかわってくるが、明恵は母のイメージを「白い色」という彩色にたとえて、仏眼仏母菩薩像を描かせている。兼実の場合、彼の女人のイメージを特定するだけの仏像（菩薩）は見当らないが、彩色を規定するならば桃色（淡いピンク）ではなかろうかと思う。いずれにしてもこの時代、古代から継続して男性・女性の性は解放されており、それに対して公家ないし僧侶たちは、いかに現実の性のありかを観念の世界で具現化するか、という証が必要であった。

## 立川流が興った背景

立川流が醍醐三宝院の左大臣阿闍梨仁寛によって開かれたとされる平安後期（十一世紀後半から十二世紀前半）は、ちょうど末法の世の渦中であった。仁寛が亡くなったのは永久二年（一一一四）といわれているから、立川流は末法の世のいわゆる混沌の中から生じた徒花《あだばな》とみなしうるかもしれない。しかし一方では、末法第一年から六十年ほど経たこの頃は密教の外側でもさまざまな動きがみられた時期でもある。中国では唐の道綽《どうしゃく》や善導などは末法に相応する教えとして、浄土教のみをあげている。またわが国の源信や源空などはそうした路線にしたがって、浄土教を大いに鼓吹し日本に定着させたのである。このように十一・十二世紀という平安後期は、大陸から伝来してきた密教（真言・天台）や浄土教がいちおう核のような位置づけにありながらも、日本仏教の流れにおいて一つの転換期をむかえていたのである。

そんな中で、これまで淫猥で邪義だとされていた真言密教の一流派・立川流は、やや民俗学的な様相をおびつつも密教思想の中で変貌し、融合し、そして分解したと表向きはみなされている。ところが批難された立川流の特異な宗教形態は、今日なお地下にもぐっているのではないか、とみなされる部分がある。このことは、見方を変えれば、平安時代の公家文化中に入り込んだ正純な密教が、末法思想を媒介として、立川流を生み、庶民に伝播しようとした矢先に弾圧され抹殺されたともいえよう。

立川流は陰陽思想を中軸にすえながら、正しい密教の教理（教えと理論）を曲解したものといわれている。

しかも阿《あ》と吽《うん》、理《り》と智《ち》という対立概念は究極のところ男女両性（両根）を意味するものと見なし、その両方には機能があると見なすことによって理智不二《りちふに》、金胎不二《こんたいふに》という密教教義の根本を男女二根交会であると結論づけている。そしてこれらの男女の性的行為そのものを通して、不二冥合《ふにみょうごう》すなわち煩悩即菩提《ぼんのうそくぼだい》を説明する。さらにこれらの男女の境地が最終的には即身成仏《そくしんじょうぶつ》の境地と同じであると説くのである。冥合という呼称について、伝統的な解釈では二つの対立概念が「融合」するものと理解されている。

## 二　邪教立川流とは何か

### 不二冥合と赤白二渧

立川流は理智不二、金胎《こんたい》不二という密教教義の根本を、男女二根交会であると結論づけている。これらの男女の性的行為そのものを通して、不二冥合すなわち煩悩即菩提を説明する。さらにこれらの境地が最終的には即身成仏の境地と同じであると説くのである。ところがこの不二冥合が行為の中で男女二根交会（性的行為）と結びついたところに、正純な密教の側から邪教とみなされる要因がある。

冥合という呼称について伝存する資料は少ないが、これは言いかえれば女性的原理と男性的原理の和合となる。立川流に近い鎌倉時代の学僧弘鑁《こうばん》が重視したとされる宝篋《ほうきょう》上人所伝の『三昧耶《さんまや》戒秘事《かいひじ》』に、妻と夫の和合というか交合の表象が記入されている。その項目のとくに「三昧耶戒時登高座事《とうこうざのこと》」という部分に「仏眼《ぶつげん》は台蔵田なり。先ずは仏眼の小呪二十一反《へん》をとなえよ。金○は金蔵田なり。台は妻なり。金は夫なり。我すなわち金○金剛田の大日《だいにち》なり。台の上に登りて和合して悉地《しつじ》成就の義なりと観念すべきなり。努力努力」と秘奥の内容が記されている。

この文面（田は界のかくし字、密教の伝授では容易にわからないようにカムフラージュする）で注目すべきことは、邪義とされる表象的な文句の使い方である。およそ真言密教は平安・鎌倉時代にみられる密教の印信《いんじん》（印を結ぶこと。伝法の証書）や口訣《くけつ》（口伝の証）というものは、極意を述べる部分ではだいたいにおいて象徴的に述べられている。

さて、胎蔵界の女性的原理と金剛界の男性的原理を、表象という判断のもとに立川流的な解釈によって、女の身体と男の身体に置きかえたとする。するとすぐ判断の基準として、精神的な位置づけよりも物質と精神の交合のごとき、赤白二渧《しゃくびゃくにたい》（赤は母の血、白は父の精）という言葉を用意しなければならなくなる。これはわれわれが人間の生きざまのイメージに頼りすぎるきらいがあり、そうした判断がつねに二つの肉体のなかに介在しているからである。

先の『三昧耶戒秘事』の極意の一つとして、弘鑁は仏眼尊を胎蔵界と同一視して挙げている。それを一層強力にするかのごとく仏眼小呪をとなえることも記している。なぜ仏眼尊が『三昧耶戒秘事』のなかに採り入れられたのかは大きな謎である。しかし弘鑁との結びつきは明確ではないが、代々の伝承として受けついだものと解釈できよう。この当時、仏眼尊は公家のあいだでは、母性への回帰のシンボル的存在として、特異な信仰を集めていたようである。今日伝存する高山寺《こうざんじ》の仏眼仏母《ぶつげんぶつも》像や広隆寺のものは、いずれも身色を白色で統一しており、母性を感じさせると同時にややなまめかしい感じさえする。

立川流が単なる性愛の秘儀以外に秘奥の教義をいったいどのように構築していたのか、そのすべてを明確につかむことはもちろん困難である。宥快らによって邪法とされ、立川流の印信・典籍が破却されたからだ。批判の論点は、男女冥合の観念と実践の基本となる金胎両部のとらえ方であった。その到達点はいうまでもなく即身成仏である。即身成仏のありよう、位置づけについて、松長有慶氏にきわめて有益な解釈がある。

「有限なるおのれの身体の中に無限なる如来の生命をみいだす。小宇宙の中に大宇宙が内在することを身口意《しんくい》の三密の瑜伽行《ゆがぎょう》を通じて会得する。密教の成仏論は、人間と仏との関係を論理的に追求することを目的とするものではない。人間と仏とが本来的に一であることを瑜伽行を通じて体験するところに成仏論の原点がある。行者が本来的に仏であることを知るために、長期間の修行は不必要とされる。そこでは行の軽重も問題ではない。むしろ現実に存在する行者の身体そのものが成仏にいたる基本的な素材となる。時間の経過を超越しているから即であり、肉身を基体《きたい》とするから身である。かくして、顕教の三劫成仏説に対して、密教の成仏説を即身成仏というのである。顕密の成仏の遅速の問題は、大師(空海)の帰国報告書ともいうべき『御請来目録』の中に密教は成仏の径路、頓《とん》(すばやいこと)の中の頓としてまず性格づけがなされ、のちに弁顕密二教論において、顕と密を対比してくわしく論じられている。さらに即身成仏義においては、経と論を引用して、その

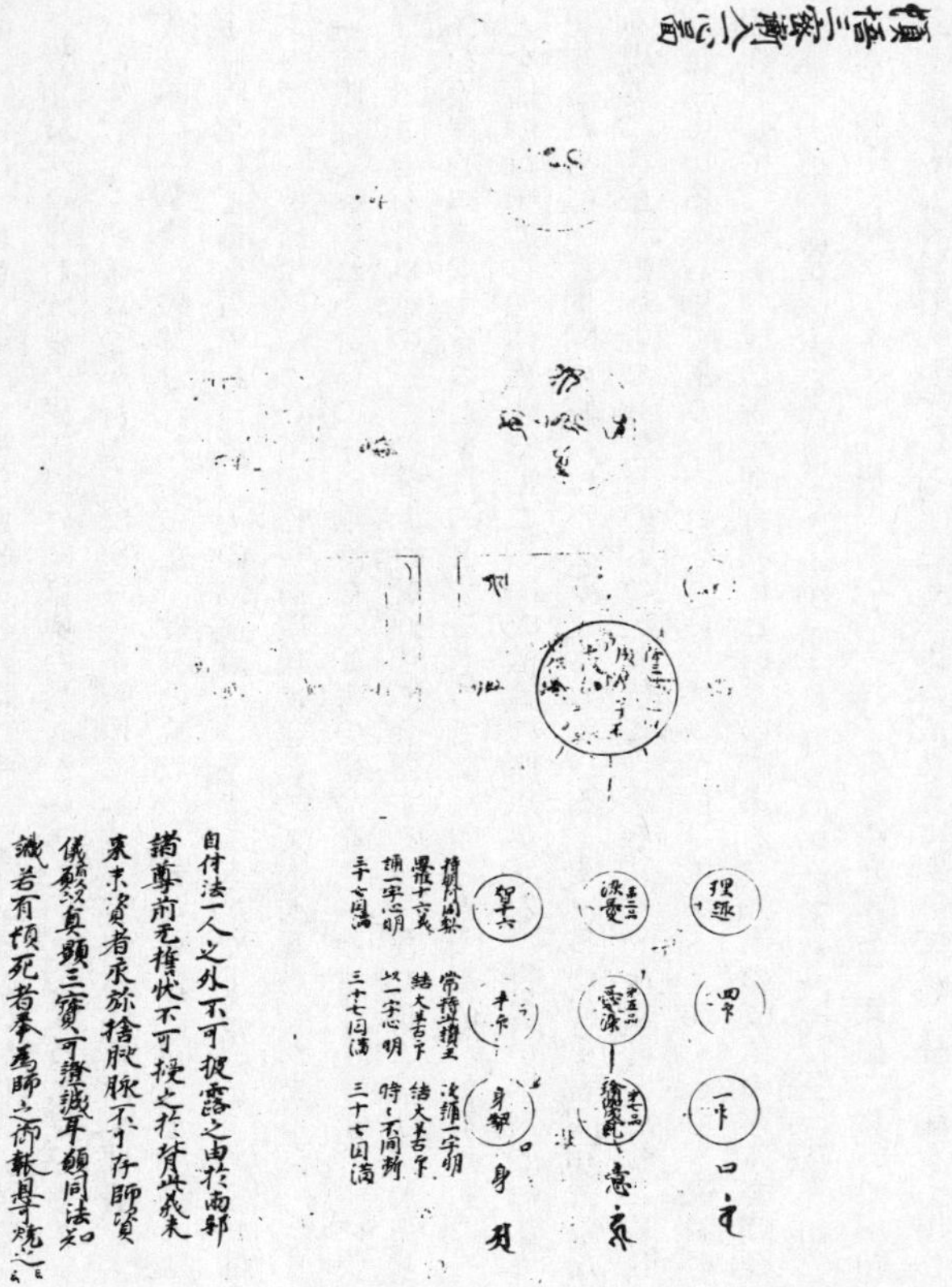

『(瑜祇)頓悟三密漸入一心口決(圖)』(神奈川県立金沢文庫蔵)。この紙背は、『瑜祇経』の注釈書をもとに、「臨紙秘決」の一文を組み込んでいる。ここに死(タナトス)との関連を見いだすことができる。

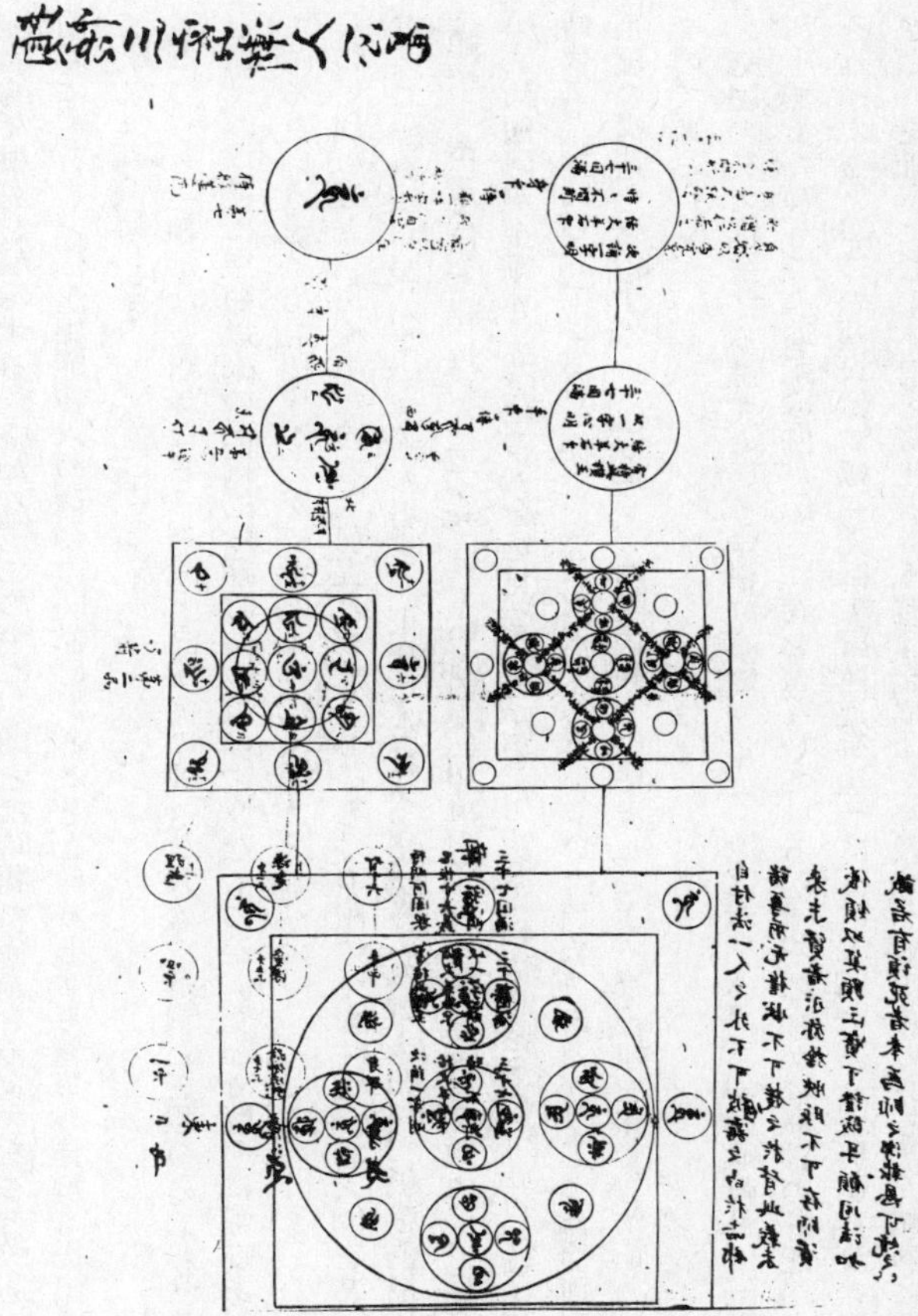

釼阿筆『頓悟三密漸入一心圖』。第一元本。鏡文字で書かれている。

理論的な根拠を呈示するにいたる。この中に、即とは時間の経過を否定することであると同時に、行者と仏が相応渉入の瑜伽の関係にあることをいうとする新しい見解も提出されている」（『高野山』五〇―五一頁）という点である。

このうち「頓」など正純な密教理論と立川流の種々な教義や解釈とを照らしあわせることにより、逆に空海以来の伝統的な理論の本質のようなものが、かなり鮮明に浮びあがってくるという流れも見出すことができるようにも思う。

いずれにせよ立川流の教義の大前提として、おそらく有限の生命すなわち人間を基調に据えているにちがいない。その場合、正純な密教教義は成仏の方法として頓を重視して「頓悟三密《とんごさんみつ》」という接近の仕方を挙げている。立川流の資料が多い金沢文庫にも、称名寺《しょうみょうじ》第二代釼阿《けんな》が金剛界曼荼羅の九会《くえ》を見つめて記した『瑜祇頓悟三密漸入一心口訣《ゆぎとんごさんみつぜんにゅういっしんくけつ》』（鎌倉時代）が伝えられている。これは一見なんでもないような資料であるが、じつは金剛界曼荼羅の構造を分析することにより、陰陽思想への橋渡しのような役割を果たしている註釈なのである。

釼阿の後で活躍する凞允《きいん》という学僧は嘉暦《かりやく》三年（一三二八）八月下旬に武州都々岐郡佐《さ》江土《えど》無量寿福寺《むりょうじゅふくじ》で『瑜祇瑜伽口伝《くでん》』二巻を書写しているが、そのなかに弘鑁の註記がある。それによると、この『口伝』は「先師宝篋蓮道《れんどう》御房」によるものであるといい、真言密教が悟りを前提にした本有《ほんぬ》・修生《しゅじょう》という概念をまったく誤って解釈している、と痛烈に批判している。

これは図式化された記述になっているが、要約すると、南の方位に「太陽・夏」として「日と男」をあてる。しかし弘鑁の流派によると、これは朱書きで註記し本有だとしている。しかも本有の脇に「独力随相すなわち大海本覚として母をあて法身である」と定めている。次に北は「太陰・冬」にあたるが、これは「月と女」であり、全体に「独力乗相すなわち無明として父をあて般若《はんにゃ》である」と定めている。またこれらの下には密教の両部の区分けが記され、胎（胎蔵界）は陽であり、女にあてる。そしてこれは修生に該当するというのである。

## 本有とは何か

もとより本有というのは、本来もとより有る、という意である。凡聖《ぼんじょう》（すべての生きとし生きるもの）すべてが本来、悟りの性を具し、仏のはたらきを有していることをいう。修生とは修して生ずる意で三密（身・口・意）の妙行などを修することにより本有の悟りの性を開発し、仏果を得るにいたるという。この密教の教えの根幹の部分を弘鑁が活動した武州の佐江土の伝承では男女にあてて機能的に説明しようとする。たしかに『大日経』では本有を表、修生を裏とし、『金剛頂経《こんごうちょうきょう》』では逆に修生を表、本有を裏とする。そこで東密（東寺を中心とする真言密教）の学僧のあいだでは本有・修生が論争のまとになっていた。論争の立役者は高野山の道範《どうはん》や宥快をはじめ東寺の杲宝、賢宝《けんぽう》、さらに根来《ねごろ》の頼瑜《らいゆ》、聖憲《しょうけん》などである。これらの真面目な学僧たちは、弘鑁一派が密教の微妙な悟りの証《あかし》の部分を、単純に男と女の関係にあてはめたのだから激怒したにちがいない。

弘鑁は晩年（七十三歳頃）の、建治三年（一二七七）十二月に鎌倉の極楽寺《ごくらくじ》にいた慈済《じさい》に『愛染王田夫法《あいぜんおうでんぶほう》』を授けている。その伝授の前提になるものが瑜祇の系統の立体的な建造物（金剛峰楼閣瑜祇塔、略して瑜祇塔）の会得であろう。これは図像のうえでは「涌亀《ゆぎ》塔《とう》」として描かれている。そのモニュメントは、高野山龍光院裏山にモデルがあるが、その姿かたちは根本大塔と同じように空海の発願によって高弟真然《しんぜん》が貞観《じようがん》十二年（八七〇）に建立したものである。弘鑁はこの塔の解釈を立川流に類似した口伝として次のように伝えている。

「金剛界は全智心男、峰は頂の義なり。（これ）男の義なり。楼閣は胎理色女、瑜伽は相応の義なり。ただし男声なり。瑜祇の者これも相応の義なり。ただし女声なり」

金剛界・胎蔵界を男女にあてるところまではよいとしても、両者の身体の根本にまで言及して、やがてはヨーガ（瑜伽）の境地のなかに陥らせようとする考え方自体が、この当時（鎌倉末期）は邪義だとされたのである。むろんこの場合の男声は男性であり、瑜祇すなわちヨーガ行者としての女声は女性の意であり、ともに「声」をあてている点が身体の動きになまなましさを与えている。

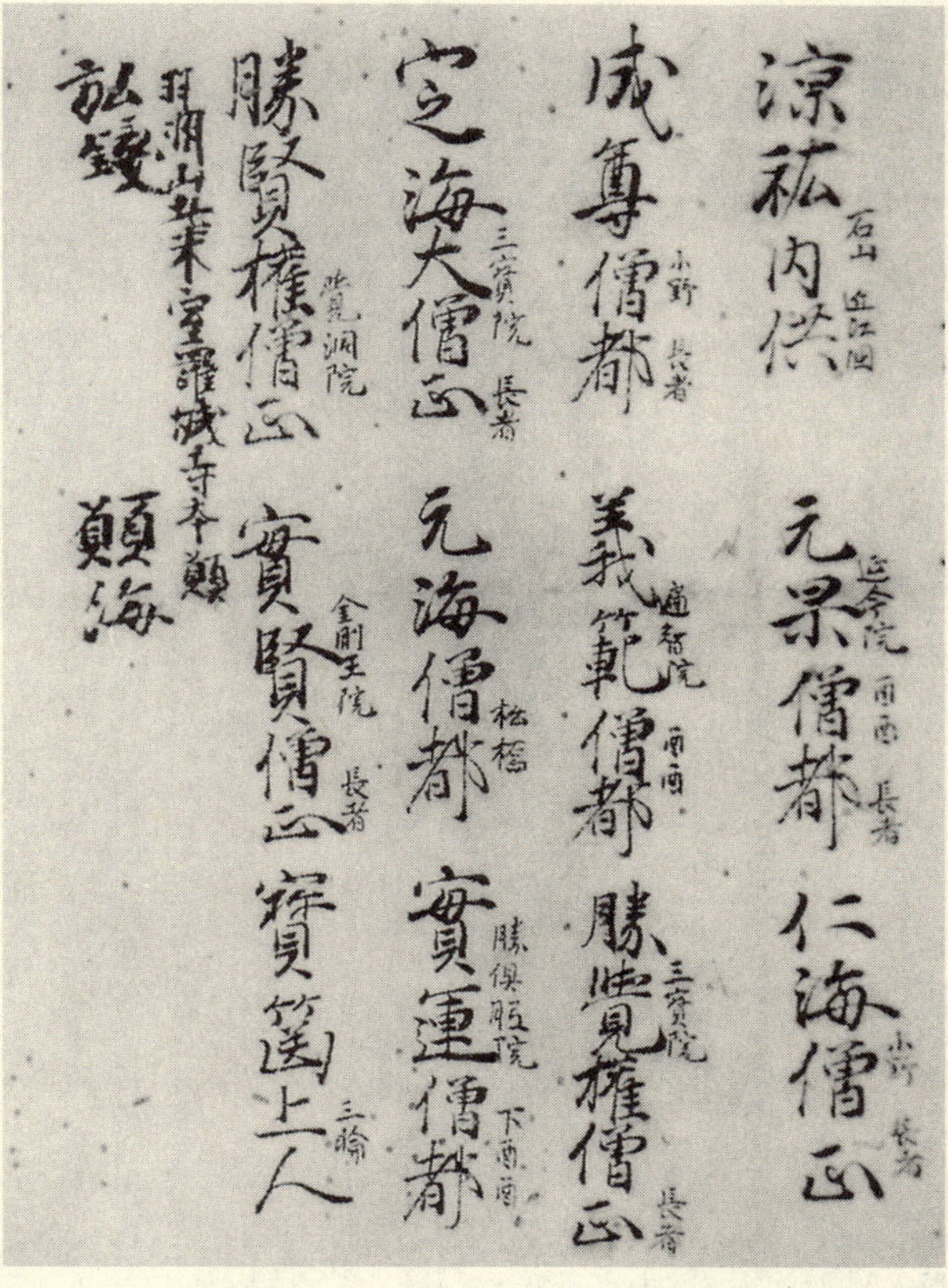

『天地麗気記』残簡（神奈川県立金沢文庫蔵）。弘鑁は醍醐金剛院長者および三輪の宝篋上人より受法している。ここに立川流を受け入れる下地がある。

この弘鑁の系統は奈良の三輪山《みわやま》に拠点を置く三輪流神道の流れをくむものである。流祖は先に挙げた字《あざな》を蓮道と称する三輪上人宝篋（文永頃の人）で、やはり仁寛と同じように醍醐で伝法を受けている。『瑜祇口決』六帖や『覚源鈔《かくげんしょう》』三巻などの著作を残しているが、こまかく内容を検討してみると立川流の教義がかなり認められる。

称名寺の釼阿が伝えている意教流《いきょう》という一派があるが、その弟子のひとりとみられる楽《らく》範《はん》も、この宝篋上人の口伝を伝えている。その口伝の一つに一心灌頂《いっしんかんじょう》の印信というのがあるが、その項目には明らかに立川流の影響と考えられる印可の授受が認められる。またその内容では左右の方向を左が阿（女性）、右が鑁（男性）とあてる。先述の瑜伽瑜祇は男女であると同時に赤白二渧だという。さらに、この二渧は和合してこの身（現実のからだ）を生ずる、と明確に述べている。称名寺の口伝・印信の多くに立川流の教義が影響を与えていたことは疑えない事実である。

この影響の理由はいろいろ考えられるが、何よりも東国に伝わった真言密教が中世都市鎌倉に伝播し、伊豆の諸流派や意教流の教えに影響されて、都（京風）の文化とはまた違った意味での探究心旺盛な、ある意味での自由な解釈を生んだことにあろう。

立川流は当初の観念的な内容から、本尊を配置する時点でさらに大きく変貌したと考えられる。誓願房心定は立川流の本尊について次のように述べている。

「自分がよいと思う女人と性交して、そのときの両人の性液（和合水）をこの髑髏《どくろ》に塗り重ねること百二十度におよぶ。そして毎夜子丑の刻にいたって反魂香《はんごんこう》という強烈な芳香を薫じ、そのにおいを集めて切々《せっせつ》とご真言を一千回となえる。これは経の境地にたとえるならば、千遍に充つべし、妙適欲箭触清浄《みょうてきよくせんそくしょうじょう》の句であり、まさしくこれこそ菩薩の位を示す。」(『受法用心集』意訳・筆者)

このうち前半は説明するにおよばないとしても、後半の『理趣経《りしゅきょう》』に基づく引用文を検討するとそれは、立川流が明らかにこの経意を曲解していたことを示している。もとより『理趣経』は、智法身である大日如来が、金剛薩埵《こんごうさった》という仏のために般若理趣の立場から一切《すべて》の諸法は、もともと自性清浄であることを強調したものに他ならないからである。有名なこの境地は、この経に説かれる十七清浄句の一つとして今日でも生きつづけている。

つまり、ここでは一切の人間の欲望が認められる。たとえばその中心をなす性欲でさえ清浄な菩薩の境地であるという。つまり般若の智恵をフィルターと見立てて、それを通すことにより欲望の価値観を転換させるのである。そしてなおその価値観を絶対的なものにする。その絶対的なものが真如法性《しんにょほっしょう》(宇宙万有がもっている真実不変の本性)であり、仏の世界なのだと説く。

ただし『理趣経』はこの最高の真実である仏と一致融合する場合に、男女両性の交渉を結合の方法として示さざるをえない。この結合あるいは融合のパターンは、「仏と人間」の関係が大前提であるから、観念の世界から実践の世界に移しかえることは、相当な勇気が必要だったにちがいない。

## 『般若理趣釈』の十七清浄句

心定は『受法用心集』の稿を起すにあたって美しい女人との交合を基調にして書いているようにみえるが、はたして事実であったかどうかは判断できない。しかも心定は和合水を塗った髑髏本尊を介してその位（境地）が『理趣経』の十七清浄句の冒頭の部分に同じであると述べるのである。心定が引用した十七清浄句は不《ふ》空《くう》訳の『般若理趣釈』であるが、それを要約すると次のとおりである。
(1)「妙適」とは男女の交わりによっておこる快楽。
(2)「欲箭」とは弓矢のごとくすみやかに（速く）欲望をおこすこと。
(3)「触」とは男女が触れあう抱擁のこと。
(4)「愛縛《あいばく》」とは男女が究極には離れられない心が生じて、たがいに縛られること。
(5)「一切自《いっさいじ》在主《ざいしゅ》」とはこの愛縛によって同時におこる精神状況のこと。
(6)「見《けん》」とは欲望をもって異性を見ながら美しいと感ずる心。
(7)「適悦《てきえつ》」とは男女の交合を含めた実感、すなわちその喜び。
(8)「愛」とは男女が抱擁して育まれてゆく愛情、また離れられなくなる心。

(9)「慢《まん》」とは男女の愛情に基づく満足感、それにともなっておこる世界の主役になったような気持。

(10)「荘厳《しょうごん》」とは(6)の「見」によって美しいと感ずるように身体を飾ること。通常の庶民一般のおしゃれに該当する。

(11)「意滋沢《いしたく》」とは(7)の「適悦」によっておこる心が満ちたりること。

(12)「光明」とは愛をたがいに求めることによって真実の光を認めること。

(13)「身楽《しんらく》」とは(9)の「慢」によって生じる恐怖を除く気持、あるいは単なる怖れを忘れた充実感。

(14)「色」とは自分自身を飾るための要因のようなもの。

(15)「声《しょう》」とは男女の抱擁を通じて「適悦」を裏づけるもの。

(16)「香」とは愛情の光明などによって感じる清涼なもの。

(17)「味」とはそうしたすべての境地を体験して五官で体得するもの、実感をいう。

以上は、心定が立川流の本尊観を組み立てるための前提になったと考えられる、男女の関係あるいは大楽《たいらく》思想（大いなる安楽という真言密教の究極の境地）の根幹である。このように『理趣経』十七清浄句は男女の関係を説きながら、なおかつ日々変る命のありかを追求しているようにもみえる。しかしそこには立川流の根本教義である、生身としての男女を赤白二渧で象徴し、すべてを解釈しようとする意図はみえない。にもかかわらず、観念的には『理趣経』も立川流も人間の命に限界を与えないで長らえる、という解釈につながっているようにみえないだろうか。命に限りのある人間だからこそ、立川流はある意味で、末法思想を背後に据えた死の世界での蘇生術のごとき復活を意識した髑髏本尊と和合水との関係を考えることができた。そのための前段として赤白二渧というミクロ的な視点、すなわち印信・口決がみちびき出されたのではないだろうか。

真言密教の印信血脈《けちみゃく》には当然、梵字《ぼんじ》の阿字が墨書されるが、立川流でもその文字は一切の起点となっている。「煩悩の始め父母交会のとき、赤白二渧、あい和合せる体なり。赤色の阿字は母の淫、衆生の肉となる。白色の阿字は父の淫、これはまた衆生の骨となる。この赤白二色の二つの阿字は胎蔵界・金剛界両部の大日如来の因果常住の仏性なり」(『立河流聖教目録』)。

立川流は平安時代の律令体制のなかで育まれた正純なものへの反旗であった。このことは裏をかえせば公家から庶民の手に密教が移ったという側面を意味する。阿字は阿字観でも名高い阿字本不生説《ほんぷしょう》の基本の梵字である。立川流ではこの文字形に赤白二色を重ね合わせるがごとく融合させるという。

鎌倉時代も後半になると東国では、正純な密教は種々な状況下において変形してゆく。その一つに女仏《にょぶつ》の存在がある。櫛田良洪氏も金沢文庫の所蔵資料に注目し、その存在を確認しているが、女仏の立川流伝承は印信血脈を含めて正しいものとは考えておられないようだ。櫛田氏によれば、称名寺の開山である審海《しんかい》、鎌倉東栄寺の開山である源俊《げんしゅん》、女仏、それに突然血脈に登場する澄尊《ちょうそん》など、この伝承には四つの系統があるという。

## 女仏と『舎利秘法』

このうち女仏にスポットライトをあてると、建治元年（一二七五）七月二十七日に了印《りょういん》大法師より受けた『舎利《しゃり》秘法』には釈迦の身骨についての興味深い解釈が記されている。それによると、身骨そのものは摩耶《まや》夫人《ぶにん》と浄飯《じょうぼん》大王との和合の身骨であり、われわれ凡夫（女仏の立場）は釈迦の教法を守りとおすために男女和合の赤白二渧をもって観行《かんぎょう》を行うとするが、これは明らかに舎利信仰上の舎利（身骨）を拠りどころとして、伝承ともども男女和合の論理のみでくくっているところに曲解がある。

さらにこれに付された『舎利灌頂相承』の血脈をみると、醍醐寺の勝覚《しょうかく》を仲介として仁寛の系統をひく蓮念《れんねん》、見蓮から智禅《ちぜん》、子印《しいん》、女仏とつづいている。またこのうち即身成仏という境地にふれた『秘密灌頂密印』では、灌頂密印の第八識から第九識に移る最後の部分は、赤白二渧を指していると同時に、そのシンボルである蓮華をとおして男女交会を達成する。その場合に一心無二の境地を見いだしながら定慧《じょうえ》和合の一心相応を完成するという。女仏のこれらのイメージがいかなるものであったかは推測の域を出ないが、私は『天《てん》地麗気記《ちれいきき》』における宝珠をつかさどる女神の図像のようなものではなかったかと思う。この図巻は称名寺の僧釼阿が集めたものである。

ここで立川流の印信が究極の目的とした即身成仏の境地である第八識と第九識についてふれておきたい。これは密教の中心をなす尊格、大日如来の智慧（五智という）が完成された状態（第九識）と、その寸前の状態（第八識）の境地を意味する。立川流ではこの部分の内容が、先の了印から女仏に伝授された灌頂密印をとおして、第八識から第九識の境地を会得する世界観と同じだとされている。第八識（アーラヤ・ヴィジュニャーナ）は五智の大円鏡智に該当し、阿閦《あしゆく》如来がその具現だという。この認識はちょうど鏡に対象となる物体が映し出されるごとく、絶対智によってすべての状態を映し出すはたらきをもつ。そしてこれは仏陀の認識の階梯の範囲内で最終の部分にあたる。

第九識（アマラ・ヴィジュニャーナ）は大日如来の法身（宇宙を体現した身）が有する全智全能の認識で、生身ではおしはかることができない意識である。したがって、立川流の説く赤白二渧と男女冥合の境地をもって、第八識から第九識の会得が可能だとする解釈はいささか飛躍がありすぎるように思われる。

もし五智の段階的な境地で理解をあてはめるとすれば、第五識の成所作智《じようしよさくち》から発せられる実践的な能力（認識）にとどまる。すなわち人間の肉体から生ずる経験的な前五識（眼・耳・鼻・舌・身）に基づく行為の認識そのものが、立川流の位置づけでは尊格として

『天地麗気記』（神体図記）（神奈川県立金沢文庫蔵）所収の女神図。伊勢外宮社系周辺の者の著とされている。称名寺二代釼阿は、両部神道に強い影響を受けている。この図像を引用する意味は、後で立川流の灌頂の受者として登場する「女仏」のイメージが、筆者なりにこのような姿をしていたのだろうという想像である。むろん「女仏」の図像は現存しない。時代は鎌倉時代後期。

不空成就如来に相当する。むろん図像学上の説明では、不空成就如来は釈迦と同体である五仏（五智如来）の一つであるから、五色光を放って北方の無量世界を照らす。したがって立川流の『舎利灌頂印信』の意識が第五識に該当すると仮定するならば、女仏が授かった舎利の背後には、釈迦の生身（生命のシンボル）つまりその姿が、究極には修行により昇華されたであろう次の姿として不空成就如来が立ちはだかっていることになる。

また、立川流が男女交会の際に追求した一心とは、心が一つになること、舎利を意味する。この境地は即事而真《そくじにしん》（現象界の存在の本体は絶対平等の真如＝実在の真理である）の法性であると説く。これと類似の伝承は女仏が了元《りょうげん》より永仁五年（一二九七）頃に受けた法流にも認められ、邪流の根本をなすきわめていかがわしい伝法であったとされる。

こうした男女和合の思想的展開・実践は、もとはといえば陰陽思想に源がある。櫛田氏は女仏について「女仏相伝は正にその好例で、陰陽思想の存せざる立川の正流を混乱せしめたものである。ここにより建長より百五十年後に有快をしてかかる見解を招かしめ爾後この風を助長せしめたものではあるまいか」という。この流れはのちに両部神道にも若干の影響を与えている。一例として伊勢両宮が挙げられるが、これは内外両宮を金胎両部の大日如来の垂迹《すいじゃく》と見立てて合体し、大曼荼羅思想と同一視するものである。

## 女仏の存在

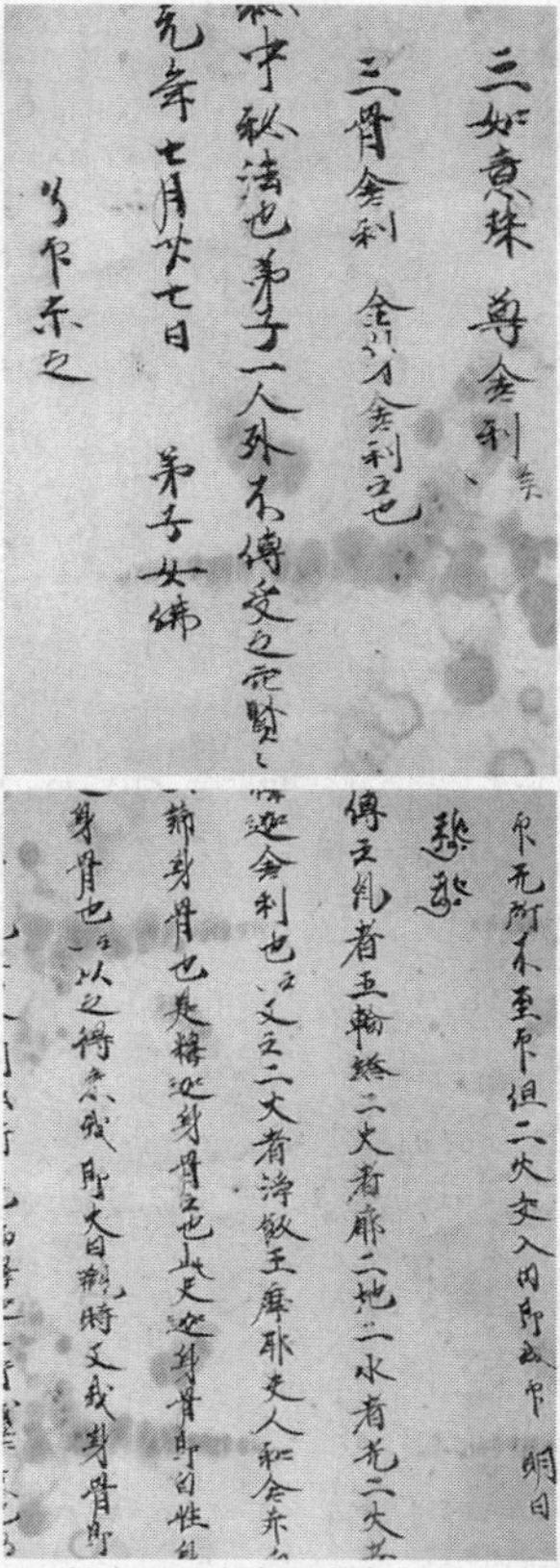

『舎利灌頂相承印信』（神奈川県立金沢文庫蔵）部分。建治元年七月二十七日に「女仏」が受法したもの。別種の相承では、蓮念・見蓮（立川流）を経て「女仏」が受法している。

女仏の存在は永仁四年（一二九六）十二月十五日、永仁五年五月十二日条の『玄深一点一印信』、『灌頂血脈』によって知られる。また『帰命法界灌頂印明《きみょうほっかいかんじょういんみょう》』や『甜徳《かんとく》印信』などにより、女仏は「後大法《ごたいほう》」という特別の称号を与えられていたと考えられる。さらに永仁六年卯月九日になると源幸《げんこう》が『大聖歓喜天《だいしょうかんぎてん》印信血脈』を残しているが、これは歓喜天（聖天《しょうてん》）を阿・鑁・吽の三字にあて、法華《ほっけ》を男女にあてることを説く。この血脈が仁寛の系統であることは間違いなく、蓮念・見蓮・阿鑁・法眼行憲・弘空・源幸と相承している。

この伝えの原形は、いうまでもなく、双身の象頭身《ぞうとうしん》による歓喜天（ガナパティ）の図像である。その内容は「また像二形先の如く相抱きて正立す。ただし男天面をもって女天の右肩に繋ぎて女天の背を観る。また女天面をもって男天の右肩に繋ぎて男天の背を見る。目細く牙短きを婦天と為す。その二天ならびに法衣《ほうえ》天冠を着けず」（『毘那夜迦誐那鉢底瑜伽悉地品秘要』）である。仁寛は密教図像の宝庫である醍醐寺でこの図像を当然見ているであろう。そして立川流の理論的根拠もこの双身歓喜天にヒントを得たのかもしれない。婦天は猪頭の場合もある。双身で夫婦の抱きあう像は財宝・和合の象徴とされ、主として民間信仰（水商売の信仰で盛んな生駒《いこま》の聖天さんなど）において、崇拝されている。歓喜天の好むとされる菓子は歓喜団《かんきだん》と最中《もなか》で、最中はサンスクリットのモーダカであり、歓喜の最中を「もなか」と読み、隠語としての解釈がある。

密教の諸尊としては異形であるが、鎌倉では天台宗金龍山宝戒寺《ほうかいじ》に最古の大聖歓喜双身天王が秘仏として祀られている。ここはもと北条氏の邸跡であったが、のちに後醍醐天皇が、滅亡した北条氏の霊をなぐさめるために勅して、円観恵《えんかんえ》鎮慈《ちんじ》威《い》によって開山された。ここに双身歓喜天を造立したのは惟賢《ゆいけん》である。また瑞応山蓮花院すなわち弘明寺《ぐみょうじ》（横浜市南区）にも本尊十一面観音立像とともに歓喜天がある。

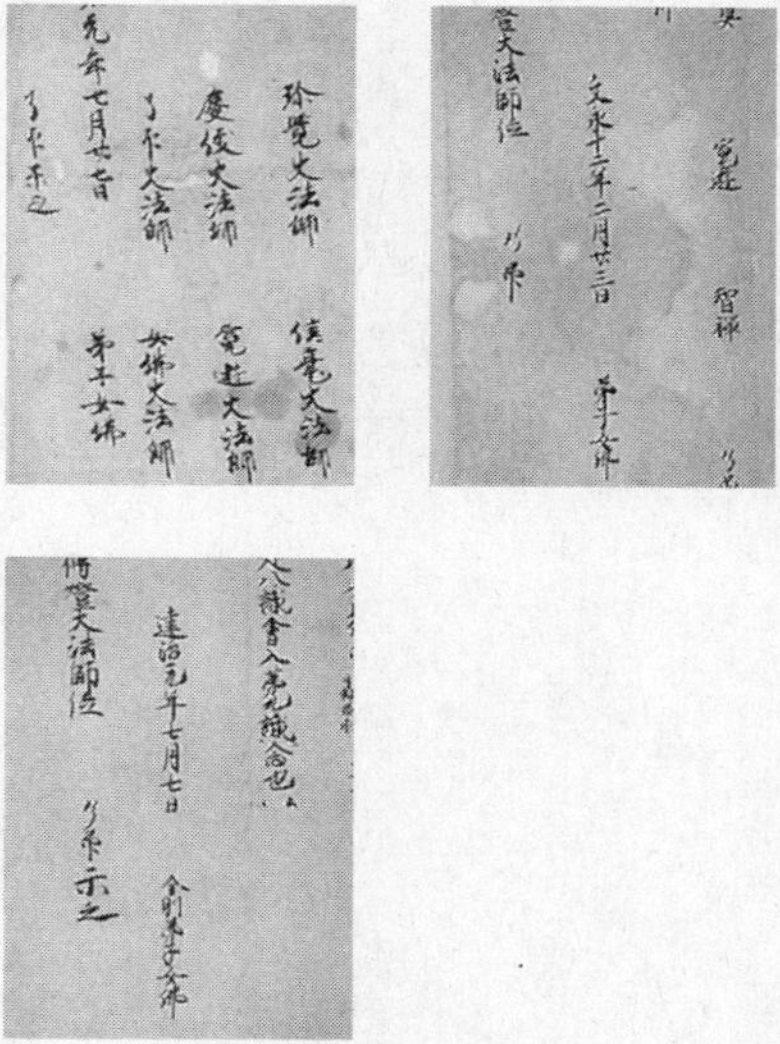

『伝法灌頂・舎利灌頂』相承印信（神奈川県立金沢文庫蔵）。

## 三　流刑地の仁寛

### 伊豆大仁へ流されるまで

見蓮大法師が立川より秩父山中を遊行している頃、師僧である大夫阿闍梨仁寛（のちに伊豆阿闍梨とよばれる）は都で不軌を計ったとして捕われの身となり流刑が確定した。流刑地は伊豆の大仁で、ここに赴いたのは永久元年（一一一三）十月五日のことである。

流刑地に着いて十八日目、仁寛はやや窶《やつ》れた表情で持仏堂の小窓をそっと開けた。山の中腹にある、この古びた小堂から西の空を見ると、今にも雨が降りだしそうに遠くまで黒雲がたれこめている。あたり一面うす暗く、狩野川をへだてて白く浮いて見える大仁の連山を眺めるとなにかもの悲しい思いにつつまれる。仁寛は考えぶかげに外を見やると、小窓をそっとしめた。そして座右から離したことのない聖教《しょうぎょう》の一節に目をやった。

生死の夢さむれば、万事は太虚《たいきょ》のごとし。出離の直道《じきどう》これにまさるものなし。実に輪廻の源《みなもと》は〔まったく〕妄想《もうそう》なり。妄想もし断ずれば、生死はもとより夢なり。ゆえに

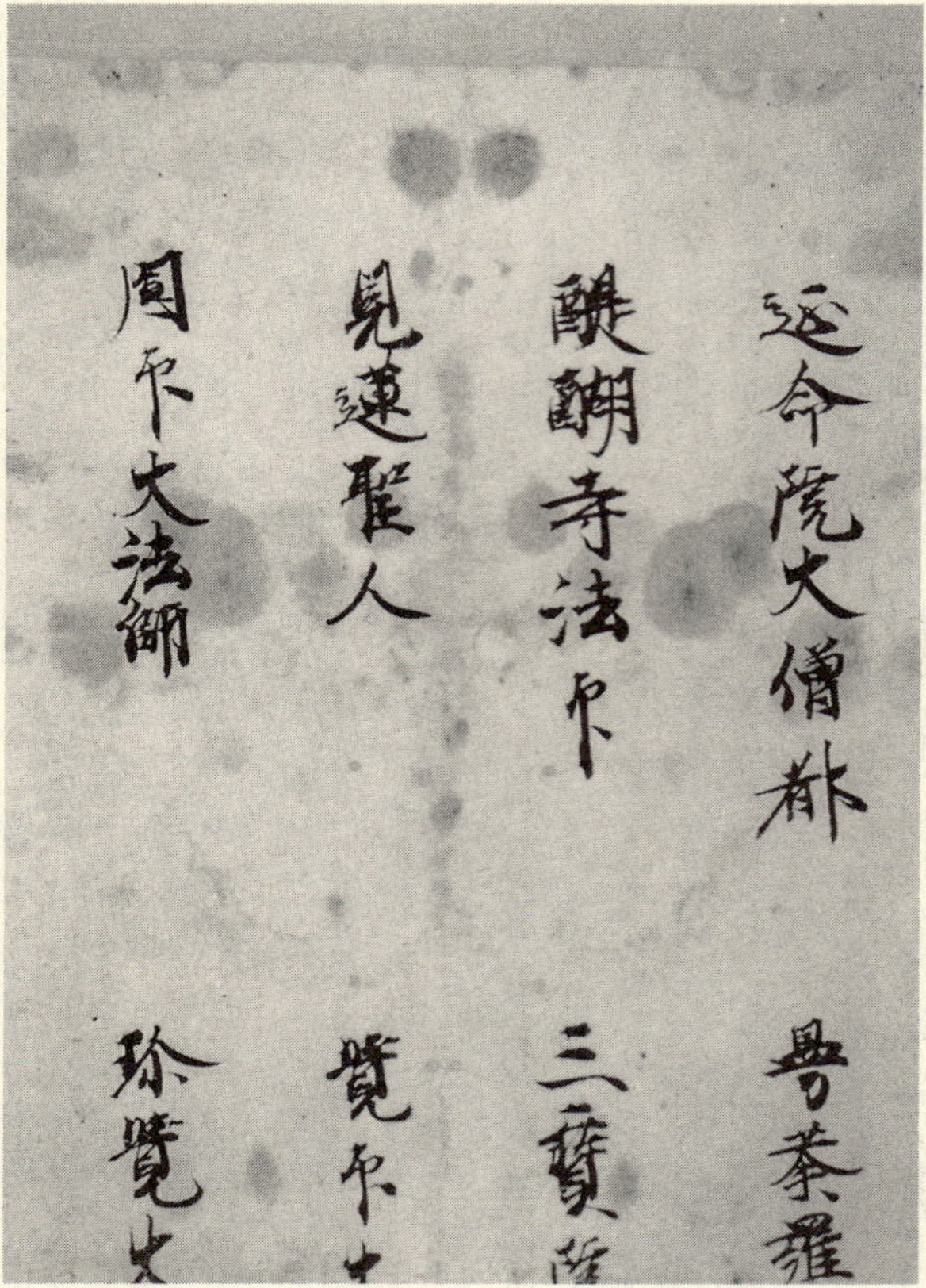


『舎利灌頂相承印信』（神奈川県立金沢文庫蔵）部分。「見蓮聖人」（立川流）。

罪《ざい》なり。
問経《もんきょう》にいわく、もし心をもって男女の相《そう》（すがた）を分別《ふんべつ》するは、これ菩薩《ぼさつ》の波羅夷《はらい》
『文殊問経』

人がこの世に生をうけて以来死ぬまでの一生涯というものは、大宇宙の進行より見れば、ほんの一瞬にすぎない。しかし、一生という人間の実在すなわち「生きすがた」というものは、いかなる大宇宙にも優《まさ》る意味をもっている。ところが生涯が、過ぎ去ってみれば結局は虚空のようなもの、大空のような一種の空しさがある。それは果てしなく、形が無いものである。しかし（これこそ）正しく万物の根源のすがたなのである。もちろん僧侶が理想とするところは、俗世間を離れて、煩悩のきずなを断ち、生死の苦界を離脱しつつ、遠くに横たわる常住安楽《じょうじゅうあんらく》の涅槃《ねはん》に入ることである。けれどもこの経過も、（ふり返ってみれば）迷いの世界をさまよっている幻影にすぎないのである。たとえその真の姿を追求しようとする出発点に仏心が介在していたとしても、すべてがうまくいくだろうか。その多くは物との出会いによって、心は妄想のベールにつつまれてしまう場合が多い。しかも人の生から死にいたる生涯というものは、過ぎ去った時間・空間を追ってよく見つめれば見つめるほど、それは広大な原野に一すじの煙がたち昇るのを見るようなもので、すべてが夢なのである。

ましてや修行中の菩薩である我々が、心だけをよりどころにして、男と女の本当のすが

たを見きわめようとすること自体、大きな誤りなのである。いいかえればこれは、菩薩にとっては波羅夷罪に等しい。この罪には、『行事鈔』中巻一で定めているように、四つの内容がある。一は淫戒《いんかい》（男女のまじわり、不義密通）、二は盗戒《とうかい》（ぬすみ）、三は殺人戒《さつじんかい》（ころし）、四は大妄語戒《だいもうごかい》（おごりたかぶること）である。この四つのうち、立川流が罪を犯したとすれば大部分は一の淫戒につきるであろう。二、三は皆無であったにせよ、四のようにこのセクトにおける僧侶が邪見におちいった言葉を気ままに語ることで、巷でおごりたかぶるという場面も多少はあったかもしれない。

ところで立川流の創始者といわれている仁寛は、おそらく僧侶として若いときから、僧が守らねばならない戒律に対して苦しみぬき、葛藤を根強くもっていたものと思われる。それがある時にある事件に巻きこまれることによって、そうした心の葛藤を自分の中にしまっておくことができなくなったのである。今日、仁寛が流罪になった直接の原因はおよそ次のような事情によるとされる。まず祐宝《ゆうほう》の編纂した『伝灯広録』の略伝をひもといてみよう。

仁寛は左大臣源俊房の子息として生れた。幼少から青年時代は必ずしも明らかではないが、史料（『野沢血脈集』第二の頭註）にあらわれるのは、康和三年（一一〇一）二月十三日（十月二十八日の伝あり）前後の頃で、そのとき無量光院で真言密教の法をうけつぐための儀式として伝法灌頂を定海より受けている。この当時仁寛は、醍醐寺東院（京都市）

に居住していたという。師僧は同じく俊房の子息で仁寛の兄にあたる醍醐山三宝院勝覚である。三宝院にはすでに名を知られた僧がたくさんいたが、仁寛はすぐ入室を許されて勝覚の直弟子となっていた。

## 勝覚との関係

勝覚は三宝院権僧正と称し、今日なお有名な醍醐三宝院の開祖である。仁寛が入山した時すでに醍醐寺座主の要職にあり、飛ぶ鳥を落すほどの勢力をもっていた。しかも、天治二年（一一二五）正月には東寺第三十八世の長者法務に就任するなど、活動の範囲もきわめて広かった。したがって付法の弟子も多く、今日知られるだけでも二十数人を数え、そのなかから醍醐三流が興起した。すなわち後に三宝院流をおこした定海《じょうかい》、金剛王院流をおこした聖賢《しょうけん》、理性院流をおこした賢覚《けんかく》で、この三人は特にすぐれた門弟として手腕を発揮した。

このように勝覚の門弟の多くは、醍醐山の興隆につくしながら、法脈の確立という偉大な功績をのこしたのである。この脈絡をいわゆる勝覚の正統な流れに属するものとみるならば、同じ門下でも仁寛の場合は多少異なる道を歩きはじめていたと解釈できないこともない。

しかし、こうした見方がされるようになるのは仁寛の死後ずっと後のことである。確かに仁寛は、真言密教の指導的役割についた東院入室以降、定海や賢覚などと同じようにもっと記録が残されていてもよい筈であるが、仁寛の事跡はここでぷっつりと絶える。わずかに、金剛王院流のある学僧が、院内を離れた時期に仁寛が愛染信仰に没入したという伝承を伝えるが、これは勝覚伝来のものである。しかしこの当時、仁寛が異常ともおもえるほど愛染王法に専念していたことは事実であったと思われる。というのは、この修行によって見ることができるという流転の三界の世界観の奥深いところは、愛染妄境（煩悩）の迷情という表現で知られるように、輪廻の業にゆだねられている。それゆえ、ドロドロとした男女和合の現世を操縦することのできる重要な鍵は一つには祈禱《いのり》の術にあった。

それ生死本源の形は男女和合の一念、流浪三界の相は愛染妄境の迷情なり。男女かたちやぶれ妄境をのづから滅しなば、生死本無にして迷情こゝにつきぬべし。花を愛し月を愛する、やゝもすれば輪廻の業、ほとけをおもひ経をおもふ。ともすれば地獄のほのをたゞし一心の本源は自然に無念なり。無念の作用真の法界を縁ず。一心三千に遍すれどももとよりこのかた動ぜず。
（御影堂本『六条縁起』巻七第四段）

仁寛の活躍した少し後の時代に、聖戒の詞と法眼円伊の作画によって製作されたこの場面は、正安元年（一二九九）に成立した『一遍聖絵』の一部として著名である。

この場面を見ても明らかなように、人間という一つの個体の中に生と死の根源をみとめ、男と女の和合する情のからみあったそのままの姿を、弥陀の念仏で包み、いつしかいにしえのままの往生の世界に導こうとする。つまりここで注意しなければならないのは、僧の目より見なおされた男女のカップルというパターンが、大事に一紙に切りとられ礼讃されている事である。これはいいかえると仏への鑽仰であり、その讃美の状態が法界というかけがえのない舞台をつくるのである。実は我々は、いつもこの法界を見つめているのだ。しかし、この法界の中にもともと凡俗衆生《ぼんぞくしゅじょう》の形骸を見ようとしても、ことばの表現に限界があることは確かであろう。やはりミイラはミイラとしか見えまい。ただ人間である以上、生きても死んでも形骸が示す時間と空間に位置づけられる生命への認識は別にある。すなわち「かたち」として男女和合が形容されるのでなく、この場面で愛染妄境の迷情というように、もっとドロドロした現世移行型のリアリズムが見られることである。これは生と死、男と女、相（すがたかたち）と情（心のうごき）の画面を切りとって決してあいまいにしないことが、僧である我々にとって、男女和合という現実を、往生の世界で再現することのできる唯一の方法なのである。

これは教えを造形化する場合に、浄土教でも密教でももちろんのことであるが共通したユートピアというか、男女和合のまま往生するという世界観を表現する際に、きわめて豊かな空想をくり広げていたことを示す。つまり極楽往生は一瞬といえども、立川流の信者

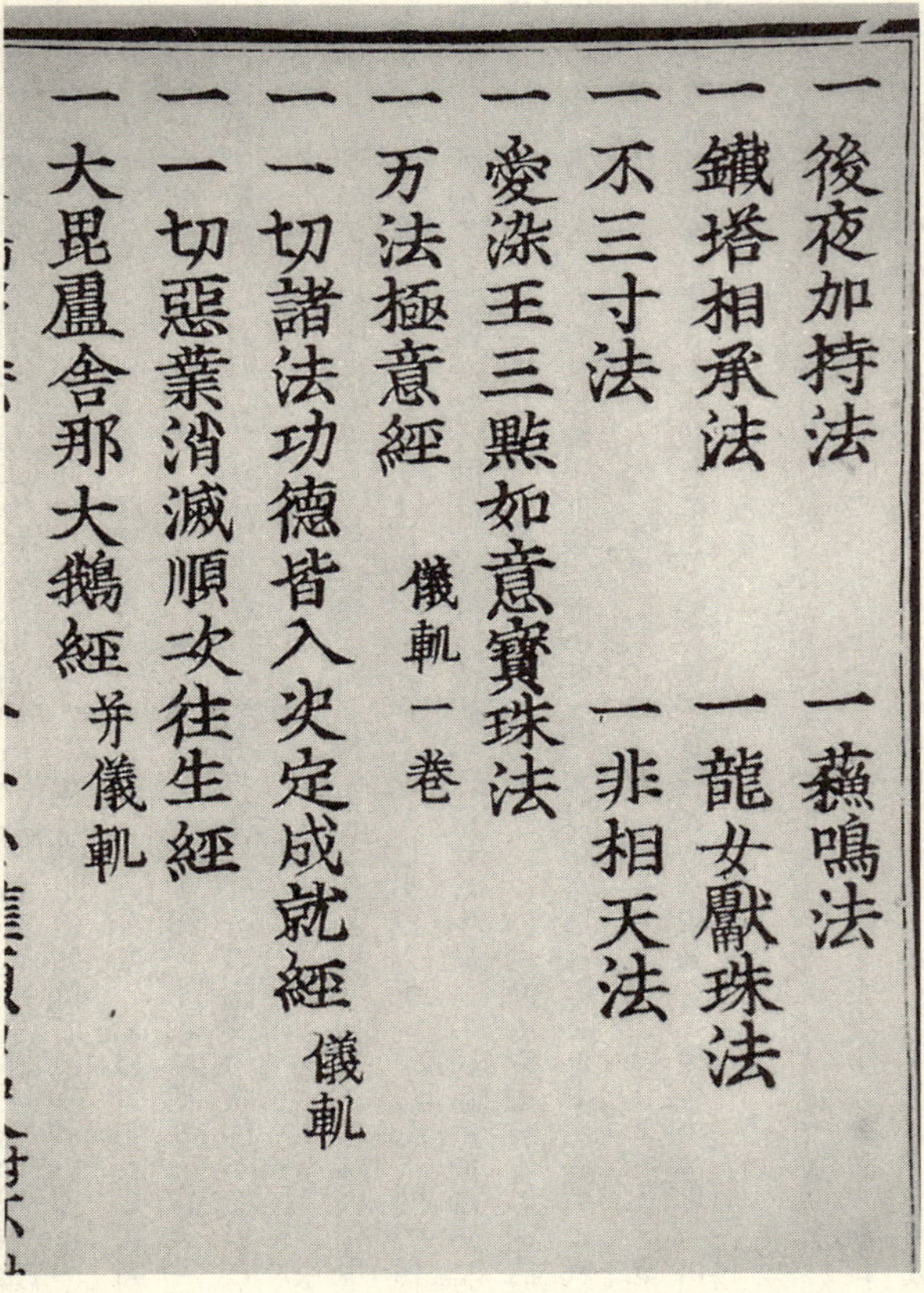
一後夜加持法　一蘓鳴法
一鐵塔相承法　一龍女獻珠法
一不三寸法　一非相天法
一愛染王三點如意寶珠法
一万法極意經　儀軌一巻
一一切諸法功德皆入决定成就經　儀軌
一一切惡業消滅順次往生經
一大毘盧舍那大鵝經　并儀軌

『立河聖教目録』(愛染王三點如意寶珠法)。

にとっては、男女和合は、往生の一つの形態美（様式美）であったと考えられる。がゆえにこのような和合のカップルは形式的には「かたち」として一対の姿をとりながらも、現実には煩悩（愛染）の世界にさまよい出でては男女別々に依存しあうのである。そのような場合、はからずも男と女は先《さき》（行くさき、未知の世界）に迷路の存在を予想している。つまりこの迷路の中に、男女の性と業《こう》にかかわる因果が宿命として介在しているのに気づく。しかし醍醐山に入ったばかりの仁寛の頭の中には、これに対する答がまだなかった。

この聖絵の例でも明らかなように、この場合の往生の世界とは、花を愛し月をめで男女愛染（煩悩）の情をそのまま聖衆の来迎とともに転生することを、大きな円で一くくりにして表現しようとしたものである。仁寛は、こうして愛染王の使命にのっとって、男の愛染と女の愛染という区別された輪をもちいて、儀式の中でその両者を共鳴させている。それは相互にそれぞれの円を近づけては、陰影が二重にかさなりあうよう工夫された、人形《にんぎょう》杵《しょ》という一種の組み合わせ法具による。仁寛は組み合わせの理論と意味を自ら居住する東院内の暗闇の中で問いつづけたという。

## 愛染明王と仁寛

仁寛はこの行法がいついかなる時も成功するよう闇の中に、その人形杵を守護するパターンを描きつづけた。まず愛染明王の弓矢を四方に配し、中心に八葉蓮花を描く。その中心に輪宝を置いて明王の真言を三千遍となえると、輪宝によって障害を除去するという目的がシンボライズ化され、その力が目に見えない空間にひろがり怨念が不思議に消え去るという。さらに真赤な愛染明王の前で、三千回、この三つの図を心に念じ、同時に真言をとなえるという動作をくり返すと、修法の終了後、真赤な彩色に自らが染まってしまったようになるというのである。つまり愛染法は経典の教えをとおしてはいるが、その権威的表現から一歩退いて、情感の世界をもう一度よく見つめなおしながら、男女の大楽に直接語りかけようとしたのである。

ところで醍醐寺における仁寛の地位は勝覚の擁護もあって相当高かったであろうことは容易に想像がつく。嘉承三年(一一〇八)三月七日に、同門で後に金剛王院流を開いた三密房聖賢が勝覚より灌頂《かんじょう》をうけたとき(『野沢血脈集』第二)、仁寛は導師をつとめている。また、永長二年(一〇九七)八月二十一日の無量光院供養に大法師として定海、澄慶等とともに導師に準ずる資格で参列している。

醍醐山は上《かみ》と下《しも》があり、白河法皇の院政時代には盛観をきわめていた。上醍醐には准胝《じゅんでい》堂、如意輪堂、五大堂があり、下醍醐には釈迦堂、五重大塔、法華三昧堂をはじめ、朱雀天皇の御願による東院などがあった。無量光院は下醍醐に永長二年二月五日上棟され、八月に完成したものである。白河法皇が寵愛した皇女郁芳門院追福のため発願された。これは上醍醐に応徳二年(一〇八五)白河天皇の中宮賢子追福のために円光院が建立され、金銅の両界曼荼羅を安置した事跡とよく比較される。この両院は、上醍醐下醍醐を隆盛にみちびいた由緒のある塔頭であった。仁寛は流刑地伊豆大仁で上醍醐をしばしば思った。

# 四　邪法と立川流の構造

## 定恵の冥合

弘安年間に無住禅師が著した『沙石集』で、無住は立川流の教えを邪教とみてきびしく指弾している。たとえば巻第六で引用されている「仏法」の解釈について、ふれている。それによると仏法というものは詞《ことば》を悪くとらえれば見方によっては邪法になると著者はみている。陰陽も男女も理智《りち》もそれぞれ対立概念であるから、それ以上の考えが出ないはずなのに、こと人間関係の男と女という場合になると、両者の関係は一人《ひとり》あるきしていろいろと想像され、スキャンダルのもととなってしまう。そしてとどのつまりが「定恵冥合《じょうえみょうごう》」(人間の両手を例にとり右手は「定」、左手は「恵」に当てる)などといって両手はもともと二手であるのに一つに合わさってというようなことをくどくどと説明しなければならなくなる。

つまり人間の両手の中には不思議な邪法となるべき魔術のようなエネルギーが介在しているのだという。しかも巻第八では「煩悩即菩提」あるいは「生死即涅槃」といって、この二つはなかなか線引きができないにもかかわらず無理に「男女は両部の大日」あるいは「理智冥合」とかなんとかいうものだから、説明に困ってしまうのだ。考えてみれば、両部の大日を肉体の男女に当てはめることそれ自体が、不浄の行《ぎょう》なのである。しかし生身のわれわれ人間が密教の法を修める際に、悪見邪見がこの肉体に付随することはさけて通れないことでもある。もしそうだとすると、そういう考え方をもつ人は、いずれ諸天の罰をうけるしかない、といっている。

したがって無住の目には、立川流の教義が邪悪な法流であると映りながらも、人間としてあるいはこの生身の身体をもって真言密教の世界に入り込む者は、いやおうなしにある種のジレンマに襲われる、というふうに受けとめている。そのジレンマとは、称名寺の第二代住持釼阿《けんな》が延慶・正和年間頃に書いた印信の切紙には「立川流は半信なり半不信なり」というように、真言の修行者の身体の中から湧き出るどうしようもないような肉体に対する不信感を指している。真言行者が厳しい修行（苦行）を達成するにあたって、肉体を信ずれば信ずるほど性欲と意欲（行を完遂したいという）は相反して、その差はひろがってしまうに違いない。

## 立川流と吒枳尼天《だきにてん》

立川流法門の教義にみられるエロス（性愛）とタナトス（人間の死）に裏づけられた死

茶吉尼天曼荼羅（部分）。

者の再生の儀式は、現代のわれわれの観念からはおよそ想像を絶するものである。誓願房心定は『受法用心集』上巻で、讃岐守高太夫の伝承として次のようにいう。まず立川流の本尊について、その本尊としてまつる吒枳尼（荼吉尼）天は閻魔天の眷属であるが、いってみれば小さな夜叉神である。その神が何を食べるかというと、「一切の生類の肉をもって食とせり」というがごとく、人間の肉も食べるし肝も食べると説く。ただ吒枳尼天が人肉を食することは、それほど珍しいことではなく、すでに現図曼荼羅にもみられる。空海が請来した両部曼荼羅の胎蔵界曼荼羅の外金剛部院の南に、吒枳尼天が描かれているが、三尊の坐像のうち中央の一尊は人間の足首を右手でしっかりとにぎりしめ、うす笑いをうかべ食べている。彩色本ではこのようすが、うす気味悪いほどリアルに描かれている。

しかし心定は吒枳尼天がただ単に人肉を食べるばかりではなく、人間の身体の中で最も美味な部分を好んで食するという。「其の中に殊に愛する食あり。人身の頂の十字の所に六粒のあまつひあり。是れを人黄と名く。此の人黄は是れ衆生の魂魄《こんばく》なり。或は出入の息と成《なり》て人の命をたもち、或は懐妊の種とくだりて人身をつくる」。吒枳尼天が美味として好むのは人間の頭上の部分で、そこには六粒の人黄が集積しているからだという。なぜ、吒枳尼天がこの部分を好むかというと、この人黄にはそもそも人間本来そなわっている魂魄が宿っていて、これが格別に美味しいかららしい。その場合、人黄が六粒あるというが、それを吒枳尼が食べることによって、人間の死を六カ月前に察知する能力を与えられることになる。

『受法用心集』上巻は、吒枳尼が、秘められた力を獲得するために、人黄の食べ方も異色で、「吒枳尼彼《か》の人間の身体を食べることについて、頭頂部（人黄の存する部分）より始めて、あなうら（肛門）に至るまで六月の間ねぶる」という。つまり頭のてっぺんから足の先まで、なめるようにして美味しそうに六カ月間かかって食べるのである。その際に吒枳尼は、舐めながら、息をのみ込むと同時に人の血液も吸い取り、やがては命をも奪い取る。なお人黄は呼吸の息に変じて、人間の命を保っていると同時に、懐妊に必要な男性の精子となる。

ここで六カ月もかかって食べるという吒枳尼の食の順序、あるいは流通経路は、人間の

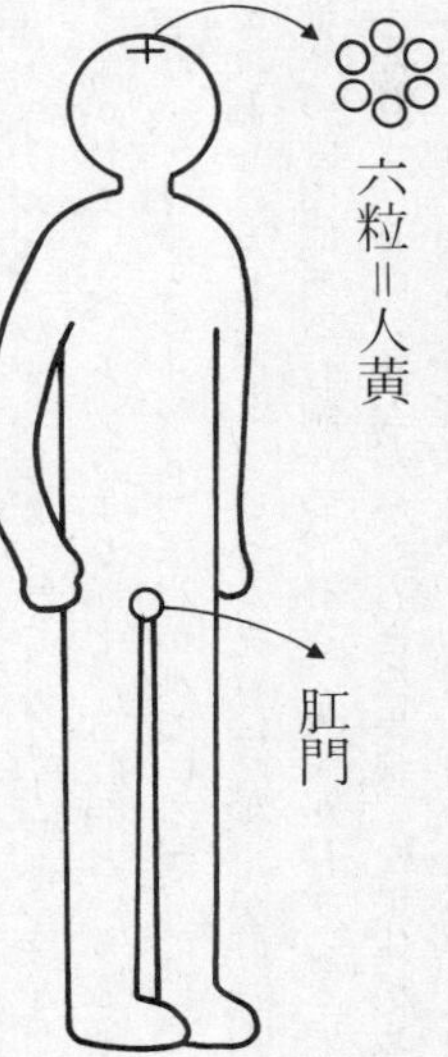

頭上から肛門に該当する。この経路は、いうまでもなくインドの十七世紀に著された『ハタ・ヨーガ・プラディピカー』(スワートマーラーマ作)の体位・呼吸法や生理的操作中にも説かれている。というより頭上から肛門という脈絡は、古く古代インドに現れる『マイトリー・ウパニシャッド』に説かれているが、ここではヨーガの六支の中に認められ呼吸の抑制をはたしている。いいかえれば吒枳尼が好む人間のこの身体の脈絡とは、背骨(脊椎)の管内にある脊髄《せきずい》なのである。人黄が存するという頭頂部のサハスラーラ・チャクラの位置は、身体の働きからみると松果腺・松果体がある。また肛門の部分ムーラダーラ・チャクラ(尾骶骨)は、同じように腎臓や副腎、性腺を制御(コントロール)する。しかしこの人間の上から下へのルート中もっとも大事なところは、サハスラーラ・チャクラであり、この頭頂部がなぜ大事かというと、サハスラーラ・チャクラはすべての神通力に通じる個所だからであり、身体中の超能力的な神通力がチャクラの開花となって定着する場所がここなのである。とするならばムーラダーラ・チャクラは、その出発点となる人体にひそむ原初的なエネルギーの宿るいわゆるクンダリニーを覚醒(めざめ)させる個所ということができる。

空海が密教を中国から伝えてから、この『受法用心集』が著されるまでにはおよそ四百六十年が経っている。その間に身体と密教修行を一組にして考えることは、それまで常に考えられていたには違いないが、身体の内部にまでふみ込んだものは必ずしも多かったとはいえない。いま述べた人間の頭頂部から肛門までのルートは、当然といえば当然であろうが、観想をこえて観想成就（サーダナ）を実修するためのもっとも重要なキーワードである。それは今ふれてきたようにインドのヨーガに由来する。

ヨーガは瑜伽《ゆが》と音写されるが、その訳語は「相応《そうおう》」と漢訳されている。このことばは「つりあう」「ふさわしい」の意であり、密教でいう瑜伽とは、「つりあい」バランスのとれた状態のもっと奥の方を言っている。奥の方とは人の身体の秘奥というか、暗い内面の方であるが、その出発点は心に基因する。だからユガの状態とは、乱れた心を統一しコントロールすることで、バランスを保とうとするのだ。それゆえ「相応」は、結果をみているとと同時に、「相応」を得るための方法（実践修行）ともみえる。

生身の人体にひそむ行者の三業は、やがて懸命におがむ本尊の三密《さんみつ》（身《しん》・口《く》・意《い》の三密）に対してよく感応道交《かんのうどうこう》して生仏の間で一体となる。三業とははたらきのことで、行者の身体の行動は身業といい、声を発する言語表現のことは口業（語業）といい、精神的作用のことは意業（心業）という。これが仏の三密に対応して加持渉入するのを特色とする。仏すなわち如来の側から行者に応ずる（近づく）のを「加」、行者が信心の諸仏の応現を感ずるのを「持」とするのは、以上の脈絡からいえることなのである。この場合、行者と仏を、彼と彼女という概念で用語を入れかえると立川流的思考がなりたつが、これはあまりにも大いなる飛躍である。

真言密教徒は古来から、真言行者を「彼」とおきかえることを嫌う。タームをそのように言い換えた方がいいと私は思うのだが、嫌う。ましてや「彼女」を仏と言い換えるなどもっての外なのである。私は二十代の頃に高野山親王院で四度加行《しどけぎょう》をうけたことがあるが、そこでは、加行の行者は「行者さん」と呼ばれ、仏に近い存在として認識されていたことを思い出す。入浴なども院主（住持）より前に入ることが許される。これはどういうことを意味するかというと、真言密教の修行の構造の中に、三密を中心に加持感応させるために現況の生活習慣中に「お前は仏なんだぞ」といった暗示が師資相承の中にふくまれている。

### 双身と双入のこと

また真言行者はすべてについて三密双修《そうしゅう》しなければ即身成仏はできないという。この場合の「双修」といういい方も、密教独得の表現ではないかと思う。同じ発想は密教彫刻にも見られる。「双身歓喜天」や「双身毘沙門天」がそのよい例であろう。

立川流には「秘密死期法」中に諸天として、「毘沙門天」の次に「双身印明秘」が伝えられている。立川目録に同様の項目がある。なぜ仏教でいう覚《さと》りという一点集中の概念を、一体の像容で表さず、二体の像を組み合わせなければならないのか。密教の中にはこういう奇妙な像容表現が随所に認められる。それも要所要所でインパクトをもって現れる。実

双身毘沙門天像（浄瑠璃寺）。馬頭観音像納入品。

に不思議な現象である。その由来をさまざまな例をあげて述べていたらとても書ききれないので、根底にある発想の原点だけを述べたい。それは「双入《そうにゅう》」という語である。この語はインドのサンスクリットのユガナンダ（yuganaddha）の訳で、また「双運」ともいう。音韻のみでは一見卑猥なことを想像させるが、「双入次第」（ユガナンダクラマ yuganaddhakrama）という書物まであるくらいだから、れっきとした正純密教の用語であることはまちがいない。「双入」は相対する二つの対立概念（原理というべきか）が、たがいに合体して、不二《ふに》の状況（一つ）になることをいう。密教ではよく般若《はんにゃ》と方便《ほうべん》、大宇宙と小宇宙、実在と現象、男性と女性などを相対の在りようとして例に挙げ、これらが一つになることの意味を拡大解釈するのである。

「双入」と並んでもう一つ大事な語が「相即相入《そうそくそうにゅう》」である。相即すなわち即をつけ加えた別の用語であるが、ともに華厳宗や真言宗で使われる。現象界すべてのものごとを絵具におき換えると、ちょうど色彩（体《たい》という）がたがいに溶けあって、一体化する状態にあたる。むろん現実の世界を物理的な譬喩をもちいて説明するのは無理があるかもしれない。彩色より人間関係にあてはめた方がより良いのかもしれない。いずれにせよ、現実のすべての事がらは、お互いに溶けあって融合した状況をつくりあげようとする。そしてその状況の中で相互に働き（用《ゆう》という）あうエネルギーが生じ、それが感情をもとり込んで融和しあう。その融和状態のもとで重要なことは、人と人がお互いに妨げることなく「相入《あい》れる」（相入）ことを目ざすことである。言い換えるならば、その人間関係（男と女というより、男性的原理と女性的原理の引きあう関係のこと）の在るがままが実は絶対世界のあらわれなのである。現実の「あるがままの姿・かたち」の受けとめかた、これは一瞬わかったと思うときが時々あるが、二、三歩あるくと人間というものはその極意をすぐ忘れてしまう。ここでこの極意をわれわれはどう認識したらよいのだろうか。『空海の風景』をかいた司馬遼太郎さんはかつて高野山に故水原堯栄氏を訪ね、立川流の教義のことも含めて、その極意のような部分を質問したことがある。水原老師は庭の池にいるモリアオガエルを見て「あんなもんでしょうな」と言った。要は立川流の教義の根本など、とりたてて目を見ひらかなくともこの世にゴロゴロころがっていることなのである。しかし、この極意のような部分は、立ち止まってよく見とどけないとつかむことができないように私には思われる。別な言いかたをするならば、まばたきしないで立川流の教えのそれぞれの局面をしっかり見つめることから出発せよ、水原老師はそんなふうに言っているのではないかと私なりの勝手な解釈をつけ加えたりした。

ところで吒枳尼天をおがむ立川流行者はどうであろうか。

「吒天（ダキニ天の略）の行者は此の天等の好む処の魚鳥の肉類、人身の黄燕を以て常に供養すれば此の本尊歓喜して行者の所望を成就すること速なり」。これが極意とみてよいであろう。

## 『邪正異解集』と二根の冥合

くどいようだが立川流の教義の中心は男女の二根の冥合《みようごう》（性交）とそこで得られる赤白の二渧（男女の性液）の秘儀である。『宝鏡鈔』では「その宗義を見るに男女の陰陽の道をもって、即身成仏の秘術と為す」と明確に男女の冥合と即身成仏を同一視している。実は問題はここにある。

正純な密教からみると密教の究極の教え、即身成仏は父母所生の肉身がただちにそのまま成仏（大覚位に達すること）することを教えてはいるが、あくまでも入我我入する対象は女性ではなく本尊（大日如来）である点が違う。かつて村岡空氏は『立河聖教目録』を復刊されたが、その解説に快成の『邪正異解集』一巻を引用して、自ら見解を述べておられる。少し長文であるが原本を読み下して、その解釈を引くことにする。密教の正純性と邪教の接点がこれによってある程度わかるのではないかと思う。

一問す、「邪正分別、如何」。答へて師云く、「邪流は、法の甚深なる由を云ひて、赤白二渧を両部と号し、此の二渧、冥合して生じたる身なれば、所有所作と談ず。此れ極めたる邪見也。

正流の意は、諸法の色心、本より梵字《ア》・六大四曼の体性也。万法本来不生の義を悟らず、但《ただ》世間の事法に著し、貪等心を起す。邪見なり。同じ貪と雖も、不生貪と覚りて起さば、此れ正見なるべし。何ぞ男女和合の赤白二渧を両部と号し、邪見を起す哉。之に付いて多くの人、邪見を起す。恐る可し。金剛王院流にも、二水和合・一円塔を成し、一字、斉運三業を転成する云云。此の義を以て秘密と為す、大いなる邪見也。諸法皆六大四曼三密の法体なる上は、法性を離する法は無しと云ふ。何ぞ必ず赤白二渧を甚深と談じ、人に邪見を起さ令むる哉、大いなる誤り也』。

「正邪の問題の所在は、結局、赤（女）と白（男）との二渧（性液）が冥合して、生れた身（身体）は、即ち法性《ほっしょう》・即身成仏、仏に成る可能性を本来所有している、という龍光院方の本有思想を邪流・邪法・邪見だとするところにある。ところが『但世間の事法に著し、貪等心を起す』者を邪見ときめつけながら『不生貪』と覚って起せば、これは正見だと言う。では一体、貪りの心を不生、即ち、生ずることなく滅することのない常住、恒常的なものだと覚った上で起すような人間が何処に居よう。なるほど不生貪だと自覚して修行を積むこと（修生思想）は肝要であろう。だが、我々凡夫がそのような厳しい自覚を保ちつつ、赤白二渧の冥合を能く行い得るものかどうか。冥合とは、文字通り冥々暗々の無意識下に於て、自然に結合するものの謂ではなかったか。無論、狭義に言えば、今の場合は出家と在家との立場を区別して考えなければなるまい。だから、立川流が民俗学的・民間信仰的な所産だと考察される理由も、実は、この両者の立場を混同したところにあるわけである」。

この『邪正異解集』では、高野山の中院御房龍光院方の一門が確立した本有思想を邪見とするのである。冥合がもともと自然の道理にゆだねられたもので、無意識下の状況において男女の秘儀が行われる。邪見はこの男女の冥合に何らかの別の目的（赤白二渧を両部とすること）を意識して人工的な作意をともなう、とするのである。このことは『宝鏡鈔』にいう男女の陰陽の道をもすり換えることになるかもしれない。著者の宥快はこの流れを十分熟知したうえで『宝鏡鈔』を説いている。

## 『阿吽字義』と男女二根

故水原堯栄氏は「立川流の教格とその主張」（『邪教立川流の研究』所収）の中で「阿字義」をとりあげている。私は真言の阿字本不生（大日如来）の字義論は、もっと世間的な男女の行動や意識の中に認められる生命空間の場に移して男女相互の「動き」に着目してよいのではないかと考える。これは普通に言われていることであるが、古来、結婚した男女がうまくいくことを阿吽の呼吸という。むろん結婚していなくても恋愛を通して男性と女性が結ばれ、その愛情が長続きする状態を双方の成就の念願もふくめて、すべて阿吽の呼吸に帰する、というのである。一方で、男女の「動き」に、呼吸を通じて曼荼羅を相互に当てはめるものがある。『阿吽字義』という書物である。これには男女二根にゆきつくシンボル的空間が既に説きあかされ、男と女の発する呼吸は曼荼羅世界と見立てられ、まるで生きものが宙を舞うかのごとく美化されて密教の極意にせまる。

「阿は海なり、吽は山なり、阿は真なり、吽は言なり、阿は女なり、吽は男なり。口を開くに阿字あり、口を塞ぐに吽字あり。この阿吽の二字は則ち是れ、胎金両部の曼荼羅なり、然らば阿はすなわち胎蔵界七百余尊（実際には四百十尊）九会九尊の西曼荼羅なり、西曼荼羅は入門なりすなわち女なり。吽は金剛界の五百余尊十女十界の東曼荼羅なり、この東曼荼羅は出門なり、すなわち男なり」（『阿吽字義』）。

阿字の𑖀《ア》（梵字）字に着目したのは実は空海なのであるが、中世・鎌倉時代以降弘法大師に仮託して、立川流では本《もと》の意の男性と女性に当てて解釈するようになった。空海は悉《しっ》曇《たん》（梵字のこと）の『字母表』で「およそ最初に口を開く音、みな阿の声あり。もし阿の声を離んぬれば、すなわち一切の言説なし。ゆえに衆声《しゅしょう》の母となす。また衆字《しゅうじ》の根本となす」とする。こういう論理でものを考えてみると、現代芸術の創作意識がなんとなくわかるような気がする。人の発する声、しぐさ、動き等をつきつめてゆくと立川流の男女の間はパフォーマンスそのものかもしれない。

ただ口を開いたり、塞いだりして阿吽を表現することは、人間の自然発生的な表現のくり返しに他ならない。そして空海が注目したのも生きている人間が性別を問わずくり返している呼吸なのである。その観法《かんぼう》の境地に私は少しこだわるのである。つまり空海の『三学録』をみると『大方広仏華厳経入法界品四十二字観門』（大正蔵第十九巻所収）を引用して、これを密教家の必須の典籍とした。密教の修行の中でもっとも大事なこととして、数《す》息観《そくかん》という観法を始めから終りまで重視しているのである。

数息観をトレーニングすることが、なぜ大切なのか。数息観は呼吸中心の観法であるが、最終的には『金剛頂大教王経』巻一や『守護国界経』巻九に力説されているように、釈尊が六年間の苦行の後に獲得した境地「阿娑頗那伽三摩地《あさはなかさんまじ》」を再確認することができる。

この境地（三摩地）は密教というより大乗仏教の究極であるが、小乗仏教でも、またインドでは外道でも実践した。密教では禅定にむかう呼吸のやりかたとして入息出息にポイントをおき阿《あ》字と鑁《ばん》字等を観じて数息観を完成する。そうすることにより心身（みもころも）安静になり寂滅無相《じゃくめつむそう》（心の散乱をとりのぞく）の境地に達することができるのである。

立川流の『阿吽字義』は皮肉なことに空海の三部書である『声字実相義』や『吽字義』それに『即身成仏義』の文学的表現を秘しながら、自然の情景を力強くうたいあげている。そして広い大自然とそれをはぐくむ空間のまったただ中に男と女を位置づける。そしてさらに立川流ではこの阿吽の発せられた息・音を、単純に単なる「こえ」や「おと」として受けとめることを嫌い、息の中に仏を、声の中に霊を感じとり、それが真実だと信じていたに相違ない。
「然《しか》れば阿は善なり、吽は悪なり、阿は赤なり、吽は白色なり、阿は慈なり、吽は悲なり、然らば慈悲と申すは一切の仏の御心なり、この心はすなわちこの阿吽の二字より起りたる物なり、また阿は定なり、吽は恵なり、然れば定恵の二法と申すもまったく別の物にあらず」。

くどいようだが阿と吽を男性と女性に見立て、これに仏心を二つに分身させて配する考え方は、この世の何か大きな存在論を想わしめる。阿（女）が赤色だというのはわかるにしても吽（男）が白色だとするのは面白い。しかし男性は最後は白色にすがり、その想いはやがてこの身を生じた母への思慕に帰納するような性質をもっている。明恵上人の例がある。明恵上人は母への想いを捨てきれず絹本著色の「仏眼仏母像」（高山寺に現存・国宝）を描かせた。きわめて清楚な画面で、仏身はもちろん法衣や蓮台にいたるまで、白一色で仕上げられている。仏眼尊は三世諸仏の能生の母という意から上人は自分の母親とダブらせて、この画像を死の寸前までおがんだという。『瑜祇経』によれば金剛薩埵の所変が仏眼尊といい、仏眼曼荼羅中では仏眼仏母（金剛界日輪中の胎蔵界大日如来）の直下に金輪仏頂が配置されている。このことから仏眼と金輪仏頂とは金胎不二をあらわす。

仏教が伝来した奈良時代の仏像をみると、人と距離をおき「かけはなれた」存在として位置づけられていたものが、平安・鎌倉期には仏像は人そのものの観念が芽ばえてくる。

念持仏となると形態的にも少しずつ小型化する傾向があるのは、そうした肉身への思慕が自分（肉体）の中にやがては入ってくる、そう信じられていたからのようだ。ここで私が肉体（自身）の中へとこだわるのには一つの理由がある。

### 阿は慈、吽は悲

それは、立川流で、「阿は慈なり、吽は悲なり、然らば慈悲と申すは一切の仏の御心なり」といっている点である。仏に手を合わせて慈悲をこい願うのは男ばかりでもなく、女ばかりでもない。男女平等にである。これは男の子と女の子が並んで仏前で合掌している可愛い姿・情景を想像させる。現在では、男女がそろって仏をおがむということになると葬式ぐらいしかないのではないか、と淋しさを禁じえないが、私が注目するのは仏の御心は阿吽（女・男）の二字より起ると並記している点である。また阿は定、吽は恵ともいっている。「定・恵」を阿吽（女・男）に当てているのはそれなりの意味があるのであろう。

密教の印契《ムドラー》（印相ともいう）は両手の十指をさし、「定・恵」が「阿吽」とはまったく別の概念であることはいうまでもない。左手を「定」すなわち胎蔵界、右手を「恵」すなわち金剛界に当てている。『十度異名《じゅうどいみょう》』という印契の専門書によると左手の「定」は「止」であり「福」である。そして「理」であり、「胎蔵界」であり、「生界」であり、「月」である、と最終的には定義づける。これに対して右手の「恵」は「観」であり「智」（福に対して）である。そして「智」（理に対する）であり、「金剛界」であり、「仏界」であり、「日」である、と。

この標識《ひょうしき》（シンボル）に従うと、通常の正統な純密の真言行者（男）の中には両性具有の機能がすでに内蔵されていると解釈できないだろうか。すなわち結印《けちいん》作法（印相を両手で結ぶ作法）する場合は、定・恵二手はもともと自分自身が持っているので、男一人の判断で仏や如来に近づくことができる。ところが「定」「恵」が女・男に分割されて機能が別々にあたえられているとすれば、男性女性の両性の呼吸がピタリと合わなければ成立しなくなる、という論理設定である。

私は称名寺に伝存する「金剛仏子女仏」および「弟子女仏」と受者名の記された『印信血脈』十七通に最近とくに注目している。この女仏の印信を最初に指摘したのは故櫛田良洪博士（『真言密教成立過程の研究』所収）であるが、その中の一つに『舎利灌頂血脈』というのがある。相承は「阿闍梨蓮念　見蓮聖人　覚印　信印　円印　珍覚　信毫　思本　慶俊　寛遊　智禅　了印大法師　女仏大法師」と伝えたものである。他に建治元年（一二七五）七月七日に同じ了印から授かった『秘密灌頂血脈』では空海にはじまり真雅・源仁・聖宝・仁海をへて勝覚・蓮念・見蓮等々から「了印和尚　女仏和尚」という相承があり、これには確かに授者方は「伝燈大阿闍梨位了印示之」と記され受者名としてこれも確かに「金剛仏子　女仏」と墨書している。

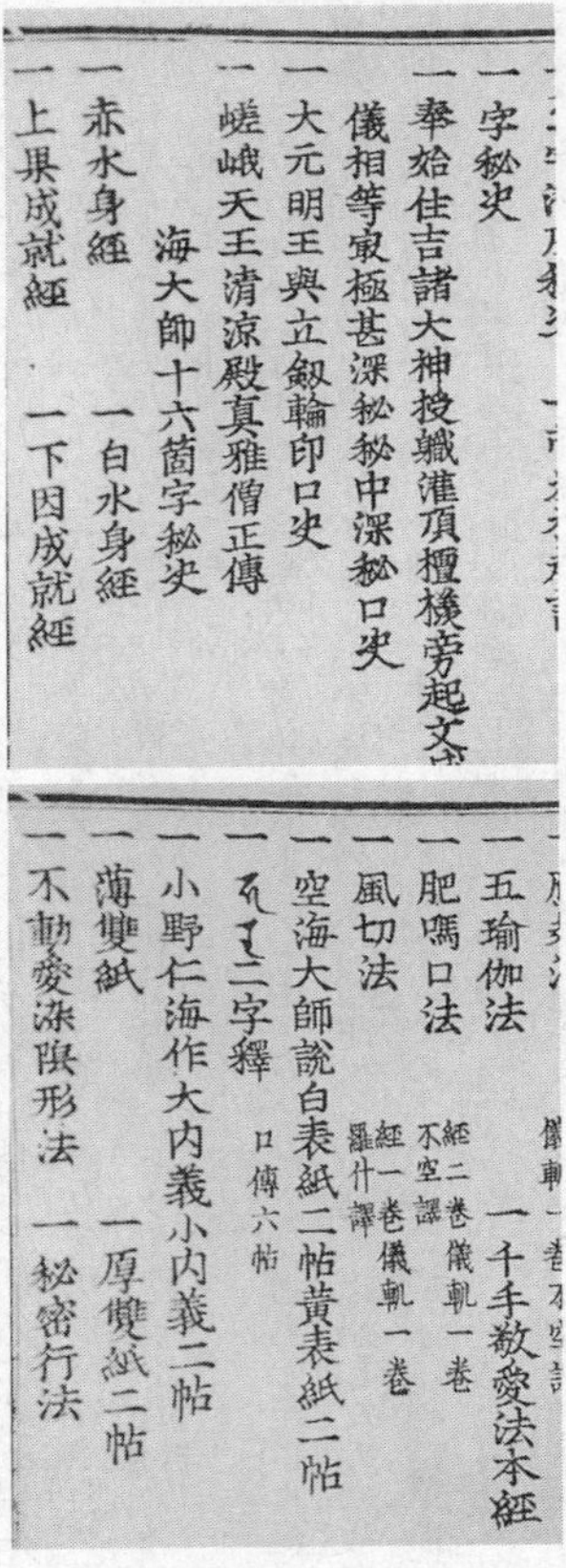

一字秘决
一拳始住吉諸大神授職灌頂壇様旁起文
儀相等竅極甚深秘秘中深秘口决
一大元明王與立劔輪印口决
一嵯峨天王清涼殿真雅僧正傳
海大師十六箇字秘决
一赤水身經　一白水身經
一上果成就經　一下因成就經

一五瑜伽法　一千手敬愛法本經
一肥嗎口法　經二巻儀軌一巻 不空譯
一風切法　經一巻儀軌一巻 羅什譯
一空海大師説白表紙二帖黄表紙二帖
一[illegible]二字釋　口傳六帖
一小野仁海作大内義小内義二帖
一薄雙紙　一厚雙紙二帖
一不動愛染陰形法　一秘密行法

『立河聖教目録』にみえる「真雅」伝記引用。「仁海」の著作とされるものの引用。

ここでいつも問題になることであるが、真言密教における印信血脈の相承において、「金剛仏子」と号名を付する場合は、必ず男の僧侶でなければならないという基本原則がある。しかしこれは明らかに「女仏」と記しているから女の僧（尼僧）に了印阿闍梨が授与した秘密灌頂《ひみつかんじょう》の印信血脈である、と解釈しなければならない。櫛田博士はこの一見矛盾している受者名について多くを語っていない。わずかに博士は「殊に審海《しんかい》（称名寺開山）時代は女房の筆蹟を示す消息や、尼僧の印信が著しく残されている。この女仏の印信は釼阿《けんな》（称名寺第二代住持）時代よりも古い印信と思われるから、審海と同時代の僧であろう。或は女仏とは仮名であって正しい名ではないかも知れないが」と述べるのみである。この「女仏」は私も仮名であろうと考えるが、金剛仏子の号名をわざわざ生かして「女仏」とするのには、それなりの理由があったに違いない。ただ十七通の印信から推考して「女仏」が了印に師事したのは博士もふれているように、文永十二年（一二七五）一月十五日から同じ年、建治元年（一二七五）七月二十七日頃までである。この時期に女仏に何を伝授したのか、その内容はというと、伝法及び秘密灌頂と瑜祇《ゆぎ》灌頂と舎利《しゃり》灌頂の三灌頂が大部分で他は伝法許可《こか》にかかわる相承である。このうち秘密灌頂および瑜祇灌頂は通常の正純密教で行われるものである。前者は秘密壇灌頂すなわち『大日経』に説く以心《いしん》灌頂のこと、後者は『金剛頂瑜祇経』に説く極深秘の灌頂である。東国ではその「極深秘」が拡大解釈されて、鎌倉時代では特にその部分が立川流が混入した灌頂と見なされているのである。称名寺にはその灌頂の際に阿闍梨の一身に十五尊を観布する（観想して対象に梵字を布置する）略図・図像が残されており、当時、瑜祇灌頂のメッカであったことを物語っている。この両灌頂を「女仏」が受けることは、さほど不自然ではないが、問題は「女仏」が舎利灌頂を意識的に了印より授けられていることである。とくに既述のように建治元年七月二十七日には瑜祇灌頂とセットで付与されている。瑜祇灌頂だけではなく、なぜ「女仏」に舎利灌頂を付加する必要があったのか。櫛田博士も「瑜祇灌頂に舎利灌頂がつけられている事は審海の伝（薬師寺伝）にも東栄寺伝にも行われていなかったものである」（前掲同書「邪流思想の展開」）と。

### 立川流の本尊としての髑髏

『受法用心集』下巻によると、この秘法（邪行修行の作法）を修して大悉地（成就）をおさめようとするならば、立川流としての本尊を建立しなければならないとしている。まず通常の仏像の御衣木（木造等）に該当するものは、髑髏骨（ドクロ・人骨の頭部）であると定めている。その種類も「一には智者（智識人）、二には行者（仏教修行者）、三には国王、四には将軍、五には大臣、六には長者、七には父、八には母、九には千頂、十には法界髏なり」と十種類あり、その中から選ぶ。

千頂については、さらに説明があり、千人分の髑髏の頂上部分を取りあつめて、こまか

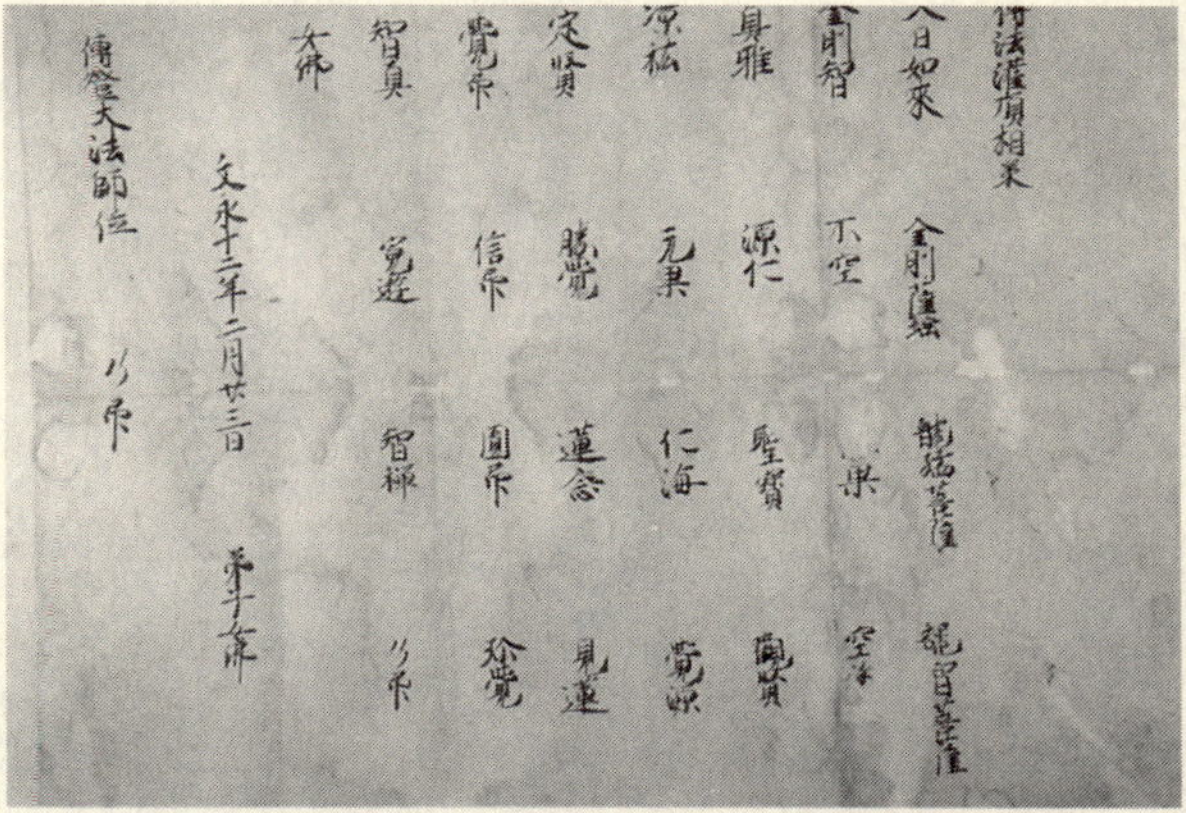
伝法灌頂相承
大日如来 金剛薩埵 龍猛菩薩 龍智菩薩
金剛智 不空 恵果 空海
真雅 源仁 聖宝 観賢
淳祐 元杲 仁海 覚源
定賢 勝覚 蓮念 見蓮
覚印 信印 円印 珍覚
智貞 覚遍 智禅 了印
文禅
文永十二年二月廿三日 弟子文禅
伝授大法師位 了印

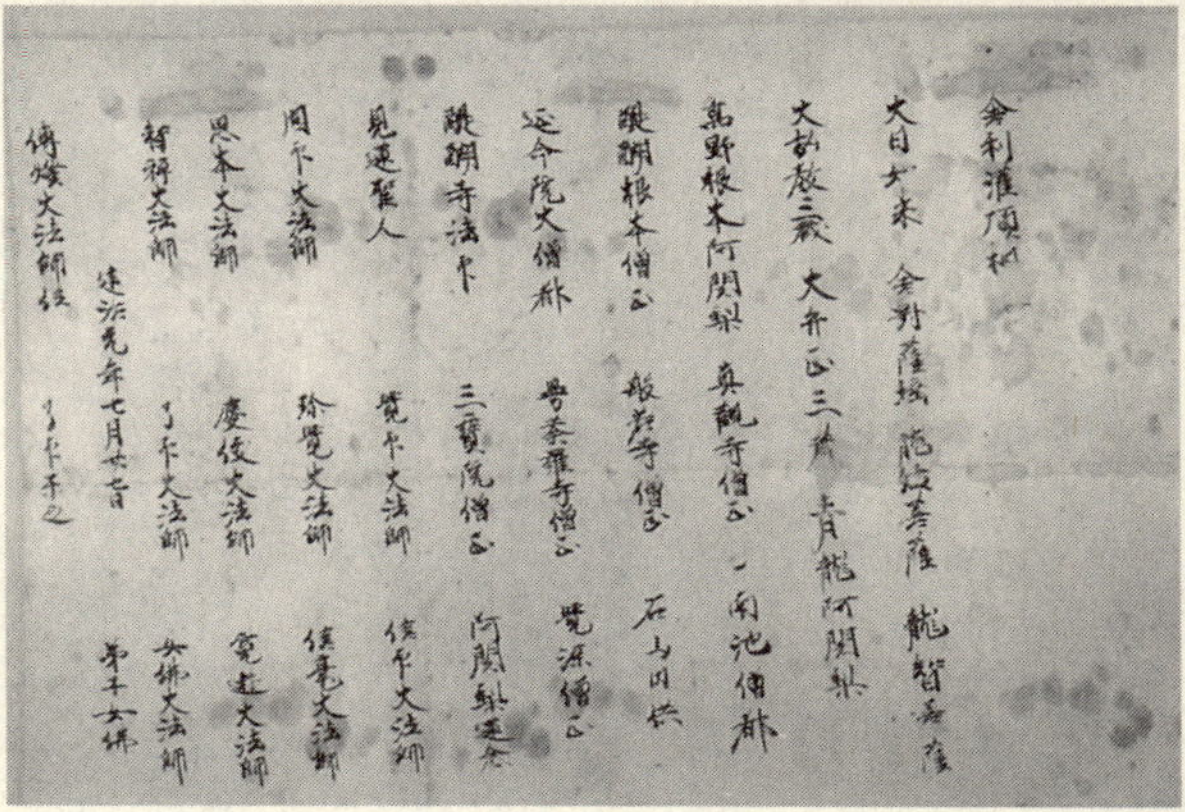

上：伝法灌頂相承（文永十二年二月二十三日）。
下：舎利灌頂相承（建治元年七月二十七日）。

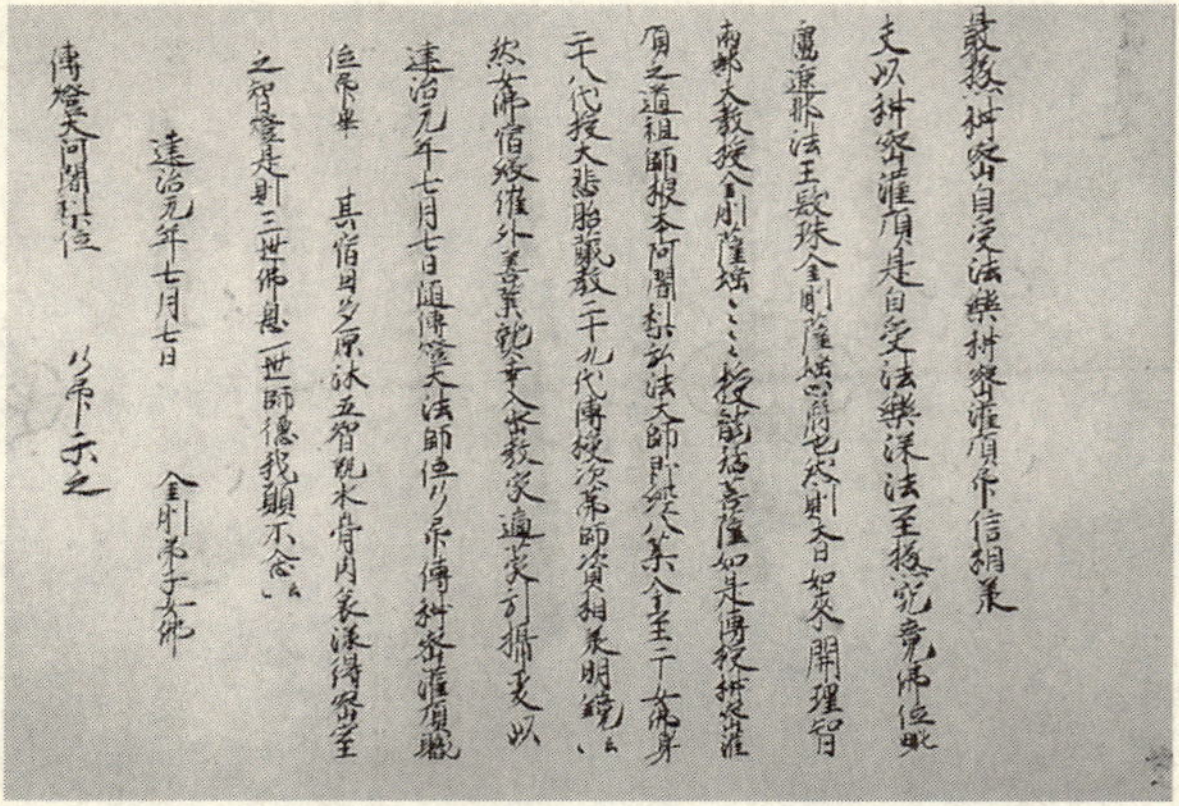

最極秘密自受法樂秘密灌頂印信相承
夫以秘密灌頂是自受法樂深法至極究竟佛位也
遍照遮那法王歟殊金剛薩埵爲同也大日如來開理智
南都大毅後金剛薩埵云々授龍猛菩薩如是傳授秘密灌
頂之道祖師根本阿闍梨弘法大師乃至八葉全至二十女佛身
二十八代授大悲胎藏教二十九代傳授次第師資相承明鏡也云々
然女佛宿緣淮外善業乾華入密教家遍[illegible]方[illegible]受以
建治元年七月七日通傳燈大法師位以帝傳秘密灌頂職
位令畢　其宿因多[illegible]五智觀水骨內最深得密藏
之智燈是則三世佛恩一世師德我願不念云々
建治元年七月七日　金剛弟子女佛
傳燈大阿闍梨位　以帝　示之

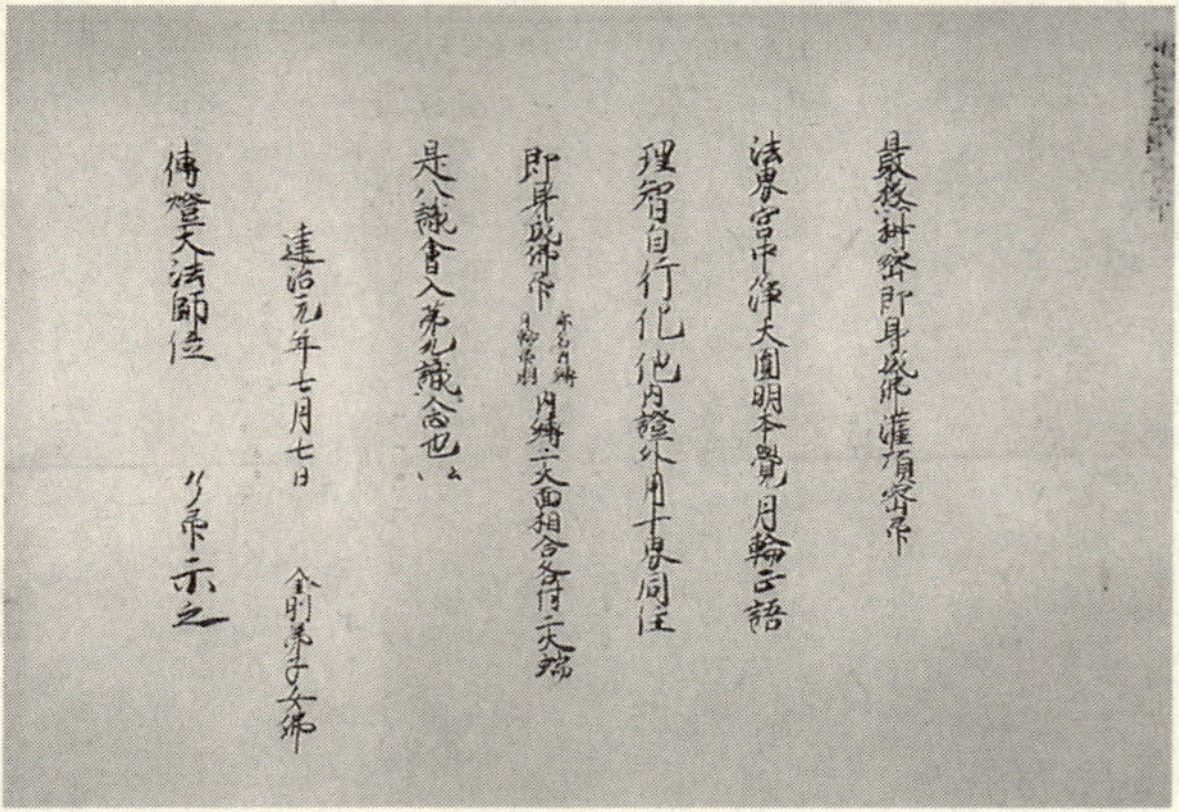

最極秘密即身成佛灌頂密印
法界宮中淨天圓明本覺月輪口語
理智自行化他內證外用十界同住
即身成佛印　內縛二大面相合各付二大端
是八識會入第九識命也云々
建治元年七月七日　金剛弟子女佛
傳燈大法師位　以帝　示之

上：秘密灌頂印信相承（建治元年七月七日）。
下：秘密灌頂密印（建治元年七月七日）。

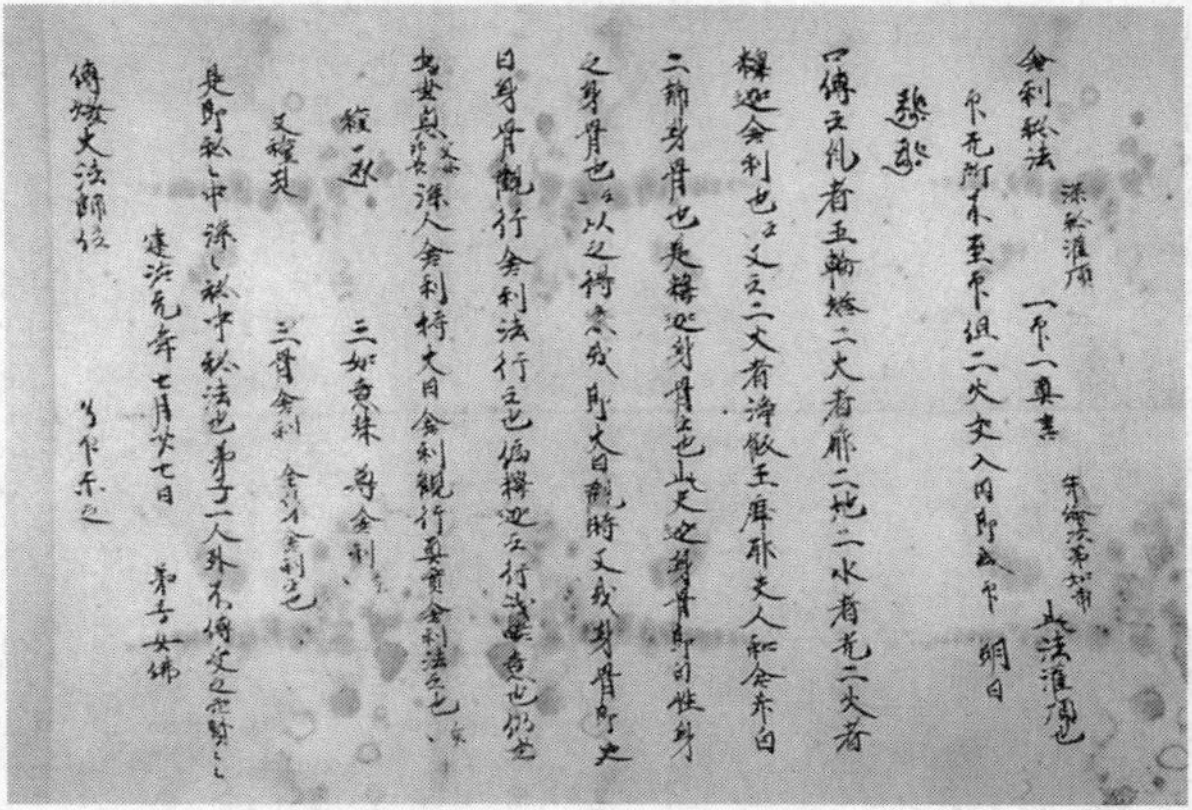

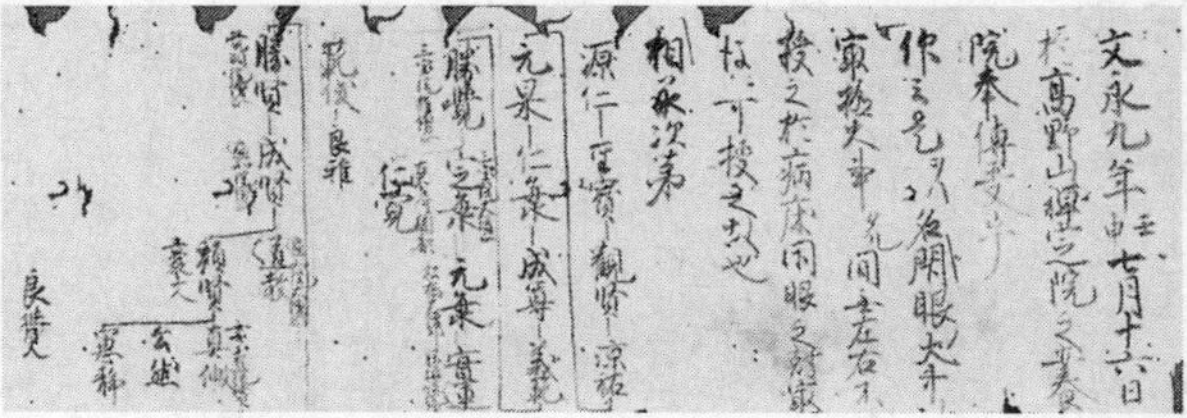

上：舎利秘法（建治元年七月二十七日）。
下：立川流血脈（阿闍梨位所口伝）。「仁寛」の相承がみえる（神奈川県立金沢文庫蔵）。

く砕いて粉末にし練りあげたものをいう。なぜこれが良質かというと、頭蓋骨の頂上とはすでに述べたように人黄を含む骨のエッセンスだからである。

法界髏についても言及されている。これは重陽の日（五節）に戸陀林《しだりん》（死体が葬られた山林・墓地）にわけ入り髑髏をひろい集める。その場合に数多く折り重なっていても、集める際に吒枳尼天の真言を唱えると、たちどころに下に重なった髑髏も良いものは光り輝くので見分けがすぐつくという。また明け方墓地へ行くときは、霜のついていない髑髏を選ぶことや、頂上に縫合のないものを拾うのが肝心であるという。

こうして苦心を重ねて選び集められた髑髏は次に本尊として加工される。その本尊は大きさと形で分けて三種ある。すなわち一は「大頭」、二は「小頭」、三は「月輪形《がちりんぎょう》」である。

大頭は生身の頭部を再現するように作るので、口の部分には舌をつけ、歯を入れ、頭皮は木屎漆《こくそうるし》で盛りあげさらに透明度の高い漆を塗り重ねて丸味を形づくる。乾漆状の顔面・頭部が整うといったん箱の中に大頭をしまい女人と交会した和合水（愛液）をその髑髏に百二十回塗る。心定はこの部分を「かたらいおける好相の女人と交会（性交）して、〔そこで生じるたびごとに〕和合水を此の髑髏にぬる事百二十度ぬりかさぬべし」と述べている。

和合水を髑髏に百二十回塗り重ねる回数の根拠は、後で金銀箔を顔面等に箔押しし、その上に曼荼羅を描くという二次作業の「広分《こうぶん》は百二十重」としているので、この数に対応

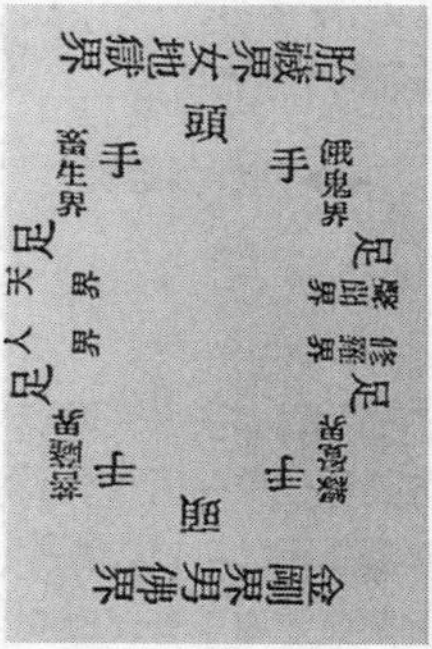


立川流男女交合図（室町時代）。「敷曼荼羅」。下はその分解説明。（遮那妙躰ヲ證ス事只此教ノ心也）。

している。ただなぜ百二十回かという数の設定の根拠は明らかではない。いずれにしても交会によって得られる和合水は言いかえれば血液と同じ意味付けがある。これを塗り重ね金銀の箔で覆うということは、血液により新たな生命を吹き込む（蘇らせる）意味をもっている、ということになろう。

この過程をみる限り心定の『受法用心集』にみえる立川流の本尊（大頭）作りは明確な錬金術の一手法といってよい。その生命蘇生の加持作法も明確に規定している。まず準備のために㈠室内には毎夜かならず子丑の時に反魂香《はんごんこう》を焚《た》きその薫《くん》（においとけむり）を室内に充満させる。㈡髑髏を前に反魂《はんごん》の真言を千回くり返しとなえる。㈢髑髏の内部に願をこめた納入品（心定は「相応物」という）と秘密の符を墨で書した願文等の納入物をおさめる。そして頭上から銀箔、金箔を各々三重に貼りつける。骨内に在る納入物の願力等が表出しないよう封じ込めるために六枚の銀箔、金箔を上から置くように貼りあわせる。その金銀上に曼荼羅（おそらく種子墨書であろう）を描く。その上にさらに銀箔、金箔を貼り重ねる。これを交互にくり返すのである。心定はこの状態を「押しかさね書き重ぬる事、略分《りやくぶん》は五重六重、中分《ちゆうぶん》は十三重、広分《こうぶん》は百二十重なり、曼荼羅を書くこと、皆男女冥合の二渧を以てすべし」といい、何重にも頭蓋骨の表面を銀金箔・曼荼羅・二渧でかためてゆくのである。

㈠㈡㈢の階程をよくよく考えなおしてみると、かつて体験した四度加行中の、胎金両部曼荼羅中の各々の尊像を観念し、口に真言をとなえ、手に印相を結び心を三摩地に集中する観法の境地に比較することができる。むろん女人は介在しないのであるが、くり返し諸尊のすがた・かたちを「観念」というメカニズムで感得する方法は多彩であるとしかいいようがない。胎蔵界曼荼羅は四百十尊、金剛界曼荼羅は千四百六十一尊ある。ところが、これとくらべて髑髏という人間でもっとも重要な頭部の形像はたった一つしかない。それを滅した状態から再生させるのには、銀箔、金箔で頭の内部の不思議な力を略分・中分・広分という三階程の願力に封じ込めることを経なければ成立しない。

## 髑髏と舎利

ではなぜ三階程が必要なのか、ということについて私はまったく根拠が無いわけではないと思っている。見方を変えて、髑髏も舎利の一部と考えるのである。例えば釈迦の入滅後しばらくたって出来た舎利容器の構造をみると、インド・中国・日本と三国伝来のものはほぼ似ていて、いずれも三階程の入れ物で成りたっている。完全な形態を示す崇福寺(近江国)の舎利容器を例にとると、金の蓋をもった舎利が中心であるがそれを入れた瑠《る》璃《り》壺はさらに金の内箱に入れられている。これをていねいに銀製の内箱に入れる。最後に金銅製の外箱に入れる、という具合である。この金・銀・銅の入れ子式の方法は、立川流で髑髏を丹念に銀箔、金箔で覆ってゆくのと同じである。その順序が若干ずれるにせよ、聖なる人骨を金・銀の材質でくるんでゆく方式は同じである。

ではなぜ死者の頭部にこだわるのだろうか。日本では古代から他界の神話の一つとして、『古事記』の、陰《ほと》を焼かれて死んだイザナミを伯耆《ほうき》の国と出雲《いずも》の国の境にある比婆《ひば》の山に葬った後に、イザナギが死んだ妻を黄泉《よみ》の国に訪ねてのぞき見した記録がある。ここでは人間の身体全体に八つの雷神が宿っていることを確認することになるが、最初に「頭《かしら》には大雷居《おおいかずち》り」と出てくるように頭部がもっとも重要な雷神が宿っている所として位置づけられている。もし舎利と髑髏が同じ世界観（他界観も包括して）の中で同質の人骨とする位置づけが成りたつならば、同じ条件において不老不死の他界観をつくりあげ、その存在を主張することになる。

その延長線上にあるのが、古代死生観を反映した「殯《もがり》」という風習であろう。殯は人間の死体を墳墓に埋葬する前に別に仮安置し、その前で種々な儀礼的行為を行うことも含めていう。これは古代日本人の中にある生者と死者の間に連関を認め他界を身近なものにしようとする、死を生の終焉《しゅうえん》としない意図がはたらいている。「殯」は人が死んでいても「生でもない死でもないその中間の状態」（武見李子「地獄思想と女人救済」）ととらえられているが、これには立川流の髑髏本尊もまた死を絶対的な終りとはみていないところと共通観念がある。よく言われるように死んで四十九日間は罪穢を祓ったり浄化しようとする行為が儀礼化されている。その長くて短い時間帯は死者が中有《ちゅうう》（死んで次の生命をうける期間）の状態にあることを示しているが、私は密教ではここに再生のヒントを得ているのではないかと思う。つまり中有にある状態はある意味では（見方によっては）人間（生身）ではなくてすでに如来になりきっていると実感するのである。

　南北朝時代に活躍した東寺の杲宝（一三〇六―六二）は『理趣釈秘要鈔』を著しているが、その中で一切如来が得た完全な悟り、現等覚《げんとうかく》（アビサムボーディ Abhisambhodhi）からさらに四仏を出生するという解釈をうち出している。「四仏を出生する」ということは、金剛界では東西南北に阿閦・阿弥陀・宝生・不空成就を、胎蔵界では同じように宝幢・無量寿・開敷華王・天鼓雷音の四方四仏を配置して法界《ほっかい》（宇宙あるいは地水火風空識の六大《ろくだい》を法界の体性とする）を占有する意味をもっている。立川流の冥合・交会はこのことを意識して行われなければならないということになる。

　髑髏に銀箔、金箔を貼り合わせる回数を略分として五重六重、中分として十三重、広分として百二十重行い、その間に阿闍梨は女人との冥合の二渧を塗り重ねるという。この実感は恐らく本尊観として単なる肉身の再生を意味するのではなく宇宙空間を超越した法界の支配（生き続けること）という積極的な回路のようなものも秘めている。そしてこの回路は別の方面から、出羽三山（月山・湯殿山・羽黒山）などの修験の中における二つの股《また》木《ぎ》を大地に打ちつける儀礼「股木さばき」に少なからず影響を認める。これは男根と女根の交合のシンボライズである。修験道では次いで長床にゴザを四ツ折りにし、その上にあ

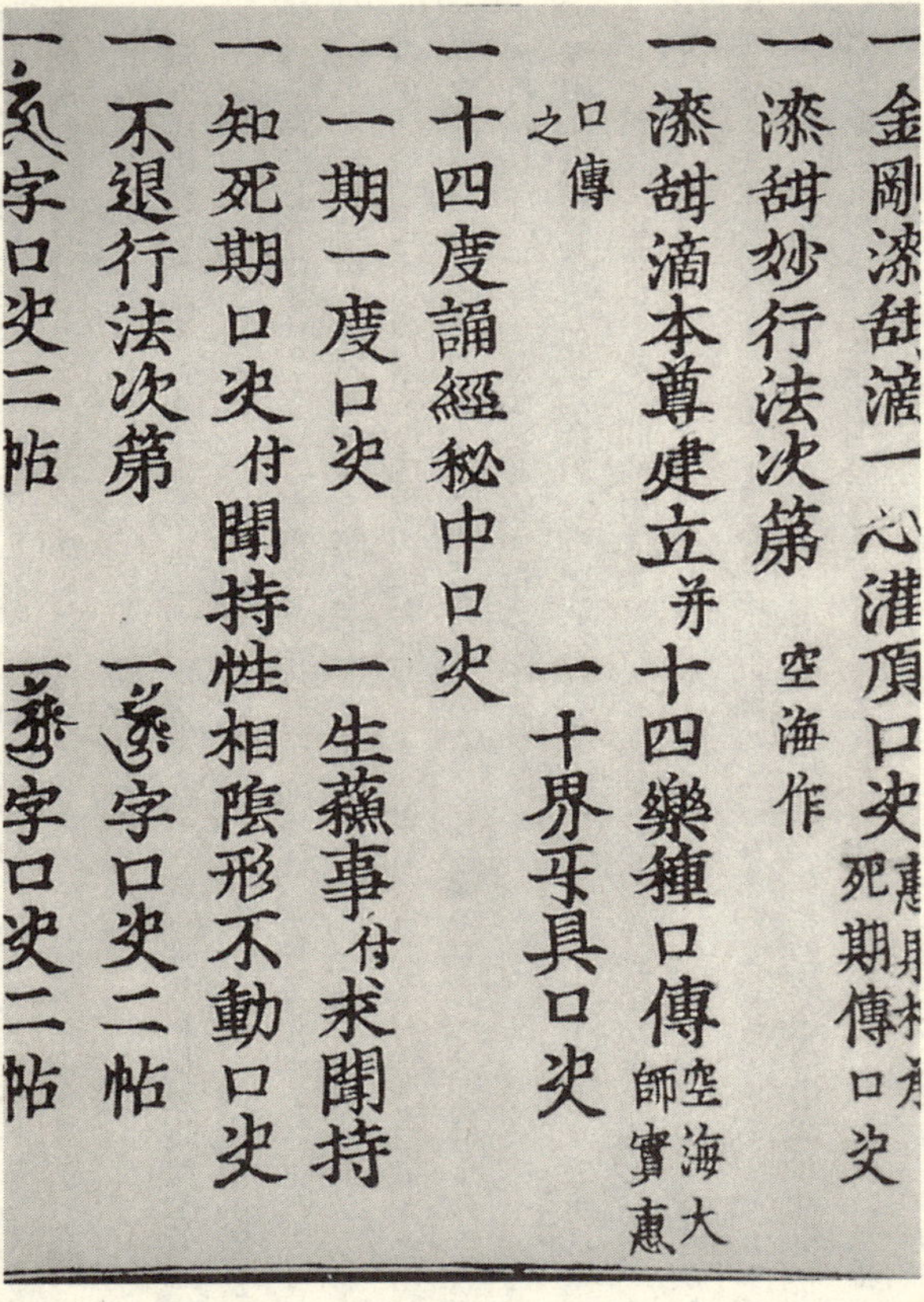
一金剛漈甜滴一心灌頂口决 死期傳口决
一漈甜妙行法次第 空海作
一漈甜滴本尊建立并十四樂纏口傳 空海大師實恵
口傳之
一十界互具口决
一十四度誦經秘中口决
一一期一度口决
一生蘊事付求聞持
一知死期口决付聞持性相陰形不動口决
一不退行法次第
一字口决二帖
一字口决二帖
一字口决二帖

『立河聖教目録』中のタナトス（人が死を迎えるとき）のテキスト『知死期口決』の収録。

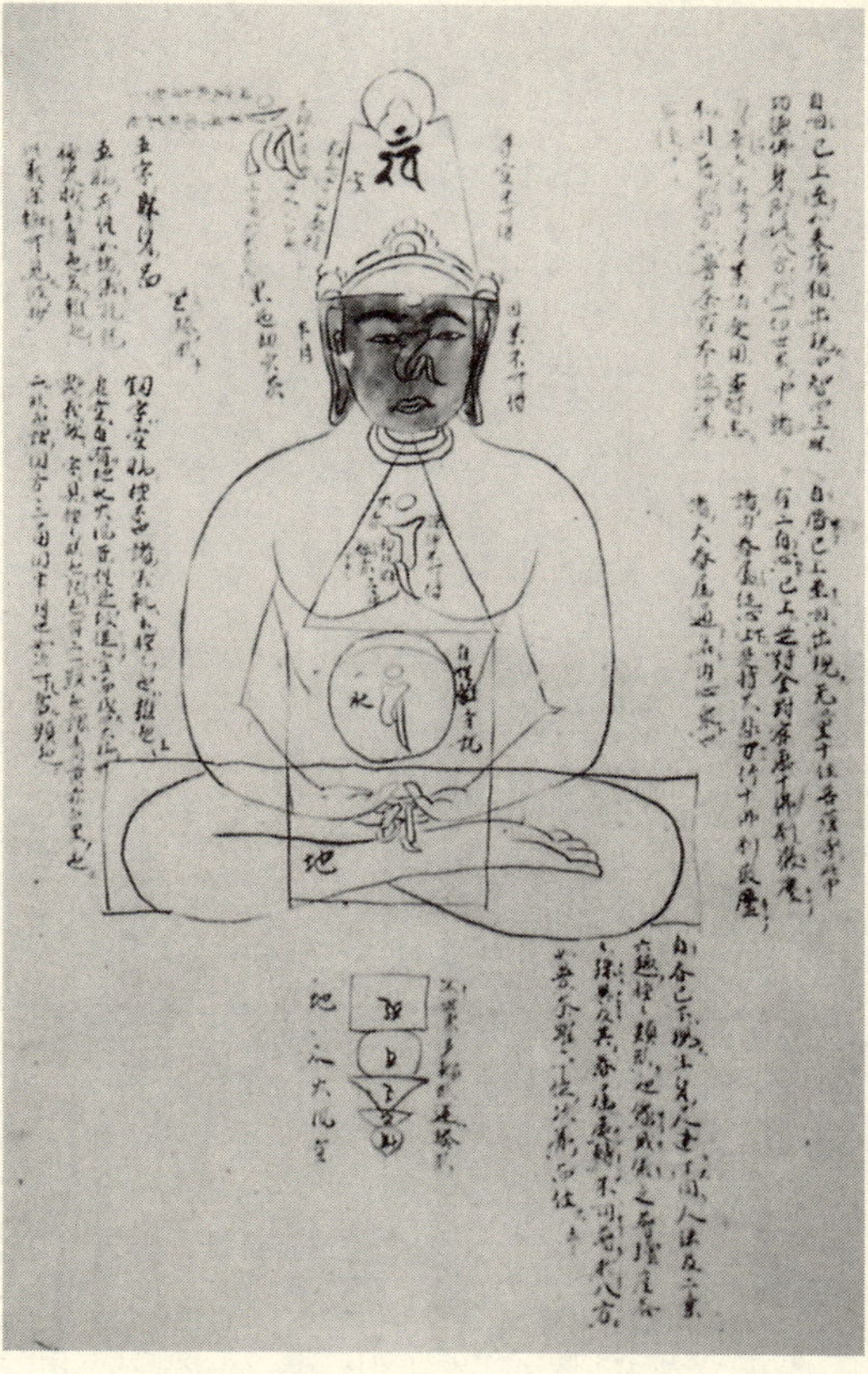

『五字成身図』（神奈川県立金沢文庫蔵）。五輪塔を身体の中に観想する図像。

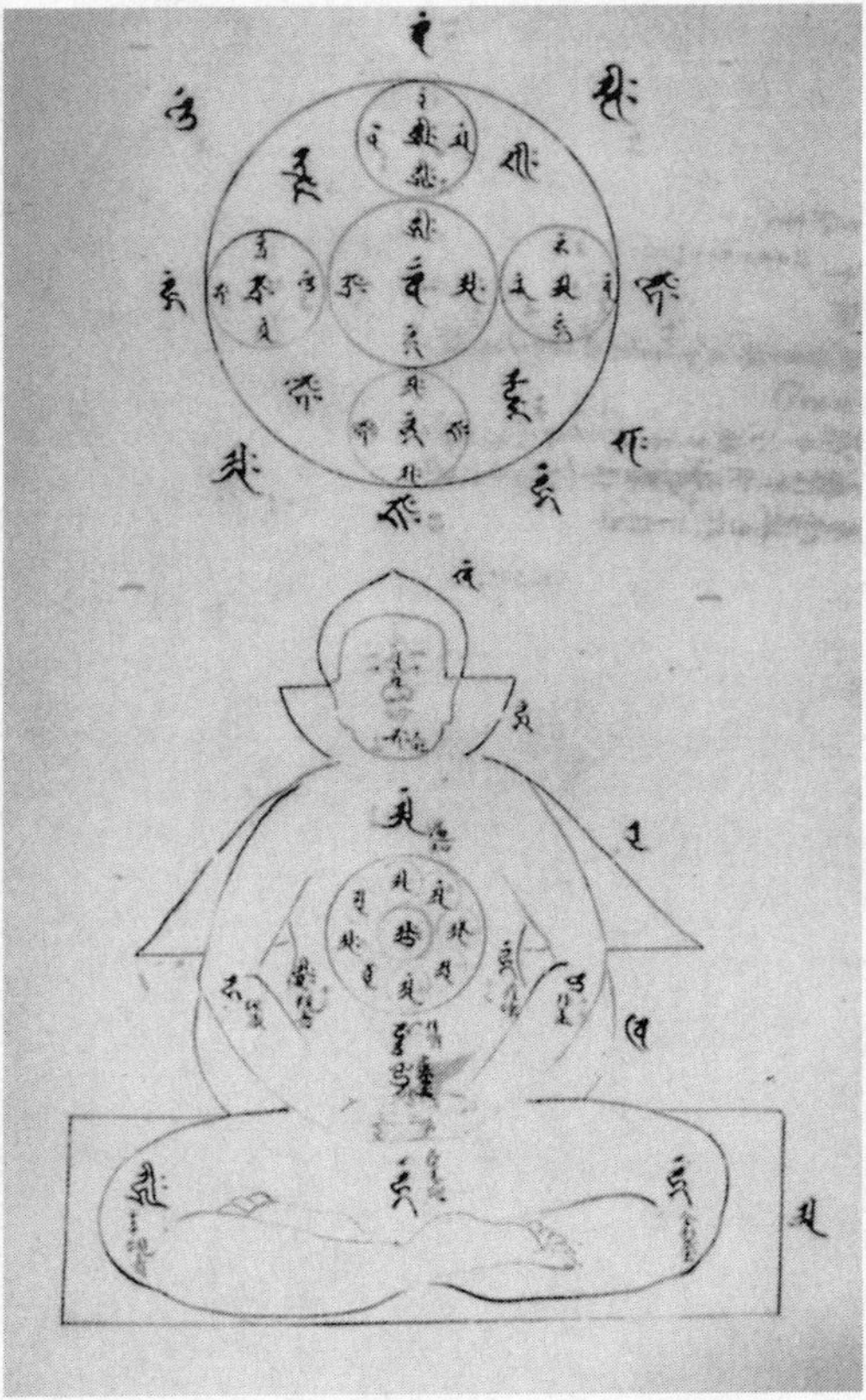

『臨終秘決』（神奈川県立金沢文庫蔵）。五輪塔の中に人体が入るよう観想する図像。

ぐらを組む、と「擬死再生の信仰」で説明されているが、戸川安章氏はその姿を「父母の体内からほとばしりでた赤白の二渧が、まじり合い、母の胎内に安定した様子」(「修験道における死と再生の儀礼」)ともいっている。

問題はこのような儀礼行為が、作法の始められた時点で意識的・意図的であったかどうかである。密教や修験の儀礼の多くに、行者を自然の空間の中に落し込むものがあるが、これは生れてくる前の母の胎内での運動・動作そのままに現実でも順応して生きている。そういう経験をふまえて人間は死後、次の生をうけるまでの中有を設定するということができるように思う。このようなエロスと死(タナトス)を結びつける密教儀礼の図が、『臨終秘決』である。

また羽黒山へ入峰するその前夜、勤行があり十念《じゅうねん》(念仏)が授けられるが、これは頓証《とんしょう》菩提といい、中有を脱する目的がある。そしていよいよ入峰の次第になると、まず笈《おい》の前面に小形の鳥居を立てるのは、陰門を開いたかたちであり、先達が梵天を加持して、ア・ウンの声とともに前方になげうつのは、愛語を発することであり、この瞬間、赤白二渧は和合する。この段階が和合の位であり、つづいて成肉の位で胞衣《えな》に包まれる。このことは山を女身とみなしているといえよう。

## カラランとアフトン

「また阿《ア》は弥陀なり、吽《ウン》は釈迦なり、阿は虚空蔵なり、吽は観音なり、阿は愛染なり、吽は不動なり、阿は地なり、吽は天なり、阿は二なり、吽は一なり、阿は母なり、吽は父なり、如是何《な》に物も皆真言密印の具足する故に舌相謂言皆是真言身像鼓動皆是密印と、然ればば舌のサキニアヂハヒ、口の中より出づる詞は皆是れ真言なり、身の振舞ひ思ふ事一として此の法を離れたる物なし、又阿は最初カララン、吽は始生アフトンと申すは胎内を出《いで》てイカトナク声なり、又入我我入とて胎蔵界金剛界と和合す時一心に成りて大日の種子なる時、たがひに問ふ時、最初の一念身にも覚へず、過去の仏も和合する事、ただ今とアテ、阿とツク息に吽と入る、息、すなはち最初カララン始生アフトンと申すなり、然れば最初カララン始生アフトンの時より母の胎内に宿りて既に生時イカトナク声は、先きに和合せん時の出入の息なり、真の今生るゝ時最前にイカトサヘツルなり、此のイカの声を則ち印真言とす、此の印真言と申すは文字のカズ只三なり、所謂謨嚧唵是れなり、大日の印真言は三世常恒の法とて唱ふる時も唱へし一時も口にとまる間、最初カララン始生アフトン縮めてこそ謨嚧唵と申す真言になされたり、是れ三密同体の法とも云へり、然れば身にふるまふ事をば皆な身密と名づけ、口に云ふ事をば皆な口密と名づけ、意に思ひはかる事をば皆な意密と名づけたり、これ則ち和合の種子の下る時、父母たがひに最初カララン始生アフトンとツキシ息を謨嚧唵と略して三密の法となされたる間、謨嚧唵の三字の名号を以て真言の甚深至極とせり」(『阿吽字義』水原本元禄十年丑秋日出版)。

ここで阿吽は阿弥陀如来や釈迦如来、虚空蔵菩薩、観音菩薩、愛染明王、不動明王、さらには地・天あるいは二か一、母か父というように阿吽にあてはめた観想のメカニズムを明確な尊像の姿から上・下に配した地・天、さらには二・一などやや無機的な数字に集約させてしまう。そして最終的には密印から声字の実相にと行きつき人間の発する声に到着する。声や音は阿吽の双方から発せられるが、同時にそれらは一瞬にして消えてしまう。阿吽の両方に存在する声は空海の『声字実相義』によれば五大に響くこと自体が宇宙空間すべてに遍満《へんまん》(広く隅々までいっぱいに充満している)している声・文字に等しいことであるといっている。

阿字はサンスクリットのアヌトパーダ(Anutpādaḥ)の最初の文字にあたるが「阿字《あじ》本不生《ほんぷしょう》」というように現実の見ることのできる生《しょう》も滅《めつ》も越えて宇宙の根源をシンボル化する。その悉曇《しったん》文字が阿字である。阿吽は女性・男性に当てられているが、立川流ではその双方が合致した部分(合わさった局部)を、梵字の𑖀字の表・裏で表示する。近年、室町時代の『立川流大等陰陽根本』上・下二巻が村岡空氏によって発見された(「歴史公論」昭和五十五年三月号、通巻五十二号)が、それによると下巻に「十地に帰して、阿字本不生の悟りを証す可し。之に依つて密厳の華台に遊びて、遮那《しゃな》の妙体《みょうたい》を証すこと只此の教《おし》への心《こころ》也」と記されている。

既述の『阿吽字義』では阿を母、吽を父に当てている。この場合に阿（女性）も吽（男性）も真言三密（身、口、意）を具足してから、舌（口中の舌）相にも口から発する真言はもちろん観想することのできる多数の仏像が生じることになるが、すべては舌に帰する。正純な真言密教では舌相は法身大日如来の宇宙体として声字の中に組み込まれるが、立川流ではわざわざ阿吽の交会を想定して、口中において声字を「舌の先で味わい」ながらとする。口から発する真言や呼吸の息にも人的以上の宇宙的生命が宿っていると考えるのである。

立川流の阿字観の立場は、この舌の先で味わいながら放出されたものが詞《ことば》すなわち真言《マントラ》なのであるとする。したがって『阿吽字義』で説かれる阿字は真言の一文字ではあっても、大日如来と一体になる観法（阿字観）をそなえている。

空海の高弟実恵《じちえ》（七八六―八四七）が著したとされる『阿字観用心口決』には、阿字を分析して次第《しだい》（阿字観の実修書）が出来、さらには「阿字」という一文字に五種の音韻上の変化（阿《ア》、阿長《アー》、暗《アン》、噁《アク》、噁引《アーク》）が認められ、さらに阿字に発心《ほっしん》、修行、証菩提《しょうぼだい》、入涅槃《にゅうねはん》、方便為《ほうべんい》究竟《くきょう》の五種類（阿字の五転《ごてん》という）におよぶ徳《とく》をつけ加えるのである。こうしてみると、密教の文字の字画といい、くずしてみたときの形といい、その字の意味をあまり強烈に認識しなくとも、なんとも不思議な味わいがある。禅とも華厳ともさらに法相や律とも違っているし、浄土くささも無い。感覚は明らかに禅の不立一文字とは異なるインパクトがただよっている。密教の文字には文字の書体そのものよりむしろ書体の周辺に字形を浮上させる隠れた力が見える。

### 飛白体

空海の書に飛白体《ひはくたい》というのがある。私は以前、ローゼンフィールド氏（アメリカの東洋美術史学者）を京都の東寺に案内したことがある。国宝の不空三蔵の画像をぜひ見たいというのでお寺の当局に無理をいって、拝観させてもらった。

大きな軸を壁からおろしてくれたまだ若い僧は、本当に気が遠くなるような速度でゆっくりと絵を開いてくれたが、本紙の上辺の方は像容がなく、かすれた墨の飛白体文字が見事に残っていた。右に梵号悉曇《しったん》五文字、左に漢名不空金剛が、二行にかかれていた。これは文字の意味からみると何のことはない、中央の礼盤上に墨染めの衣を着た縛印（下縛）合掌の不空を呼び名としてただし書きのようにして名前を記したものであるが、画像の中に妙に溶け込んでいて、不思議な感じがする。ともかくその異様な筆遣いは一風変った生命感を感じさせずにはおかない。

飛白体とは点や画をかすれがきに書く書体で、形は八分《はっぷん》に似ているという。書体はむろん中国で始められていたが、『性霊集』巻四によれば後漢の時代に蔡邕《さいよう》が始めたものと伝える。飛白体のことをこまごま説明していたら、ローゼンフィールドさんが私にこんなことをいった。「不空の顔も飛白か」と。なるほど額に数本のしわを寄せているので、その辺から出た発想かもしれない。「それは少し飛躍ですよ」「いや両方とも（梵号も漢名も）飛んでるよ」。たしかに梵号や漢名は、密教の書物・儀軌（修法や造像をさまざまに規定した一種のきまり）を写すとき最後に自分の名前をサインしたものだ。真言五師像（不空像もその一つ）をかかげ、自分というものを飛白体という限られた文字で表すことにより、像がまるで実在しているかのようなインパクトを感じさせるのである。

このように瞬間に顔の表情に表出してはとどまり、消え、みえがくれするサイン（記号）のようなものは、表現形態からみれば、立川流においては、命である。正純な密教が得た感得の表現は、空間の場面に、直感的なものだけ、わずかに作例が残っている。今は廃寺となってしまった永久寺（奈良県天理市）の真言堂内陣左右壁の裏に描かれていた障子絵「両部大経感得図」二幀《ちょう》（重文、現在は藤田美術館蔵）の胎蔵側の甲図はその好例であろう。この絵は保延二年（一一三六）に宮廷画家として知られていた藤原宗弘《むねひろ》が描いたものである。画面は善無畏三蔵が北インドの乾陀国《けんだこく》にある金粟王塔下で大日経を感得しているようすをあらわしている。塔（和様の解釈で五重塔）の下で空を仰ぎ見るとそこには不思議な文字が出現している、という図である。絵のテーマから考えると、天空を宇宙と見立てて空中に文字という形象が一瞬間ではあるが、善無畏三蔵の頭上に現れた、というものである。

もちろんこの後の時間的変化は描かれていない。ここでは、空間に浮く具象的な文字（ここでは記号のような形象）のかたちは真言密教では『大日経』のシンボルでもあるのだ。この画家は密教というものを、恐らく自分なりの何らかの体験（画家として）を踏まえて描写している。たとえば私なども、すきとおるような青々とした天を仰いでいると、刻々と変る白い雲が瞬時に読めるような雲形・文字に変容するのを見ることがある。この画家はその瞬間をとらえたに違いない。

立川流で提示された阿吽の存在は「呼吸」をキーワードとしている。それは雲をつかむような存在で各々、肉体に付随したものである。しかし通常の密教では観念的にせよ、二人の男女という存在はその呼吸によって生きている。「そこに実在する二つの異なる人間」の肉体はあまり考えない。肉の部分をあまり念頭におかないから、「理智不二・色心不二・両部不二」といったところで、あまりピンとこないのが実情である。一歩ゆずっても「理智」の理は胎蔵界・女性的原理、智は金剛界・男性的原理というふうに、各々二つの対立概念をズバリと男・女といわずに、二つの存在に何かヴェールをかぶせて表現する。

空中に浮んだ瞬時の文字の形象＝大日経は、明らかに「見立て」であるが、正純な真言密教の表現形態がその手法において明らかに感得を感得とは異なるものにしていることは事実ではなかろうか。いつの時代でも日本人にとって、直感的な感得はそれを自分の側に引きつけて、少し練りなおし、咀嚼して言いかえる間《ま》が必要なのである。とするならば立

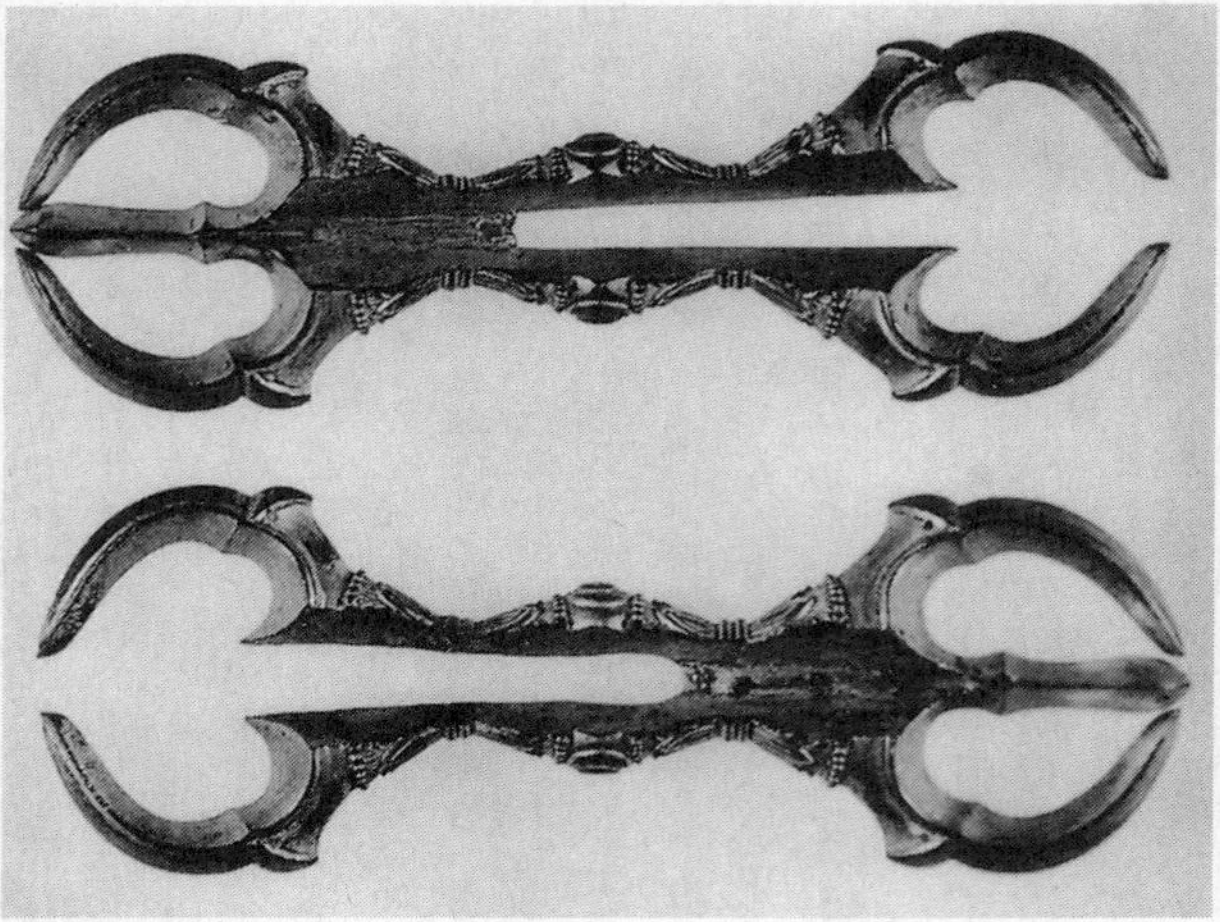

金剛割五鈷杵（萩原寺、鎌倉時代）、長さ 19.5 センチ。把部には鬼目を除いて割れ込みが入っている。

川流は中世に一部の真言密教徒によって育まれた意識体であると同時に、密教をとらえる際のある種の演出でなかったか、とも考えられる。それは特異で奇怪な演出というより、どろどろとした人間のいとなみの中で問いなおされた鎌倉密教の一流派でなかったろうか。この密教の演出は図式・イメージも含めて私は両部神道にうけつがれていると思っている。

立川流の考え方・実践のしかたは、今日の性の解放という視点から考えるとそれほどもの珍しいものではない、と思う。しかも表現された形態（もののかたち）を見ていくと、正純な密教の曼荼羅の下絵等にも若干はその本質的な図像が、冥合を暗示するかのごとく白描として描かれている。そのよい例が立川流の人形杵である。五鈷杵《ごこしょ》という法具は金銅製で、真言密教の修法には僧侶の誰でもが使用する。立川流伝来の五鈷杵は、金剛割《わり》五鈷杵という形式で、特殊な構造になっている二組の組み合わせ方式で、主として愛染法の際に用いられる。

## 金剛割五鈷杵と双立三鈷杵

立川流の解釈では金剛割五鈷杵は、三鈷の先を愛染の定《じょう》すなわち男として、また二鈷を愛染の恵《え》すなわち女として、この二つを組み合わせることにより定恵和合して五鈷杵をつくる。もう三十年ほど前になろうか、この金剛割五鈷杵を見たことがある。横が二〇センチ足らずのこの五鈷杵は手のひらにのせるとずっしりと重い。組み合わせをはずすとき金属製のカチッという音が妙に心地よい感じがする。ただ三鈷と二鈷に分解した状態を並列して置くと何かまとまりがなく、内面に潜む金属的な力が分解されたような感覚があった。この感覚は何となく不安定で、不自然に思えた。言い換えると男女の恋愛がまとまって一緒になった美しい状態は五鈷杵（組み合わされた）であり、それが何らかの理由で、両人が別々に引き離された、そんな不自然さを感ずる。三鈷と二鈷の分解は人為的に両方を引き裂くという、ある意味では人間本来の傲慢さというか、ドグマティックな一面を露呈させている。とすると完全な形態の金剛割五鈷杵は、人為的に分割できるというメカニズムに実は問題があるような気がする。正純な密教の考えでは、五鈷杵は人間がもともと具えている本有浄菩提心《ほんぬじょうぼだいしん》の五智《ごち》がまだあらわれない状態をシンボリックにあらわす形、と説明する。あらゆる人にはもともと「悟りを求めようとする清らかな心（浄菩提心）」が、宇宙的生命に通じるかたちで身体に具っている。そして仏（大日如来）の具備する五つの智恵（五智）は、浄菩提心の中に内蔵されているが、そのかたちを造型的に表現すると五鈷杵になる。いいかえると人間の奥底に潜む清らかな心を何か引き裂くように分解するのは決して自然なことでない。

ところが分解された三鈷と二鈷は蓮台の上に配置されるとその各々はきれいに浄化され、両者が結合するとより強固な肉身に変化する。金剛界曼荼羅中の十六大菩薩の一である金剛愛菩薩の形像では、五鈷杵を二つ並べて三昧耶形とする解釈（観想の境地）すなわち

称名寺開山審海自筆の『密宗雑決』(神奈川県立金沢文庫蔵）中の双立三鈷杵〔金剛愛〕の墨書（スケッチ)。

「双立五鈷杵」が描かれるが、これなどまさしく男女の仲のよい姿、相思相愛のダンスを擬人化したものとみてよいのではなかろうか。

立川流では『覚源抄』(『諸口伝鈔秘中秘』も同じ)において次のようにいう。「人形杵何上下シテ和合ヲ表スナリ、人形杵二ヲ上下シテ、和合スルハ男女冥合ノ一体ニナル事ヲ表スナリ、又各具五智ヲ顕ハスナリ、男ノ五大女ノ五大一体無ニナリ、金剛薩埵愛染明王慈悲忿怒形ノ不同コソハアレド皆ナ、同ジク五大所成ノ身、明王ハ金剛薩埵ノ妻故忿怒形ニカクナリ、内心如夜叉ト云フ意ナリ、是ヲカキアラハスナリ」。この伝承を信用するかぎり人形杵は造型的には立川流の教義にもとづいて三鈷を男性(立川流では金剛杵という)、二鈷を女性(同じく蓮花杵)に配し、法具の組み合わせ接合の状態は比喩として男女冥合を表現したものと断定してよい。そのように認識すると堂々と胸をはってそういえるのであるが、しかし、法具の組み合わせを「和合」とか「冥合」とか、三鈷を男性、二鈷を女性におきかえることには照れ臭い感じがする。正純な密教では五鈷杵一具は弘法大師伝来という両部曼荼羅の理論を内蔵していると説き、金胎(両部すなわち金剛界・胎蔵界)両部不二《ふに》を象徴化している。また別の伝承では五鈷杵の一方を仏界であるといい、もう一方を衆生界に当てて、合わせて即身成仏の奥深いシンボルだという。『覚源抄』ではこの法具それぞれの先のとがった五つの刃、五鈷《ごこ》は五智《ごち》をあらわすといっている。

私は幼少より真言宗の寺で育ったため、大師堂や本堂の暗い中に入ると大壇の上に五鈷

法輪院本『金剛界三昧耶曼荼羅図』(p 115-117)。

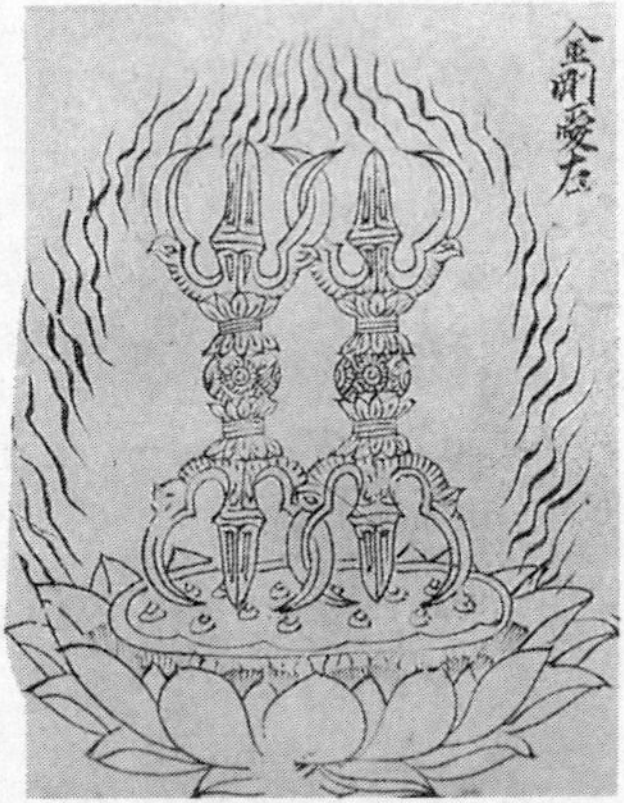

（部分）

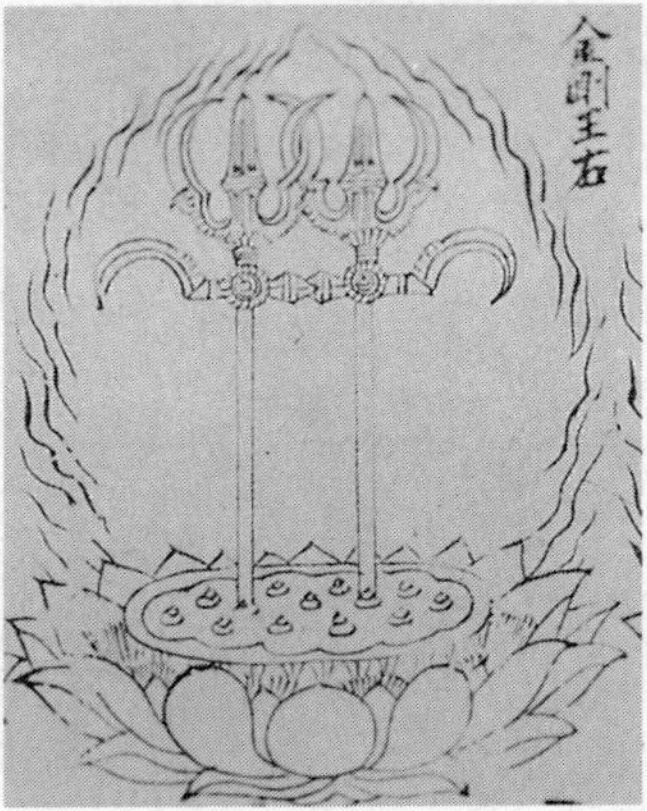

（部分）

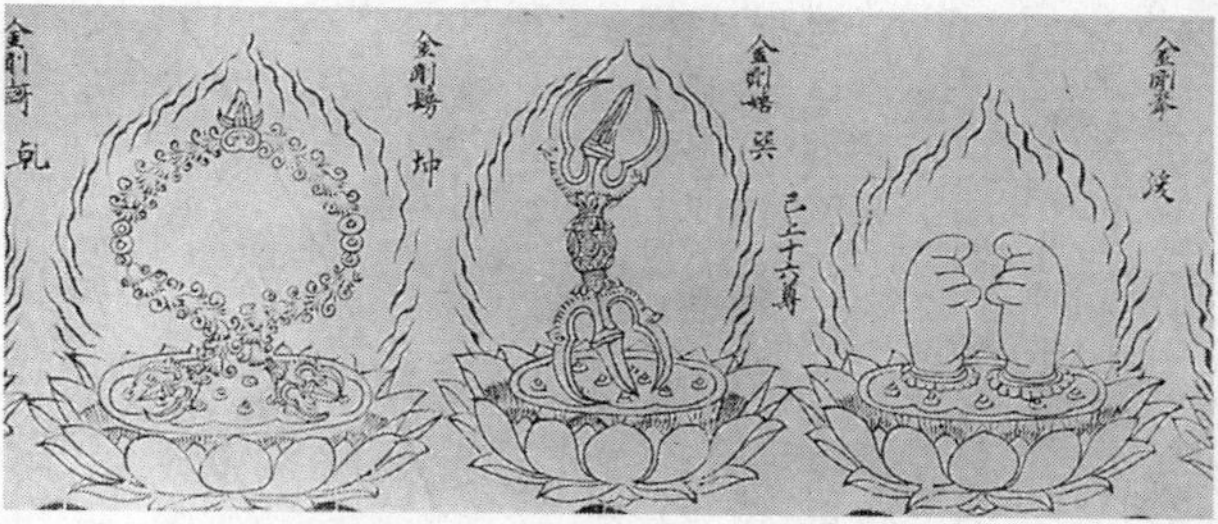

（部分）

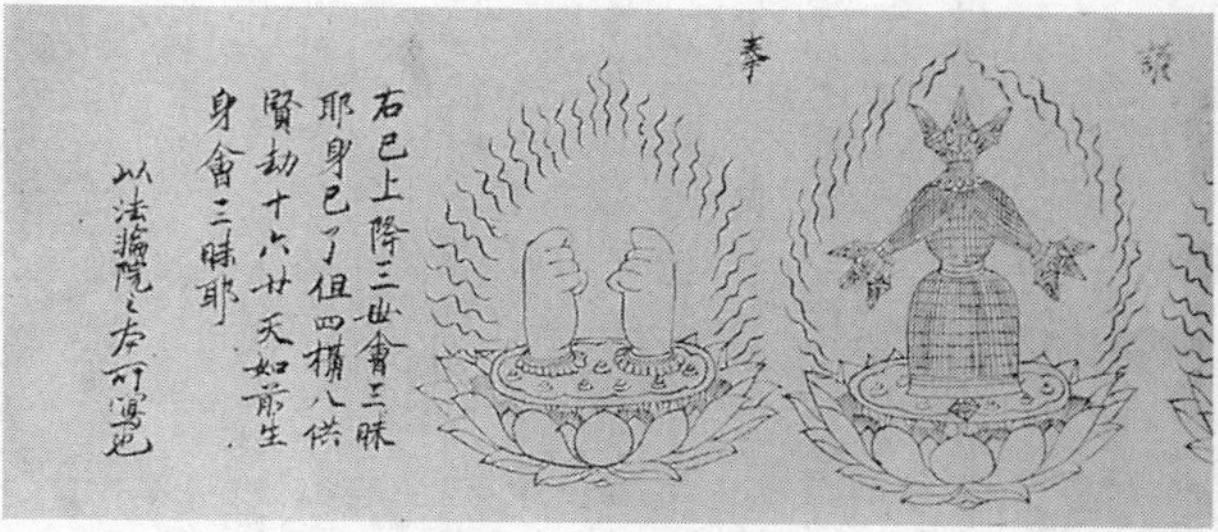


『金剛界三昧耶曼荼羅図』（巻末）

法輪院は、平安時代に鳥羽僧正覚猷《かくゆう》（1053-1140）の住房、三井園城寺の山内にあったという。そこで覚猷により模写・制作された金剛界曼荼羅の三昧耶形のみを描いた白描図。三鈷金剛杵がパントマイムのように人的動作をくりかえして表現され、生きている生命感を示す。

杵がならべられているのに何の不思議さも感じなかった。ところが中学の時から伯父に仏画を習うようになり、ある夏休み、寺に帰って勤行《ごんぎょう》をするため本堂に入った。そして大壇の上の金銅色に輝く密教法具や五鈷杵を見たとき、見方が一変してしまっていた。とくに私の祖父（真鍋戒善権大僧正、泉智等の高弟）が修法を修《おさ》めた後の本堂に入ると、うす暗い中に燦然《さんぜん》と輝く五鈷杵は、何か不可思議な力が宿っているような気がしてならなかった。いたずらをして五鈷杵をつかむと、まだ生暖かい祖父の手のぬくもりが残っているように思えた。この生暖かいという感覚は、後に中院流の灌頂の受法後に印信・血脈を師から師資《し》相承《そうしょう》（うけつぐ）した際にも感じとることができた。

密教の秘法は奥深く神秘的で大事なものだから、相承は手のぬくもりが消えないうちに息をころして伝授するものらしい。その時はあまり記憶になかったが、今になって思い起してみると、師からの伝授はぬくもりよりも親しみのような感覚が強かったように思う。

密教の伝法・伝授の感覚を、立川流のように男女の冥合に当てはめることで秘奥の極意を導き出せるかどうかは、難しい気がしないでもない。

すでにふれたように、立川流ではこの感覚を、「男ノ五大女ノ五大一体無ニナリ」といっている。とするならば、立川流も男女という肉体の交接（冥合）をのりこえたところで、肉体というイメージをもっと大きくとらえて宇宙的生命としての五大という元素（地・水・火・風・空）に男性的なもの、女性的なものを配置しなおして、これが一つに融合していると説いている。

『覚源抄』ではさらに両者の融合を超越して、「男ヲバ金剛薩埵ト名ヅケタリ、女ヲバ愛染王ト云フナリ、男女所成の五大全ク知テ」と掘り下げて、究極には男を金剛薩埵、女を愛染王に当てはめている。真赤な愛染明王像は煩悩即菩提をシンボル化した忿怒像だといわれるが、赤い色は愛情つまり人間が生命とひきかえにもっている愛欲貪染《とんぜん》（欲望にみちた愛をむさぼり結局は染まってしまう）の心を表象している。ところで人間が愛欲をコントロールするためには、男も女もともに怒りの一面とそれを鎮める一面を交互に表出させて、うまく世渡りしようとはかる。どう考えても人間はこの二面性を同居させ人間関係をあやつりながら、この世（五大で構成される）を支配する。密教図像では両頭《りょうず》愛染明王像などがこれに対応して答えを用意している。やさしい菩薩像の本体から「瞋《しん》（怒《ぬ》）」（恐怖）の表情と「慈悲《じひ》」の表情の、二つの首・顔面が表出している。愛染明王と不動明王の合体の姿である。「愛染曼荼羅」では両頭二臂像が愛染と大勝金剛の合体に姿を変えている。

立川流では、愛染は女で大勝金剛や不動明王は男である。とくに大勝金剛は正純な真言密教においては、広沢流で「金剛薩埵から変じたものが愛染明王」であると断定している。「変じたもの」といういい方がいかにも両性具有を是認した発想である。東西二つの対立概念は立川流によれば相対したままなのである。

『立川流儀軌残巻』一巻（東京都・松田家旧蔵）という珍本がある。これには「正応五年

『東長大事』慈眼寺〔高崎市〕蔵の両頭愛染。

六月日書写」の奥書があり、またこの紙背には正応二年の仮名暦が認められる。この巻子本では両頭愛染はわずかしか述べられていない。

立川流でいうと男にあたる大勝金剛は、性格が複雑で異説が多い。仏画はともかく彫刻はほとんど作品が見当らない。金剛智という人が翻訳した『瑜祇経』によると、大日如来から変化して現じたものだという。司馬遼太郎氏は、その辺のかねあいを空海の青年時代にスポットを当てて次のようにとらえている。「空海がたとえその婦人を見て欲情を覚えたところで、かれの思想でいえば恥ずべきことではなかったであろう。かれにとって具体的世界はすべて煩悩の刺激材であると見ており、具体的世界がなければ即身成仏という飛躍ができない。その具体的世界を一瞬で清浄——抽象化——してしまう思想と能力を身につけることが密教的作業だと考えている男なのである。空海が後年、護摩をも思想化してしまったのは、護摩の火に薪という具体的なもの——煩悩——が焼かれて清浄という抽象化を遂げるという内容を考えたからであった。ついでながらかれは後年、内護摩《ないごま》という言葉さえこの思想（具体的には大日経）から取り出した。護摩を二種類に分け、実際に火を用いて修法するのを外《げ》護摩といい、観念の中で具体的なものを抽象化して身を清浄にするのを内護摩とした。婦人をみて欲情することを恥じず、むしろその欲情を瞬間に内護摩できないことを空海は恥じるという思想にまで、このときすでに達していたであろう。かれはあかあかと欲情したにちがいない」（『空海の風景』）。

大勝金剛は忿怒（いかり）の表情というより、慈悲をあらわす愛染明王からみると、何か苦悶の表情に近い。司馬氏がいうように空海があかあかと燃えさかる焔のごとき勢いをもって欲情を満したことには誰も異論のないところであろう。

## 欲情から母（赤肉）、父（白骨）へ

私はそういう生身《なまみ》の空海が、清浄を意識しながらも欲情を尊ばなければならない我が身の板ばさみのようす（表情）を、この大勝金剛像の表情に見出すのである。この像の身色は白色だというから、また立川流の原理にもどるならば、赤白二渧の白色は男であることに合致することになる。京都の醍醐寺流の考えかたでは、この大勝金剛を仏頂尊とするから、よくいわれる「人肌の大日」の、肌を白色にベッタリと塗っている状態にも一致する。このように密教の仏像を、一つ一つ細かくみてゆくと、生身の人間の肉身の色（身色《しんしき》）がわずかながら、いくつかの尊像に投影していることに気づくのである。

天文十八年（一五四九）に観海が書写した立川流の『即身成仏口決』一巻（奥書「天文十八年己酉七月廿八日書之了求道主観海」）では、胎は胎蔵界の五大を含むとし、金剛界は識のみを含むと区分けしている。これは阿（字）は母の身体（女）をあらわし、婆（字）は父の身体（男）をあらわすという。これは既述のように定・恵に当てることはいうまでもない。ただこの理論は常識的なことではあるが、原点は父母ともに「肉身」がよりどころ

上：愛染と大勝金剛。
下：不動と愛染。

になっているということである。それゆえに空海の『即身成仏義』でも、父母所生の肉身が直ちに大覚位《だいかくい》（さとり）を証《しょう》ずる（明かす）と定義するのである。

立川流では両方の肉身を分析的に分解しているが、興味深いことは母（女・阿）の体内の骨は肉身の中に包まれむしろ埋没するように表現されている点である。父（男・婆）の体内の肉は骨の外にあり、しだいにうすれて消えてしまうような表現となる。この立川流の口決の解釈を私なりに解すると次のようになろう。母が地水火風空の五大を内蔵しているがゆえに肉体の肉を強調しているのに対して、父は五大は無く識大（心）のみを有しているがゆえに、肉体の中の骨のみが残存し強調され、肉の部分は消えてしまうように見える。しかし両者の肉身は、融合の一瞬の世界では「息風《そくふう》」の存在感にきわめて類似している。口決の第四段に「内證の日月者赤（女）、白（男）なり、尤も夫れなり、〇此分畢竟一生涯また二世三世とも分別すべきこと肝要なり、以上四重能生《しじゅうのうしょう》なり、〇四重の能生とは息風《そくふう》と知る重よりさて此の息風は何れより生ぜる物ぞといふに二水に乗じての此の息風は生ぜると知る重なり、また二水和合《わごう》してより、〇内證の日月本来の赤白なりと知る計り肝要なり云々」とある。これは正純密教の理論には無く、赤白が融合する段階で白赤二水が和合（性交を通して合一すること）したとき四重の能生すなわち息風が生じる、と教えている。

「息風」という言いかたは立川流独得のもので、五大のうちの風大の略「風」に、人が吸

愛染と瞋怒。

婆字　阿字

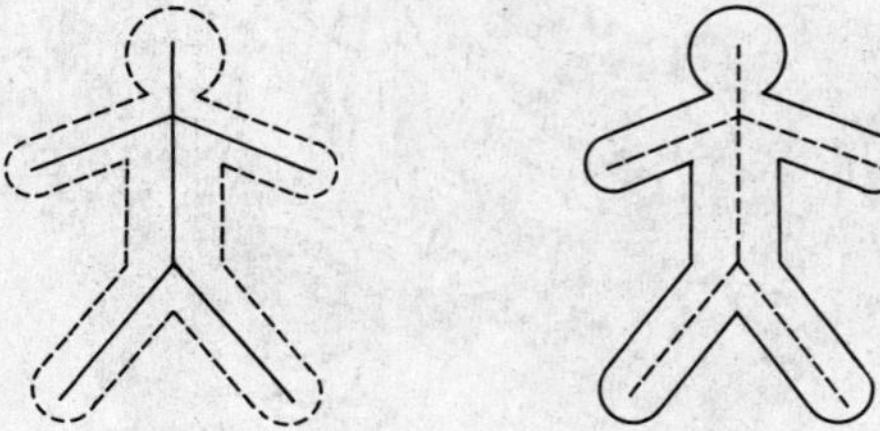

父　白骨、識大、恵〔智〕

母　赤肉、胎五大、定〔悲、理〕

ったり吐いたりする「息《いき》」という字をつけ加えている。これは立川流の五大（地水火風空）に配した五彩色を地＝白、水＝黄、火＝赤、風＝黒、空＝青とする場合、風大すなわち黒色にはその闇のごとき彩色の中にすでに「父母ハ二空ナリ不二ナリ」という解釈がふくまれているというのである。

私は闇が墨のように黒色であるとする根拠を、女性の子宮の内部（暗闇の世界）に置かざるを得ないのではないか、と考えた。直感的にそのように思えた。なぜなら、子宮の闇の中には受精をした男性女性の合体した生命体がすでに在ることを示す。父母の所生（生命になること）とはそう見ることにより、闇の中でじっと命《いのち》の誕生をがまんして待っている状況をいう。

### 五色阿字

彩色というものは、本来はまっ黒な中から、ある日突然開花するものである。逆に五大のうち四大の彩色、すなわち白色、黄色、赤色、青色は各々かきまぜて混合してしまうと、黒色に変じてしまう。これはある意味で元の世界にもどることを想定しているのではないか。つまり帰着点に回帰してしまうことを表しているのではないか、そんなふうに思ったのである。

立川流では、この闇から生れたある形態《かたち》を阿字《あじ》（梵字）と称し、五つの彩色を分割して

阿字（梵字）

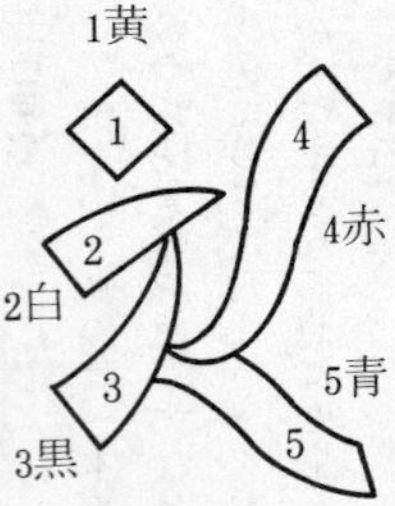


与えている。これを立川流の五色阿字という。これは江戸時代になると「五色阿字の観想図」となり、立川流の印信・血脈の中に組み込まれてゆく。水原堯栄氏の『邪教立川流の研究』には「五色阿字の観想図」を引いている。これは五色阿字を立川流の本尊として位置づけたもので、赤白二渧（男女）を五色阿字の表裏に当てはめたものである。

図は、五鈷杵を土台に独鈷杵を衆生《しゆじよう》に見立てて立てかけ、さらにその上に三鈷杵を横に置き、一番上には蓮台上に五色阿字（黄＝大日、白＝阿弥陀、黒＝釈迦、赤＝宝生、青＝阿閦）を描いたものである。これは正元二年（一二六〇）二月二日に福王寺月輪房本を書写した『阿字観』一巻所収の図で、同書を写した三宝院流の重精は「邪義なり」と注記をほどこしているくらいだから、立川流の伝承を意識しての書写である。図はもう一枚あり、五輪塔に金胎両部の大日如来を模した男女の対向図「五輪男女対向之図」を収めている。

これも両方の間に五色阿字の表裏を配して両者（男・女）を結びつけようとしている。恐らくこの無機的な記号図のような五色阿字は、両方の中間に配置することにより、冥合の境地を予想し、何らかの目に見えない力を想定することができる。

立川流の『諸口伝鈔秘中秘』には、「サレバ人形杵ノ印ハ二形倶生人交会スルガ如シ、彼ノ普通人交会ヨリモ喜悦音カマビスシ故獅子吼等五声ヲ出スナリ、男女ノ境界ヲ如此観シテ速《すみや》カニ仏道ニ入ルト示スナリ、サリトテ男女交会ノ事ヲ好ムトニハ非ズ、一体二頭ノ像ヲ以テ冥合一体ノ法門ヲ表スナリ」という。

すぐに割五鈷杵いわゆる人形杵の三鈷杵（金剛杵・男）、一鈷杵（蓮花杵・女）の交合・合体をもって五声《ごしょう》の表出も想定されている。それまで無機的な法具は記号図の意味を超越して、肉身としての生き生きとした生命感を帯びてくる。五声を発する、ということは同時に無機的なものから有機的な五彩色を明確に表出させる。

既に述べたように双立の金銅製の法具は、生々しい肉身ではないが、二口《にく》が並んで立ち、腰をよじっているさまは妙になまめかしさを感じさせる。蓮台上にあるから、余計に動きにリズムを想像させ、周囲に及ぶ火焰は不思議な空間をかもし出す。密教の法具は金色に輝く金銅であるから、握った手に、実感としては堅いはずである。しかし蓮台上の双立の五鈷杵は生き生きとしてやわ肌のようだ。もし立川流の視点に立つならば、この「やわ肌」と「金銅の堅さ」のギャップを想うことにより、観想している行者に、いずれかを選

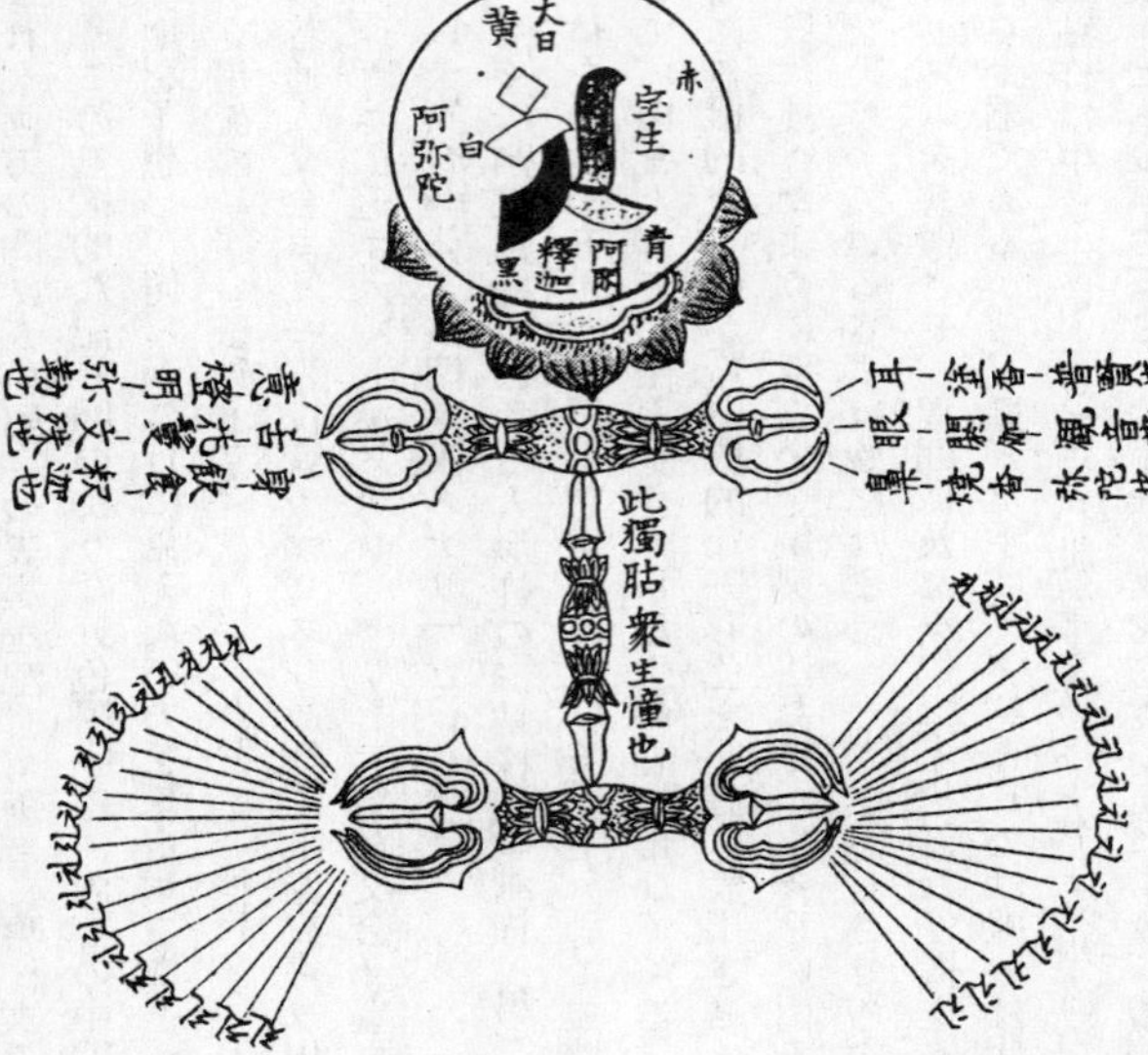


五色阿字の観想図。

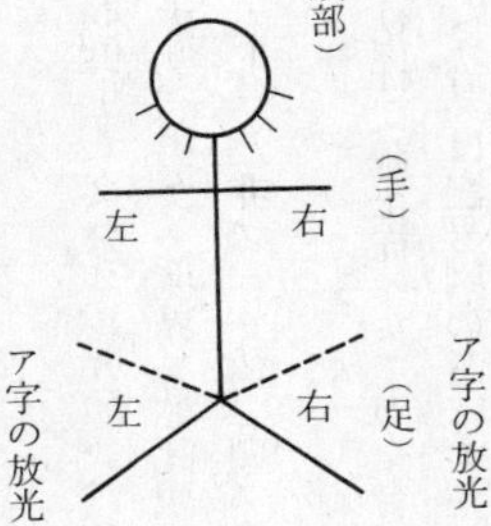


三密観を人間(人形)の立像と見立てる

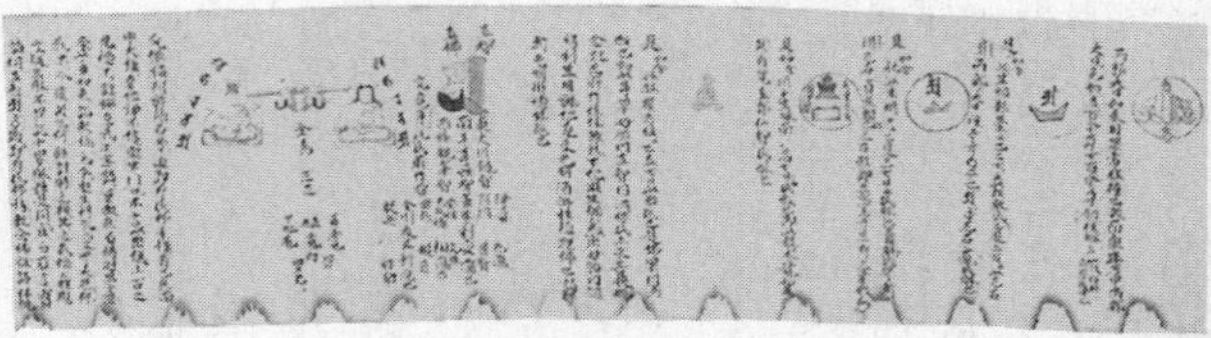

上：胎金両部阿字秘決。
下：五輪男女対向之図。

択させる。

ところが観想において、想像に想像を重ねたすえの実感というものは、いずれの場合も成り立つ。やわ肌は人間としての女体そのもの、金銅はブロンズによってつくられた人工的なものである。しかし金銅はやわ肌よりもっとなまめかしい女体を想像させることが材質感として可能である。このように観想上の想いの内に育まれる実感というものは、金銅という材質の制約はあっても、肉体以上のやわらかさを感じさせる「手ざわり」（マチエール）をもよび起すことができる。

しかし不思議なことにこの想いの中に見えかくれする「手ざわり」というものは、決して永遠に長時間の実感を持続できない。この辺の「触れるもの」と「触れられるもの」、「見るもの」と「見られるもの」の両者の微妙な関係に何が、どうかかわり、どのような理論が介在しているのか、立川流では覚融《かくゆう》が『不動尊愚鈔』（甚左衛門版による）において「五古（鈷）は是れ生仏二界、男女和合の表相なり。謂はく五古の上の四辺幷に中古は金界の五智、男根の五大なり。下の四辺及び中古は台蔵《ママ》の五仏、女根の五輪なり。上下一同、陽陰不二、赤白和合二念一致の実義なり」とふれている。ここでいう「五古」とは、「金銅の堅さ」をいう。金銅という金属は堅固であるがゆえに人肌のようになまめかしくやわらかい肉感というものを、わざわざ至難の業をもって、感じさせなければならない。立川流ではわざわざ生きものでない「動かない金属のオブジェ」である無機的な物体に生命を吹き込もうというのである。双立の五鈷杵をもって、金剛愛《あい》菩薩と呼称したのも、生命の菩薩と呼称したのも、生命の息を吹き込むことによって、身体（塔身）をよじり、はたまた笑みをうかべるかもしれないという想いで肉身の再生・具現をねらったのである。かくして行者の眼前にある堅い金剛愛《あい》銅製の双立の五鈷杵は精気をおび、奥ゆかしく踊り出すのである。

　このような双立の人形五鈷杵は、それではいつ頃からわが国に伝来しているのか。その鍵をにぎっているのが、真言密教ではなく天台側の図像学・修法の体系的な資料である。小川承澄が編んだとされる『阿娑婆抄』第百十五「愛染」には、「然るに円成寺の法三宮《ほっさんぐう》（宇多天皇皇子斉世親王）の御経蔵に愛染王一紙と書し、一身両頭の像並に件の人形杵之を画き、三鈷の片方の中鈷なきものにありける云云、又貞観寺真雅の聖教目録中にも、金銅の人形五鈷杵一枚と云はる。件の杵は大師の御時より作りたる物にこそ」と述べ、金銅製の人形五鈷杵に注目し、そのかたちは観想を越えたリアルな目をもって一身両頭の像というように受けとめている。

　五彩色は同時に五声であり、それゆえに音声は肉声としての「色ツヤ」を帯びる。そして五輪塔を介在させた発心・菩提・修行・涅槃・方便の絵解きが出来あがる。この脈絡はやがて既に述べたカラランとアフトンという赤白二渧の境地を生み出すことになる。そしてこの二語はそれを統括するボローンの種子に帰着する。

　羯羅藍《カララン》は、凝滑膜あるいは雑穢のことで、要するに赤白二渧（父母）の両者が冥合交会した瞬間の境地をいう。

## ふたたびカララン、アフトンのこと

『阿吽字義』に引かれている音韻阿字は「カララン」という。カラランはサンスクリットのカララ（Kalala）で、胎とか胚、あるいは「和合」の意である。勝覚の『御記』には、「羯羅藍」という漢音で登場するが、これは受胎直後の胎児の位相を意味する。とくに受胎後七日の胎児の状態をカツラン＝カラランという。吽字は「アフトン」という。いずれも奇妙な言葉（声）であろう。

これに加えてこの両方を合体させて「縮めてこそ讃嚧唵と申す真言になされたり」ともいっている。讃嚧唵はボローン「勃嚕唵 bhrūṃ」で金輪仏頂・一字金輪の種子にほかならない。この一語は仏・菩薩の功徳がこの一尊に集中するべく集約される。立川流の解釈によるならば、世に有名な中尊寺の人肌の大日で知られる一字金輪仏頂坐像などは、智拳印を結ぶ像そのものがサイン（記号）のような存在なのであろう。別の言いかたをするならば、日輪三昧に住して両部不二を表現する修行者の肉体のポイントはこの印相にある、と言ってよい。したがってこの不二（融合）の表現と立川流のカラランとアフトンは、赤白二滞の結合の寸前の境地・音声・音韻表現という点において意味のある記号ということになろう。

立川流の『阿字観』では、人間（肉体）が仏のような姿に変身してゆくさまを密教用語で㈠発心、㈡菩提、㈢修行、㈣涅槃、㈤方便、に分類して、それぞれの五輪塔のかたちに配合している。

**㈠発心**　立川流の発心ではカラランは性であって貪愛《とんない》煩悩の一歩手前であり、始めに位置づけられる。カラランは既述のようにカツラランで受胎後七日間の胎児の状態をいう。それは人間の行為のはじまり、父母（男女）交会（交接）の時であり、仏となるための種子の形という（ここでは梵字の阿字）。立川流では形態は赤白二渧の相和する形となる。赤い色（阿字）は母の婬で衆生の肉となる。白い色（裏面の阿字）は父の婬で衆生の骨である。赤白二色の二阿字は胎金両部の大日如来の因果が組み合わされ常住となる仏種の確認と意味づける。私は、立川流の『阿字観』の、仏性（buddhatā）をこのように、仏種（仏となるための種子）の存在を想定して「赤白二渧の相和する」瞬間ととらえることには、かなり飛躍があるように思われる。肉体と肉体の交接では種子の背後にある、あるいは種子そのものの心の領域をとらえることはできないのではないか、と考える。ただ密教の阿字観では阿字を観想する段階で、自らの肉体にとらわれない境地を確立することが重要なのであって、その限りでは、イメージとして阿字を赤白にイメージ化し表裏を融合させるのは、一つの直感的な解釈の方法ではある。

**㈡菩提**　次の菩提では、「アフトン」という。アフトンは音訳で頞部曇《あぶどん》と記し、受胎から二七日（十四日）を経過すると半月形の中央部が変化して盛りあがる形になる。というより両端が盛りあがるように変形する。この状態を「二貼《にこ》」といい、あわせて両部の大日（梵字）の赤白の二色という。また阿字の悉曇梵字と同形で左右の肩の体形という。このように人間の身体と受胎を同次元に位置づけ、阿字という字形に少しずつ生命の形を吹き込んでゆく。それは阿字という字形の左右に張り出た突起が崩れ変身するさまをあらわしている。字体（書体）が変容するさまは、ある意味において、大変に不思議な現象である。

かくしてアフトンという三日月形《みかづき》は中央にも突起を生じ、それ自体が力強い生きものの体《てい》をなす。曲面にも凹凸を生じるように変身するのである。別の見方をすれば、この変身のさまは密教芸術のすべてと言っていいほど全体に深く食い込んでいる論理といってよい。密教の美の瞬時の極致とは、その変容の結果を見てはいるが、同時にまた変容の経緯も呑み込んでいるのである。

山折哲雄氏も「真言立川流」（『図説日本仏教の世界』四「曼荼羅の宇宙」）の中で、この羯羅藍《カツラ ラン》という語に注目している。「要するに胎内の五位というのは、受胎のあと出産までに、五段階を設けたことによる。そしてこのうち、最初の受胎後七日間を意味する「羯羅藍」という考えが、とくに法相宗で重視されるようになった。なぜなら古来法相宗は、人間の深層の意識（阿頼耶識）に深い内省をめぐらし、それがいつ、どのようにして発生するかについて、形而上学的な議論を積み重ねていたからである。いわゆる識（意識）によって万象を説明しようとする唯識派の仏教が、そこから形成されたことはよく知られている。その意識についての反省が、受胎という生理学的な経験と結びつけられたとき、「羯羅藍」という観念が生み出されることになったのであろう。

そして立川流の赤白二渧という設定にも、山折氏は「わが国では、法相唯識系の南都仏教がこの語を「コンラン」と称して、その教義を説明するキー・コンセプトにしていたのである。このような仏教の伝流を考慮するとき、男女二根の冥合とか、赤白の二渧とかいう立川流の考え方が、右の胎内の五位といった仏教生理学の考えと、必ずしも矛盾するものではないということがわかる。矛盾するどころか、この「コンラン」という考え方の発生の中に、二根の冥合がすでに萌芽《ほうが》していたといわなければならない」と述べている。

二根の冥合の具現はいうまでもなく胎児であるが、世親《せしん》（五世紀）の『倶舎論』によると、受胎から出産まで二百六十六日間、胎児は母親の胎内で生育する。このことが私の念頭にあったのかは定かでないが、現代舞踏をきり開いた土方巽、笠井叡、田中泯らの踊りをみていると、赤白二渧のイメージの中で胎児自身の心臓の鼓動をうかがえたりした。また赤白が異様な雰囲気をかもし出したりするイメージには、神の神々しさを見た。さらにそれらの肉体表現の中には二根の冥合が行為そのものとして内蔵されているように見えた。宗教の呪術的神秘というより、赤白二渧には日本古代の神々しい神秘感も加味されている。

『雪山二頭一身鳥事』（称名寺三三六函）という口決を記した古本には、鳥の一身体より頭部が二つに分れるという奇妙な雪山（ヒマラヤ）での伝承を記している。このような考えとは別に、五鈷杵の人形杵には、東密（真言密教のこと。天台密教に対す）にも立川流が色濃く影を落していることがわかる。

その有力な資料が称名寺の釼阿伝授の『愛染人形杵』一（鎌倉時代）（神奈川県立金沢文庫蔵）に認められる。これは出雲僧都栄然に釼阿が授けたものであるが、表紙裏に「私云」（わたくしにいう）という但しがきを墨書して渡している。そこには「此の法門はこれ悪見邪執の法門なり」と述べ、もしこれを信じたならば無間《むげん》地獄に落ちてしまうほど恐ろしい業因《ごういん》にもなりうると厳重な注意をほどこしている。

ここでいう無間地獄に落ちるというくだりは、当時の僧侶のあいだでは常識的なことといっても過言ではないようだ。『沙石集』巻第八の邪義によると「近代真言の流は変成就の法とて不可思議の悪見の法門多く流布す。（中略）諸法実相一切仏法の詞《ことば》、煩悩即菩提生死即涅槃の文ばかりをとりつめて、機法のあはひ、解行のわかれもしらず、男女を両部の大日なんど習ひて、寄あふは理智冥合なんど云ひなして、不浄の行すなはち密教秘事修行と習ひ伝へて、邪見邪念すてがたくして諸天の罰を蒙る」というように邪義を受法することにより諸天から罰をうけることが強調されている。

密教の法具として重要な五鈷杵を、立川流では人形杵と呼称することにより、生身の男女の人間の立像と見立てている。むろんこの発想は観念的なものであるが、生身の男女と

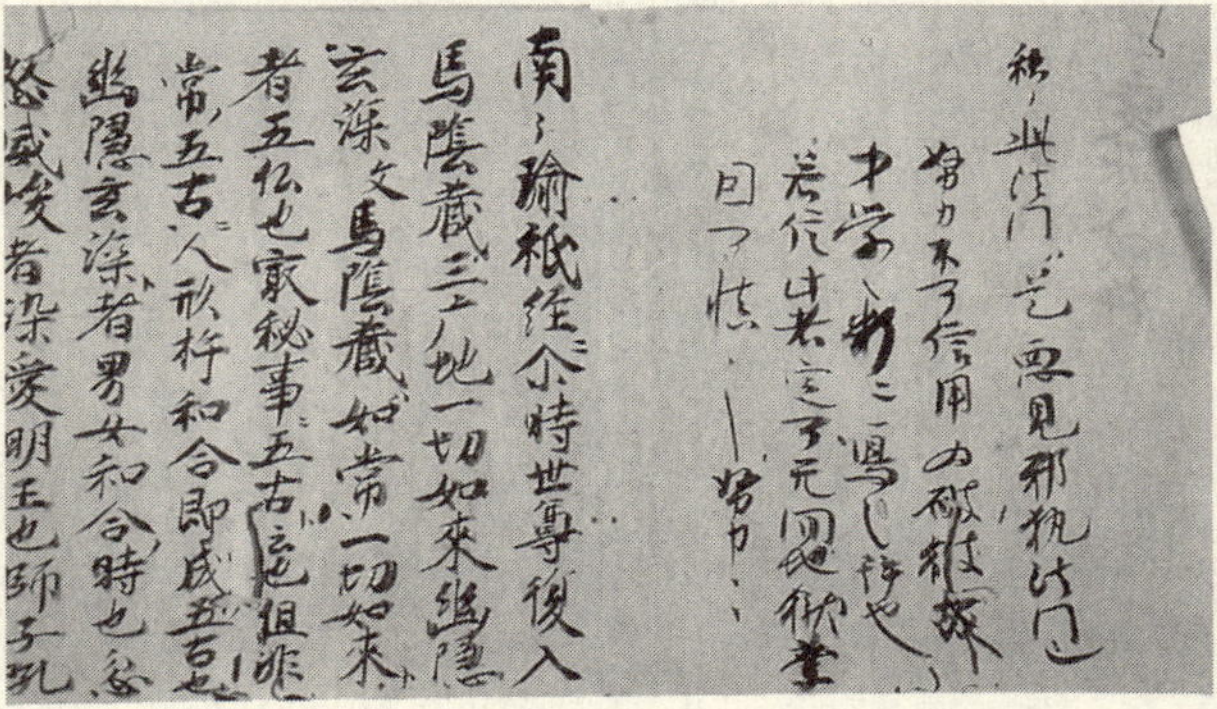

『愛染人形杵』（神奈川県立金沢文庫蔵）立川流の人形杵の解釈を注釈的に記した新出史料（p 139-141）。

(部分)

音等ノ五聲ニ明王ノ喜悦ノ音也
祕云世間男女和合ノ時男女
カノス、或ハ此事ノ表ハ人敎杵何ト上
和合ノ表也
蘭ノ人敎杵ニ上下ト和合ノ事
男女眞會一軆ナルコトヲ表也又
各具五智顯也男五大女五大一
軆元二也金剛サメ深愛明王菩薩
敗無怒敎本同コッハアレトモ時同
五大所成身也明王金剛サメ妻
故無怒敎事也内ニ如彼文ノ念
也是表顯也鬼神依又名ニ
具ハ作業ハ者ニ具ニ同物也衆
生ノ五大佛ノ五大少モ不異生

(部分)

悦三軈鏡ニ下ノ二大和ス生ヲ變生ス
ルハ祓兼永時女ニ天井ノ二ヱ女
ハ具陸素ノ字傳アリ可問号云
經ニ桜濟ノ不戴事廿事ニ染指
人ハ固之邪執女ニ意道可圖コ浩
皆利根ノ人通流精生死事祝真ニ
恵慮覺同者慎達智不信書
男女ノ慾場如此說速込通人
示ニサリトテ男女交會ノ事ヲ妨娘ト
一句ニ頭ノ後眞會一軆セノ表ニ死
模ニ候故文洋文之祓帶永家男
女三人ノ子テ心ニモラス讚ヘム訓ニ
一棧頭二ヱニ祓帶永家祕之人敎

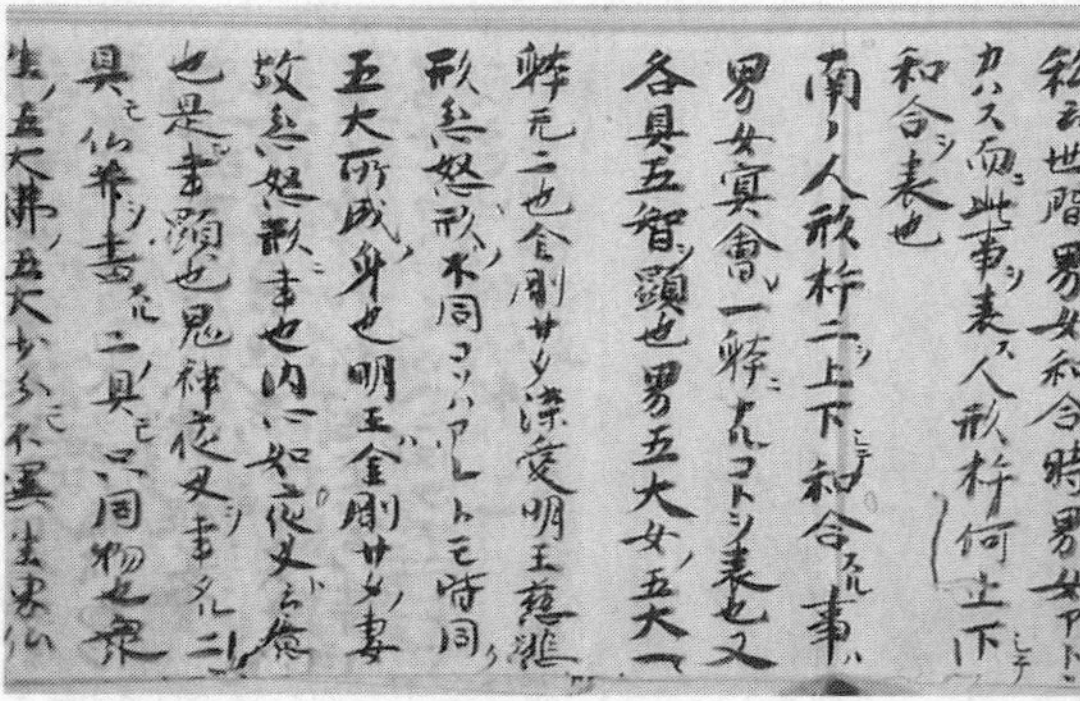

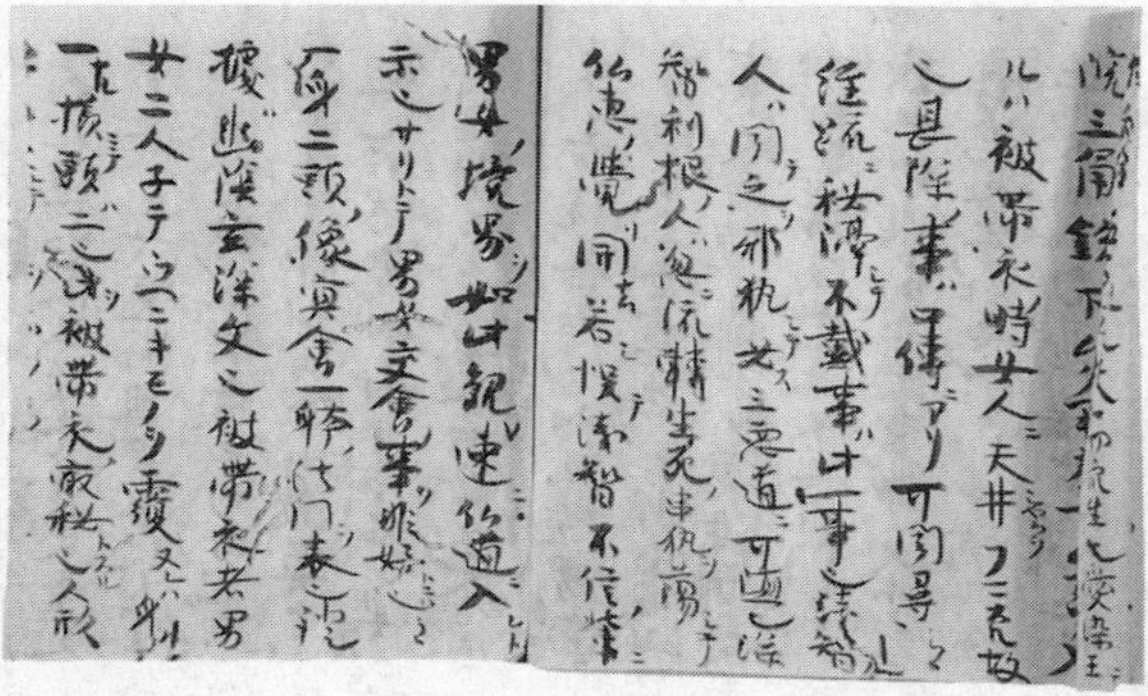

(部分)

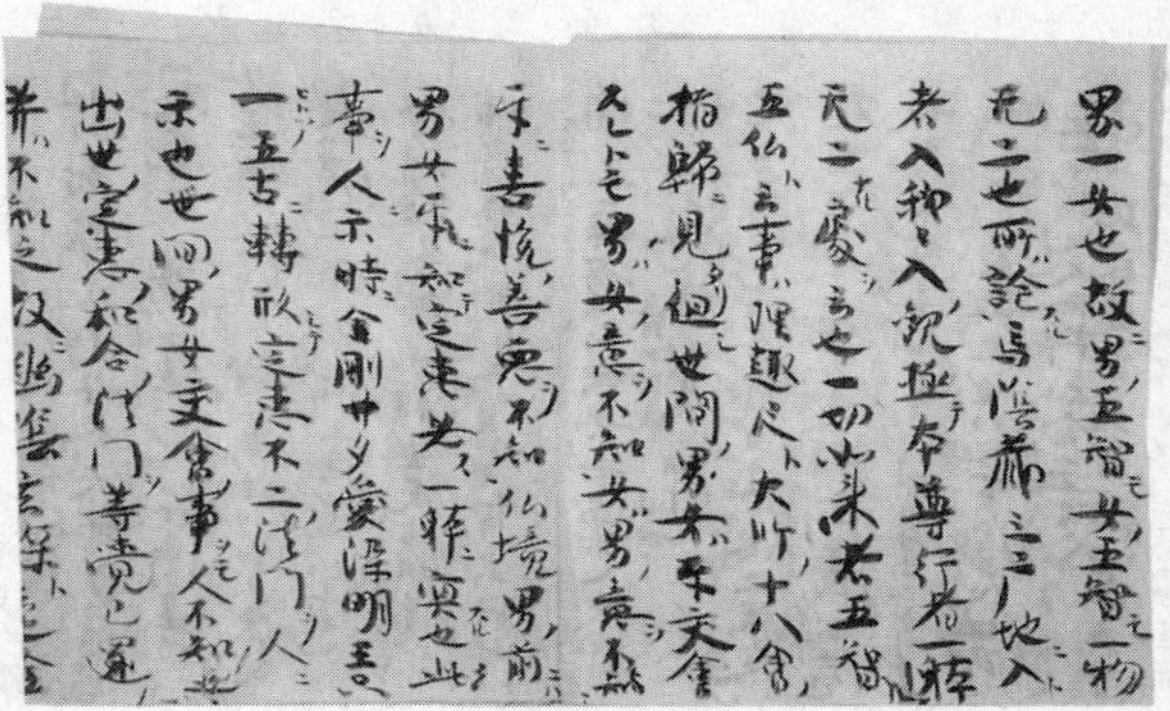

（部分）

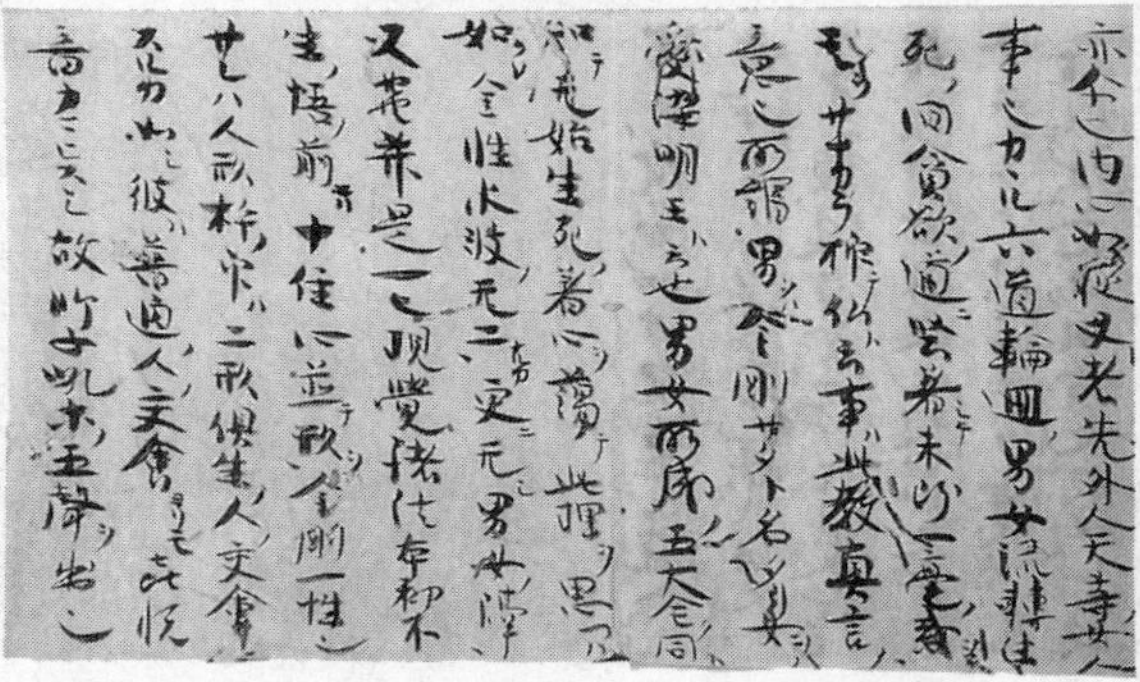

（部分）

見立てるところまでは、正純な密教の観想の体系中にある。これを三密観《さんみつかん》という。略して「密観《みっかん》」ともよぶ。

この観法の根本は、宇宙におけるすべてのはたらき（作業《さごう》）を宇宙そのものの仏（法身《ほっしん》大日如来）の中に見る（観法という修行をとおしてみる）ことを目的としている。その観想の方法は、梵字のウーン字（hūṃ）を掌中（掌は手のひら、手の中の意）に代表される真言行者の身体と舌上《ぜつじょう》（口の中）と心内（意）の三処、すなわち三密（身・口・意の三ヵ所）の場所に置き、これを観想により変容させる。ウーン字は法具の五鈷杵に変り、これを観じて加持《かじ》（不思議な力で加護・祈禱《きとう》する）すると五鈷杵はたちまち燦然《さんぜん》とかがやく大光明を発し、一つの効果をあらわすという。その効果とはその光に浴することによって、その人が持ち続け感じている罪障のすべてを打ち破り、本有《ほんう》の三密が密かにあらわれる、という。

この本有とはどういう意味かというと、「人間にもとからそなわっていること」それ自体の意をいう。仏教では有《う》は空《くう》に対して用いる語で、したがって、すべてのものが仮象《かしょう》（かりのすがた・かたち）であり、実在とすべきではないという否定的なものをもともとは空《くう》という。これに対して真如《しんにょ》（万物の本体で無差別・平等の真理）があらわれた肯定的なものをもともとは有《う》という。

この具体的な観想図が立川流の場合は五色阿字観想図で表現される。観想図は下辺から五鈷杵を横に置いている。人間の両足が左右に開かれた状態である。その左右をよく見ると梵字の阿字の放光が、十六字から二十字各々描写されている。そして中央に戻るとたてに独鈷杵を立てている。これは人間の脊椎に当るであろう。注記によると衆生の幢《しゅじょうどう》だとしている。この「たて」の方向づけをよりどころとして、阿字にもとづく（阿字より発せられた）救いの放光はかき集められ強力な独鈷杵のエネルギーに集約される。そして中間には両手に該当する三鈷杵が横に置かれる。この各々の先端が、眼耳鼻舌身意を象徴する。このような脈絡は何を意味するのだろうか。それは、この五色阿字の観想図が立川流の本尊の一部だとするならば、すでにふれた本有思想を曲解してはいるものの、立川流の「二根交会五塵成大仏事」（『理趣釈』巻下）を前提として「口中好みて言ふ、眼耳鼻舌は皆浄土たり、男女二根は即ち是れ菩提涅槃の真処なり」（『大仏頂首楞厳経』第九）というように、観想図で横に渡した三鈷杵に当てられる五官中の眼耳鼻舌は、すべて浄土に通じているると主張するのである。その根拠は人間それ自体が生きているあいだは、浄土への道は保たれるという意向が非常につよいことをあらわしている。そして最後に最上の円形は五色阿字を育んだもので蓮台の上におかれる。円相内には阿弥陀ー白、釈迦ー黒、宝生ー赤、阿閦ー青、大日ー黄の五字・五彩色・尊名（五尊）を記している。この五色阿字をつつんでいる円相は、当然頭部に該当するから、この五色阿字の観想図は下方からのいろいろな段階の作法を通して、観想の究極の場（空間）にいたるものとみてさしつかえないだろう。

立川流の秘法の本尊は髑髏であるという伝承がある。この髑髏と五色阿字の観想図は、究極には五色阿字の円相部分で不思議と一致するのである。私はこの両者の一致を念頭におくとき、かつて土方巽が時代を先取りするかのごとき勢いで演じた人間が、まるで人の気配をかすかに感じたときと同じようだったことを思い出す。それは胎児の匂いのようなシンボルともいうべき微細な感覚を人間の想い（想念《そうねん》）の中に見出しているのである。山折哲雄氏も「性愛の秘儀化と即身成仏」（先述「真言立川流」）として「そもそも人間には三魂七魄《さんこんしちはく》がそなわっており、死を契機にして、三魂は去って六道（地獄・餓鬼・畜生・修羅・人間・天）をさまよい、七魄は現世にとどまって遺骸《いがい》（ドクロ）に住みついて鬼神となる。そこで、行者は女性と交わり、赤白の二渧《てい》（男女の性液）を採取してこれをドクロに塗る。すると赤白の二渧にふくまれていた三魂が、ドクロに籠《こも》っている七魄と結合して、そのドクロが生身の本尊となって蘇《よみがえ》る。赤白の二渧を和合水ともいい、これを八年にわたってドクロに塗りつづけると、ついにドクロ本尊が語り出すという」と、心定の『受法用心集』によって、ドクロ本尊について語っている。要するにこの場合、髑髏は人間生命の強力な再生装置と見立てることにより信《カルト》を成り立たせている。「性愛の結晶（赤白二渧）をドクロに注入して、死者の再生を実現しようとするものであった。性愛（エロス）と死（タナトス）を回路とする、独自のエソテリズム（秘教）といってもいいだろう」と、山折氏は結んでいる。立川流が髑髏を本尊とする根拠は、阿字本不生から五色阿字の教理を観想体系あるいは観想図の中に組み込んでいる点にある。その位置は「五色阿字の観想図」では頭部に該当する蓮台上の五色阿字（円相内）である。したがって立川流では、『受法用心集』が伝えるような髑髏に赤白二渧を塗りつづけるという行為は、異様なことである。ところが立川流の本尊「五色阿字の観想図」と髑髏を重ね合わせると最終的には金色となる。これは阿字と同じ位置、同じ価値観、同義であるから、彩色でいうならば赤色、青色、黄色、白色、黒色の五色は究極には金色に輝く意味をも内蔵している。

「阿字は遍く金色《こんじき》なり。用《も》って金剛輪《こんごうりん》となして下体《げたい》を加持《かじ》す」

（『大日経』悉地出現品第六）

いうまでもなく金色は、不滅の彩色である。闇の中でも金色はそれ自体で輝いている。

**㈢修行**　閉戸《へいし》というが、受胎から三七日（二十一日）後、身体の一部は半月形となる。これを三胡形《さんこけい》という。左右の突起が湾曲し頭のようなかたちとなってあらわれる。形態的には三胡は、三密菩提《さんみつぼだい》（身《しん》・口《く》・意《い》の三密がそのまま覚りの智恵となる）をあらわすという。しかしその方向づけは最終的にはこの形態が涅槃に向うことを意味している。

ところでその菩提の具象が三胡だとする脈絡はあまりはっきりしない。ただ考えられることは、菩提というかたちの変容をたどると、比較的立川流に近い宥盛（高野山宝性院第十六世門主）の『阿字観』で「白骨は父の婬《いん》、赤肉《しゃにく》は母の婬なり」と説き、さらには「父《ぶ》

三胡（半月）。

母《も》の息が能生《のうしょう》なり」と述べているが、これが部分的に包括されていると思われる。したがって雲をつかむような話であるが、菩提の具体的なかたちが、三胡（半月）であると説明しているのである。このことは仏母の息を能生としてとらえて成立していることをよく示している。この場合、能生の「能」は、「ある動作の主体となるべき動き」をいう。「生」はその、かすかな動きが生じることをいうのである。この「かすかな動き」に注目することは、いうまでもなく「生きもの」すべての共通した要素を確認することを意味する。そしてこれを発展・展開させて能生の原点を浮上させるとなると、阿字観の観想は単なる観想上の阿字ではなく、阿字という字形（イメージ）を超えた何かがなければならない。立川流が、観想という修行により、観念を超えた次元で白骨と赤肉にわけて、それぞれ父母の婬がひそんでいると決めつけるのも、二つの対立概念に生命を吹き込もうとするこだわりがあるからである。

この部分をフェミニズム論の観点から私が注目するのは、次のような理由による。それは『立河聖教目録』をこまかく検討してみると、邪か正かの争点の根拠が、法性を離れているか否かの違いによるということがよくわかるからである。その問答の部分は「問ふ、邪正分別とは如何。答ふ、師云はく、邪流は法甚深なる由を云ひ、赤白二渧を両部と号し、此の二渧冥合の生身所有の所作皆法性なりと談ず。此れ極めて邪見なり。正流の意は、諸法色心本より阿字不生六大四曼の体性なり。万法本来不生の義を悟らず。但だ世間の事法に著しく貪等の心を起す。邪見は貪に同ずと雖も、不生の貪なりとの覚起らば此れ正見なり。何ぞ男女和合し、赤白二渧を両部と号して邪見を起さんや。之に付いて多くの人邪見を起す。恐るべし々々。金剛王院流に、二水和合して一円塔と成り、一字転じて斉運三業と成る云云。此の義を以て秘密と為すは大邪見なり。諸法皆六大四曼三密の法体なる上は、法性を離れたる法なし、何ぞ必ずしも赤白二渧を甚深と談じ、人をして邪見をして超さしめんや。大いなる誤なり」と。ところが赤白二渧を法性とのかかわりにおいて考えてゆくのは、大変とらえにくい領域であり、果てしない。なぜなら法性は、赤白二渧が不二となるべき融合の瞬間にも、宇宙空間の次元で「かたち」としておきかえることはできない。それは細胞の核分裂のときあらわれる糸状の物質であるといえよう。ミクロからマクロへと視野を広げてゆく段階では、数だとか形だとかは、生物によって一定している。しかしいずれも遺伝に重要な意味を持っているが、二つ（男女）の染色体が融合すると同時に核分裂する状況下に突入することと、観念の世界として共通する法性の領域があるように思う。もともと法性は仏教用語でダルマター（dharmatā）の訳である。法《ダルマ》の体性を意味する言葉でありながら、スケールの大きいまた広大な存在感を有している。その言葉で宇宙のすべての現象が表現される。その現象の中に有している真実不変な本性をも宿している。これがいうならば核の部分である。ところが染色体はミクロの世界ではあっても顕微鏡で見ることができるが、法性は実感として見定めることはできない。できないけれども真如《しんにょ》法性というように、たしかに宇宙にはどのような場合にも現象が見え、それは不変である。『智度論』（巻三十二）には、諸法には各々相（現象の差別的な相のこと）と実相があることが説かれている。各々相は、たとえば蠟を火にかざすと溶けてしまい、元の相《そう》（すがた・かたち）は無くなってしまう、そのように、各々相は固定した存在感を持たない。したがって分別して求めようとしても、不可得《ふかとく》（必ずしも会得《えとく》できない）である。不可得であるがゆえに空《くう》である。そして空であるがゆえに、空であることが諸法の実相である。しかもすべての相が同じように空《くう》に帰するという意で、空を法性と名付けるのである。このようにみてくると宇宙的視野にたった広大無辺なすべての存在は、既述の『立河聖教目録』で触れているように、「諸法皆六大四曼三密の法体なる上は、法性を離れたる法なし」、すなわちいかなる宇宙的視野の存在といえども法性を離れてその存在感を考えることはできないとしている。その出発点に当然位置づけられる赤白二渧は、邪見とみなす以前に、すでに法性のかかわりの中に依存していることがわかる。

㈣涅槃　涅槃は、鍵南《けんなん》といい、受胎から四七日（二十八日）後に身体は五輪塔の形になる。五輪塔については彩色の図解がある。それによると地輪は黄色、水輪は白色、火輪は赤色、風輪は黒色、空輪は青色である。涅槃は通常は人間が生命《いのち》の火を吹き消された状態をいう。いわゆる入滅あるいは死亡の状態である。

ところが密教で五輪塔という造形を前提に涅槃という場合は、煩悩の火が吹き消された安らかな悟りの境地を指す場合が多い。煩悩の根本といわれる貪欲《とんよく》の滅、瞋恚《しんい》（怒り）の滅、愚癡《ぐち》の滅の三毒《さんどく》を止滅させた状態のモニュメントの具現を、五輪塔として表現する。『立河聖教目録』で、立川流でも金剛王院流の系統では鎌倉時代において「二水和合して一円塔と成り」と述べているとおりである。一円塔とは五大を超越して宇宙生命を宿しているスケールの大きなモニュメント（五輪塔）であろう。しかし「スケールの大きな」というためには心の奥の奥に在る存在感すなわち法性とのかかわりが、立川流の場合は二水和合を通して、必要であったのである。密教では、既述の法性に関して、五大《ごだい》（地・水・火・風・空）を法性に輪円《りんえん》具足されているもの、とするので、一円塔は「一印塔」と呼称したいところである。ただこの結びつきについては少し説明を必要とする。一印《いちいん》とは両部曼荼羅中の金剛界曼荼羅に表現されている一印会《いちいんね》の大日如来が結ぶ智《ち》拳印《けんいん》のことである。

密教では、以下五つを大日如来の徳のシンボルとして、如来を中心に満位すなわち生仏不二の理法とする。

(一) 発心

（「仏のさとりを得ようとする心をおこすこと」すなわち、発菩提心のこと）

(二) 菩提

（迷いをたちきって得られたさとりの智慧）

(三) 修行

（密教修法を行うため、苦行も含めた修行を行う）

(四) 涅槃

（煩悩の火を滅したさとりの境地）

(五) 方便

（近づくこと。その方法。さとりの智慧から衆生救済の最善の方法を導き出すこと）

立川流『阿字観』。

真言密教では高野山伽藍《がらん》において、根本大塔（多宝塔の形式）にみる円筒形の塔身の上辺に蓋をのせた構造である。一円塔はほぼこのような多宝塔形式をいう。では、密教では一つの宇宙観を通じて、想像しえない現今の生命のモニュメントをなぜ五輪塔として別に構築しなければならないのか。人間は男女をして性交のあかしとして、立川流では冥合最神秘という極意のもとに一円塔を造形化しようとする。私はこの一瞬の行為が、相互（赤白、女と男）の感覚の時間の範囲内で、何か永遠の生命感を意識する宇宙的生命とのつながりを密かに見出していたのではないか、という気がしてならない。それだからこそ、密教ではわざわざ五大（地・水・火・風・空）を、法性に「輪円具《りんえんぐ》足《そく》されているもの」という但しがきを付するのではないか、と思う。輪円というイメージは、密教の瞑想等を通してミクロ的視点・マクロ的視点を組み合わせることにより宇宙全体の生命感をおぼろげながらもつかむことができる。立川流の一円塔という概念は必ずしも明確ではないが、造形的にみるならば、塔身は円筒形である。『阿吽字義』では五輪塔という形態（フォルム）をよりどころとして、それが肉体と同じように梵字の(1)阿字からイメージをふくらませ、その字体は(2)大日如来と成り、(3)モニュメントとしての五輪塔を形成するシステムを述べている。その過程を同書では「𑖀胎内ニヤドル初七日ノ位ハ水金ノ如シ、父母ノ赤白ニ出テカタマル処ナリ、地輪東ナリ、仏阿閦仏ナリ、𑖪二七日水輪是レ腹ナリ、仏ハ釈迦如来ナリ、𑖨三七日火輪ナリ是レ胸ナリ、仏ハ宝性《ママ》如来、𑖮四七日風輪ナリ是レ頸ナリ、仏ハ阿弥陀ナリ」と伝えているように、観念はモニュメントで出来あがった五輪塔の細部（団形・半月形・三月形・円形・方形）から逆に彩色（この順序で黄・白・赤・黒・青）を秘めながら、人間（行者）の身体の部位としての頂・面（頭）・胸・臍・膝のいわゆる五処を構築することになる。

㈤方便《ほうべん》　方便は鉢羅奢佉《はらしやきや》といい、受胎から五七日（三十五日）後の人間の赤子の形態になる状態をいう。水原堯栄氏の『邪教立川流の研究』は、この赤子の姿・かたちを「母の胎内、五智円満の仏」と見ている。立川流の『阿吽字義』では、段々と赤子が胎内で成長してゆく状況に合わせて、五大《ごだい》・五位《ごい》・五仏《ごぶつ》の順序としている。『阿吽字義』では「胎内ニテ赤白二体和合シテ三五日ニアタルトキ五輪トナリタル時ハ土水火風空ノ五大トナリ、ア・ビ・ラ・ウム・ケン、の五字トナリ、阿閦・宝生・弥陀・釈迦（不空成就）・大日ノ五仏ト顕レ」というように三五日（前述の㈢修行では三七日）を基準にしている。そこで五輪塔が成りたつことは㈢修行から㈣涅槃の四七日（二十八日）間の時間帯の間だというのである。ただし同じ立川流の教義でも『阿吽字義』では「五七日（三十五日）空輪ナリ、是レ頭ナリ、仏ハ大日如来ナリ」と定義しているとおり、㈤方便に該当する赤子の形態とは、いうならば頭部の完成によってなった赤子の全身を宇宙生命のシンボルとして位置づけている。立川流の解釈によれば、頭が出来あがった（表出した）段階で、それはまさしく空輪であり大日如来であると認識することが重要なのである。むろん密教では肉体の細

⑴ 大日如来

⑵ 阿字

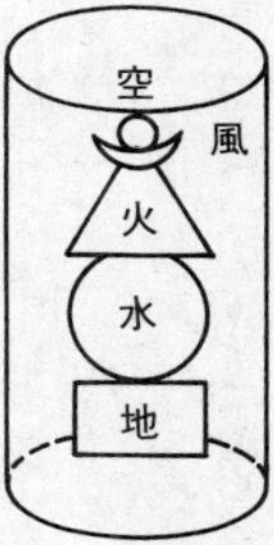


⑶ 五輪塔

部の対応関係から、行者の肉体を構築している五輪は五智そのものであるといえよう。そしてここから派生して肉体が仏身にほかならないと観想することになる。これを正純な密教では五輪成身観・五字《ごじ》厳身観《ごんしんかん》（という観法）といい、『大日経』所説の胎蔵界の観では、五大成身《じょうしん》観ともいう。金剛界法の五相成身観の対で、大日如来の五大の種子（梵字）「ア(地)、ヴァ(水)、ラ(火)、カ(風)、キャ(空)」を下半身すなわち腰から下へは尿道・臍《へそ》、上半身は心《むね》・眉間・頂上の、五カ所に置く。すると五カ所にア・ヴァ・ラ・カ・キャの五字真言を定めて観想すると、この身（行者）はそのまま法界塔婆（立川流の場合は円塔）であり、自身を大日如来と観ずることができる。自分自身を大日如来と実感すること。このことは同時に宇宙法身を見つけ出すことになる。立川流の『邪流書不可開』（嘉慶元年〈一三八七〉八月二十四日書写）恵覚本によると、灌頂の受者は秘密の世界で行われる「理智冥合」の相伝におけるバン字（金剛界大日如来）を見つつ、法界（宇宙生命）は「円塔のごとし」といっている。これは名づけて法身体であり、理智の不二をあらわす。理智とは不二（融合）を前提にしているが、立川流では灌頂儀式の際でも、かならず父母赤白二渧を意識しているという。赤白二渧を認識しながら、そこで得られた境地は必ず「紫《し》磨《ま》黄金《おうごん》色身」（金色に輝くからだ）、つまり肉身全身に金色を感ずるという。この理論を順序を追ってすすめてゆくと、究極には円塔は大日如来としての自分自身であるから金色の光を放つのである。紫磨黄金（略して「しまごん」「しこん」）とは、肉体が仏身に変じた際の秘奥のかがやきのことで、紫色を帯びてくもりがないから、わずかな黄金でも光り輝くの意。紫金の極意を正純な密教の遺品に求めるならば、ただ一つ、空海の両部曼荼羅の具現として名高い高雄曼荼羅が挙げられよう。

## 高雄曼荼羅の金泥と銀泥

この曼荼羅はむろん国宝であるが、密教の至宝中の至宝、おそらく同じく国宝の伝真言院曼荼羅をもしのぐ存在であろう。天長六年（八二九）に淳和天皇の御願により、空海が高雄山神護寺灌頂堂の内陣の東西に掛けるために製作したと考えられている。平安時代末期に神護寺が衰えたとき、本図は仁和寺や蓮華王院、さらには高野山などを転々としたが、のちに、この曼荼羅とかかわることにより有名になったともいえる文覚が元暦元年（一一八四）に神護寺を復興するにおよんで、同寺に返却されたといういきさつをもつ。いずれにせよ、密教の両部曼荼羅では現存最古の遺品である。大きさは縦横四メートル余りもあり、これを東西両面に掛けるのだからこの時代の灌頂堂の建築空間がいかにスケールの大きなものであったかがうかがえる。この曼荼羅の歴史的な説明はこのくらいにとどめなければならない。まったく関係のないとされる立川流の本尊観との関係で、ここで考察したいことは、その赤紫色の地色の上に尊像の描線が金銀で描かれているという点なのである。なぜ真言密教の曼荼羅には極彩色（五彩色本といってよい）の表現の他に、高雄曼荼羅の系統のごとく赤紫や紺地、すなわち紫青色地の上に仏のすがた・かたちを金銀で全面に表現しなければならないのか。紫色や濃い青色の配色は、堂内が暗くなると闇の黒い空間と同色となる。つまり暗闇の空間の中に高雄曼荼羅の画面の地色である赤紫綾地色は同化してしまう。そして曼荼羅画面の四百尊・千五百尊の尊形・三昧形や荘厳《しょうごん》（画面周囲のかざり）は金泥・銀泥の見事な描線によって、くっきりと我々（真言行者や当時の結縁者）の眼前に浮び上ってくるのである。いま私が尊像等を「くっきりと」と断言したけれども、それには根拠がある。近年、高雄曼荼羅は宮原柳僊師により四年の歳月を経て復元されたが、その成果をみても、金銀の浮びあがる効果がよくわかる。また、かつて、江戸期の高雄曼荼羅の模写のある小松島（徳島県）・地蔵寺の原寸の大画面を夜中にロウソクの火一本で照らしたところ、火を点すやいなや、尊像の顔相の表情や笑みを浮かべているようすなど、まるで手にとるような実感を得たのである。そのときはさすがに全身ぞくぞくと寒けがして、しばらくその大画面をじっと見上げたままだった。そしてそのとき瞬時に、紺紙金銀泥絵や赤紫綾地金銀泥絵とはこういうものかと悟り、密教が秘めたある極致のようなものが、わかったような気がしたのである。その極致というのは、金銀こそ、五彩とは区分けされているが、人間の生命と引きかえにのみ空間に放たれる永遠の輝きなのだ、と。ここでいう空間とはいうまでもなく「この世」（現世）のことである。金銀が精彩を放つということは、五彩色を超越しているというより、五彩色を集合（混合すると闇となる）

した後に人間がある意志を持って発見した、唯一の彩色法なのである。空海は入定《にゅうじょう》（承和二年〈八三五〉三月二十一日）する年の六年前にこの曼荼羅を完成し、同時に高雄山寺（神護寺）にて結縁灌頂を実現した。真暗闇の堂内において実際に私が江戸期の模本によって体験した仏の出現は、湧現そのものといってよい。金泥・銀泥の諸尊の「すがた・かたち」はキラキラと、それもかすかに、闇の中でじっと私が見つけ出すのを（仏の側で）長い時間、待っていたかのようである。そして、まず顔相《がんそう》に目が行く。どれもこれもみんな仏は瞑想的でおとなしく、忿怒像の代表たる不動明王でさえ、息をこらして怒りをおさえているかのように静かな表情のみをかもし出している。怒りの声などみじんも聞えない。そして一本のロウソクの火がゆらぐたびに見上げる大画面にも大きな影が右へ左へとゆっくりと移動する。もしも空海が、完成した高雄曼荼羅の大画面を初めて見たとしたら、やはり同じように感じたに違いない。高雄曼荼羅の見つめ方について、ここまでは正純な密教の目《まなざし》である。ここから先は立川流的な目である。仏の出現を湧現という感覚でみる。この湧現という「におい」の中には正純密教の考えをふまえるならば、多分に立川流的視点が含有されていると考えた方がよい。湧現は密教の阿闍梨の意楽《いぎょう》だとする定義が多分にかかわっている。ところで意楽という概念は、密教独得の奥深い美的掌握のうえに立った造形表現である。表現上は尊像や三昧形の彩色や輪郭を儀軌に定める「かたち」を意識的に一部はなれたり、完全にはなれたりしながら独自の異形をつくる行為をいう。その行為にみられる作意のいくつかは、きっと現代芸術の作家の創作行為に脈絡を見出すことができるに相違あるまい。立川流の五色阿字（梵字）の彩色は、青色—東、赤色—南、黄色—西、黒色—北、白色—中央、に区分される。私はこの立川流の五色阿字の中に仁寛の醍醐寺時代の姿を見る。そして南都へ下ったであろう仁寛のさまざまな感得《かんとく》の階程をその旅の所々に見出すのである。くどいようであるが、ここから先は私の想像である。

## 五　立川流と大宇宙の霊力

### 仁寛の狐と死相の感得

仁寛は南都・壺坂寺に近づくと、その門の右側にある大きな蓮池の前にしばらくたたずんでいた。やがて朝日が昇って、境内をとり囲む杉木立の間から時おりまばゆい光が仁寛の頭上にふりそそいできた。

一夜の夢に、俄《にわか》に生じた香煙、そこに青、赤か、小宇宙に比すべき瑠璃《るり》の山影を見る。空間に紫雲一片あり。雲流《うんりゅう》は糸を引くように金底宝間《こんていほうけん》より出《いで》て、黄金《こがね》地に敷く池の華《はな》と成れり。その相、分明なり。見れば華は善根より成れる妙台の座上にあって、白狐と変じ、外（大宇宙）に五彩の弓矢を放つ。（「観仏秘抄」）

仁寛は眼前に広がる池の中に視点を定めた。すると池から霧のような香煙が立ちのぼり、大小の蓮の花がゆらゆらと風に動き、逆光の中で水面が黄金色にみえた。仁寛は少し疲れを覚えるくらい、じっとこの情景に見入っていたが、それでもなお、まぶしいくらいに輝く池の中心部に目を投じていると、金色はしだいに色あせ、やがてもとの白色にもどってしまった。よく見ると白色は白狐に変じ、後足に二本の赤い矢をつかんで死んでいる。この経緯をつぶさに見ていた仁寛は、内心とても不思議に思った。この場に、なぜ白狐と弓矢が登場するのか。弓矢は仁寛にとって、命の次に大事なものである。しかも愛染王法で証明ずみの呪殺用具である。赤い矢は、仁寛の流派に限って使われるもので、いうまでもなく外敵を殺すための呪法をともなう。しかし仁寛が呪詛を目的とした修法を実際に行ったのは輔仁親王の護持僧になってからである。もちろんそれ以前、仁寛の修行時代にその兆がまったく無かったとは言いきれないが、仮にあったとしても恐らく観念の範囲にとどまったものであろう。何故なら、この修法は相手に呪いをかけるために表面では観念的なものを装う必要があった。したがって仁寛は「まだ早い、いずれ来るべき時が来れば、必ず己れの念力を示す時が来る」と呪詛の効験に内心、確信を抱いていたと思われる。たとえ確信を持てなかったとしても、後に意教上人（立川流にも関わりを持つ）の道場として名高くなった仏手山《ぶっしゅざん》金剛王院の祈禱、すなわち平将門調伏における呪詛の役割・効果について、仁寛は当然聞いていた筈である。したがって仁寛の南都遍歴は、呪詛の体系を自分自身の血となし肉となすための修行期間であったとも見ることができる。とくに「観仏秘抄」の白狐が湧現する話などは、そうした呪詛にかかわりあいのある兆候の一つとして受けとめることができるように思う。

ただ、仁寛が行おうとしていた呪詛の仕組みについては、歴史上解らない部分が多い。この儀式そのものが秘密であるために、実際に記録にとどめられない事が多かったせいもある。けれども儀式に掛ける画像（本尊）がどういう内容《もの》であり、どのような作法によって執行されるのか、数種の規定はあった筈である。ここでもう一度、仁寛が念仏堂の近くで見たという場面を観想図として復原してみる必要がある。仁寛が確かに見たという観想の終りの奇怪な情景「白狐が後足に二本の赤い矢をつかんで死んでいた」というくだりは、南都遍歴後の仁寛の動向から推して六年後に行った呪詛と何らかのつながりがあるように思われる。

それは観想の中で死んだ白狐が、呪詛の対象となるべき特定の人物を指しているという意味である。しかし特定の人物すなわち呪殺の対象が、白河法皇であったのか、堀河天皇であったのか、仁寛は、この時点では計りかねたであろう。つまり呪詛を殺法にまで高める時期には至っていなかったのである。

ただ不思議なことに、この時期に准豪《じゅんごう》と称する天台僧から六字明王の方《ほう》曼荼羅を授けられている。六字明王というのは「六字神呪経」の説く六字のダラニ真言を六観音に当てはめて誦する調伏法の本尊である。真言宗では六観音を円形にならべて中心の金輪仏頂をとり囲むように描く観宿《かんしゅく》僧正の図が有名であるが、天台宗では六字明王を図の中心に置く。

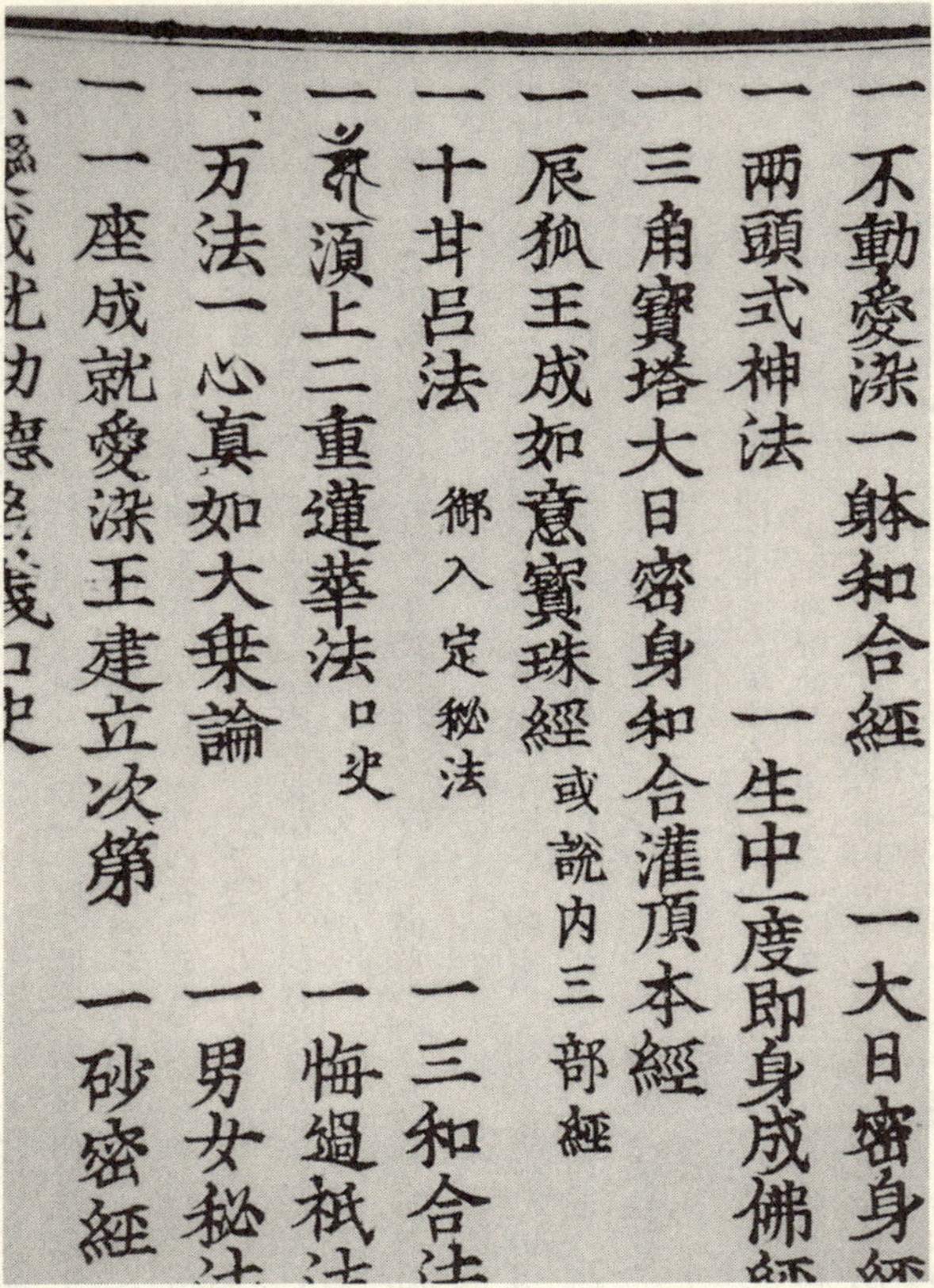

一不動愛染一躰和合經　一大日密身
一兩頭式神法　一生中一度即身成佛
一三角寶塔大日密身和合灌頂本經
一辰狐王成如意寶珠經 或說内三部經
一十廿呂法 御入定秘法　一三和合
一弥須上二重蓮華法 口决　一悔過祇
一万法一心真如大乗論　一男女秘
一座成就愛染王建立次第　一砂密經

『立河聖教目録』（四丁）。仁寛が影響をうけた『辰狐王成如意宝珠経』。

この六字明王は六本の手を持ち周囲に十二支の動物を配す。図像は墨でしか描かないので「黒六字」と略称したが、当時、公家の間で黒六といえばその名のもつイメージ通り不気味な祈禱として、あまり好まれなかったようである。したがってこの儀式の全容はヴェールに包まれ、秘密のうちに用具なども調えられる場合が多かった。何から何まで秘密であるため、黒六の画像も当日、儀式をつかさどる導師自ら墨絵で描いた。むろん仁寛も描いたに違いない。

像は左右の第一手に印を結び、第二手は左に戟《げき》、右に刀、第三手は左に月輪、右に日輪を描く。

身色《しんしき》は青黒く顔面は柔和相にして頭上に蛇頭を現ず。右脚を縮め上げて片足にて蓮花台上に立つ、光背に十二支動物あり、下に二狐一狗あり。これを黒六字明王と称す。

（「尊容鈔」）

図は六字明王が天体の中で異様な形相をしながら、礼拝者の運命を自由自在に操っているかのように見える。周囲の十二支動物は雲間から湧出し、奇妙な生首を呈示している。六字明王は、この生首の口内を通してのみ天空に介在する力を自分の身体に吸い寄せることができる。

仁寛は図を写しているとき下方に浮遊するかのごとく飛びかう、天狐と地狐の姿に死相を感得した。そして天狐の白い身体と対照的な赤い矢を後足に二本描きこんだ。その矢は本尊の前に坐った行者によって脇机から取り出され、目的の呪文を唱えながら弓につがえて放たれた終局的な姿である。

六字尊に命中した矢はたちまち赤色と化し、それを天狐が身代りとなって受けとめる。天狐は六字尊の身代りとなって死ぬわけである。そしてまる七日間というもの、天の七曜を遊泳した天狐は、哀れな姿となって六字明王の足下《もと》に帰ってくるという。仁寛は、壺坂寺付近で見たという白狐の死相と、実際にこうした図像が存在するという正夢の原理にたぶん驚いた事だろう。

仁寛は醍醐寺の僧であったために、こうした天台の図像を伝授される機会は無かった。しかし当時、勧修寺小野方では六字明王を本尊とする一派も現れていたので、仁寛は、あるいは勧修寺あたりの僧を通じて准豪を知ったのかもしれない。いずれにせよ仁寛は准豪を知り、その後も交渉を保ったに違いない。なぜかといえば

　此ノ法ハ原《も》ト東寺不共ノ伝来ナリ、一タヒ天台ノ皇慶ニ伝ヘシ以来勧修寺ニ伝承シテ今ニ修ス、醍醐ニハ所伝ナシ。　（「六字法日記」）

とあるように、六字明王を本尊とする経法は醍醐であまり見かけないものであったからだ。しかも呪殺の図像という効果的なものが、こういう時期に天台側から現れようとは思いもよらなかったのである。

仁寛は自分の南都遍歴の目的が出発の時と少しずつ変ってゆくのを奇妙に感じた。

仁寛が壺坂寺から室生を経て、三輪に入ったのは、それから三カ月ほど後であろうと考えられる。

ずっと後に、見蓮が同門の下野阿闍梨覚印に語っている聞き書によると、仁寛は南都に入ってからというもの、旅中の記録を克明にとっていたという。特に前述の念仏堂のような風物と観想とが組み合わされた対話の情景描写には、入念なメモがなされ、さらに注記や略図も挿入されていたと伝えられる。むろんその略図は現存しない。しかし覚印のわずかな記録によると、その図には、不吉な黒雲に乗った善女龍王が描かれていたという。龍王は三面宝珠をのせた蓮台を大事そうに右手で支えながら、雨の中を疾風のように走り去ろうとする。その下方では荼枳尼天《だきにてん》が口をとがらせ、ギョロリと目玉をむきながら、龍王に向って真紅の息を吹きかけている。一見して奇異な絵であるが、これは仁寛が創案したものだという。この荼枳尼天と白狐は兄弟関係にある、もちろんこれを感得した場所は、三輪山中以外には考えることができない。それも仁寛が見た情景の中に白狐が係わってくることから察すれば、舎利を得た後であろうと思う。

仁寛は壺坂寺で尊い舎利を授けられたが、そこで頼観の門弟無量寿尼の案内により、三輪に入った。頼観の来歴は詳かではないが、晩年、御室《おむろ》の寛助に天部の諸尊法を学んでいるという。しかし短期間であったと見え仁和寺御流などの法脈には現れてこない。仁寛が頼観を知ったのは、おそらくこの頃であろう。ここで仁寛は三輪薬師院に天部堂を再興したのであるが、その時、頼観の下絵によると思われる迦楼羅《かるら》の奇妙な図を壁面に描いたという。いずれも堂の須弥壇を囲むように配置され、東・北・西の三面の壁には、金色の切《きり》箔《はく》を使った極彩色の迦楼羅を丹念に描いた。仁寛はそれぞれの尊像に護符の特別な意味を与えようと、頼観に命じて像にまつわるいろいろな奇譚を集めさせたという。

この壁面はそうとう長い間かかって完成されたが、東側には二臂の大身迦楼荼王《だいしんかろだおう》が、どっかりとすわっていた。両手は九頭龍《くずりゅう》をにぎっており、奇怪な形相をしている。頼観は、この原画を法成寺で手に入れ画面を創案したという。(1) 頼観は後に、覚印にこういっている。

「天部堂の本尊は舎利殿でしたが、仁寛さまは、通常の護持、四天王などではダメだと仰せられました。そこで一計を案じて舎利を守り通そうとする龍神の出現を待ったのです」。

ところが、絵の構図を決める寸前になって、大嵐が起り、まる三日三晩というもの強風がおさまらず、頼観は堂内に釘づけになってしまった。やむをえず三面の壁と対坐していると、二日目の夜半に、奇妙な鳴き声と共に鼻の大きな金翅鳥王《こんじちょう》が、屋根づたいに物音をたてながら降りてきた。堂の内陣に入り込んだ鳥王は、壁を背に結跏趺坐した。頼観は鳥王をおがむように見ると、鳥王の右手には九頭龍王、左手に三頭龍王がにぎられている。それらの龍は口から赤い炎を噴き、頭には角がある。目は真青、胴体は黒い毛で覆われ、見るからにとげとげしい。それに、時折キイキイとうす気味悪い鳴き声をあげては、鳥王の手首に尾を強く巻きつけている。

頼観の説明によると、この巻きつく力は強烈なものだという。巻きつく力は、目に見えない霊力を大宇宙から吸収して、進入してくる邪悪なものを溶かしてしまうという。舎利はこうして龍たちによっても守られている。鳥王は天界からこの堂に呼び寄せられたと話し、本尊の舎利殿を入念に見た。そして、これを守りぬくためには、特別な力が必要だということを頼観に告げたそうである。頼観はもちろんその「特別な力」の意は十分に理解していた。

鳥王は体内に精力を貯えるため、龍を食べるという。それで雷雲の中で遊泳する生きのよい龍を手づかみにして、ここに降りてきたのである。堂内に腰をすえた鳥王は、しばらくすると目を爛々と輝かせながら、右手の九頭龍をペロリと平らげてしまった。膝にはしたたり落ちたどす黒い血がベットリとついている。

そして今度は、左手に残されていた龍を堂内に放そうとした。低い声で、

「おん、あみとりどはんば[2](甘露より発生するものよ)」

と真言を唱え、鳥王が太い嘴《くちばし》で龍の頭をなでながら手をはなすと、フワッと空中に舞い上

った。そしてうす暗い舎利殿の周囲を飛びながら、その真上に来ると意味ありげに先を争って群がりだした。そして各々の全身から青白い光を発した。光は時とともに、青色が深くなり、龍が動くたびに、ゆらゆらとゆれた。

「何と不思議な色だろう」

頼観は思わず呟いた。しばらくすると舎利殿の内部から鮮烈な燐光が発せられ、外の龍光といっしょになり、大きな球体になった。球体は五色の色相からなり、外面は乳のように白かった。

ところで、鳥王がこうして龍とともに舎利殿の護持をすすめている間も、嵐はいっこうにやむ気配がなかった。しかし護持にあたって、西の壁にも鳥王にふさわしい礼拝対象を考えねばならなかった。そこで頼観は鳥王に妃を早く呼びよせるよう懇願した。しかし妃は遠く唐土を越えた雪山《せっせん》のふもとに居て、簡単に来ることはできなかった。というのも、ある程度姿を変えなければ移動の能力が生じないというやっかいな問題があったからだ。

妃の原型を記録にとどめ図像に残したのは弘法大師の姉の子、智泉大徳（七八九―八二五）である。その白描図を調べてみると、

「毘紐天《びちゅうてん》像所乗迦楼羅鳥似二人形一」

とある。毘紐天像はビシュヌ天の化身としてインド神話にも登場し、人間の姿をとりながら迦楼羅に乗っている。鎌倉時代に活躍した画僧覚禅によると、この白描図は「女天形ナ

り」と述べているから、迦楼羅を擬人化して男女の区別をあたえていたことは事実であろう。ただ顔をみると鳥というより長い鼻をもった象神の形相に近い。頼観はここの護法神としてはそのいずれの図像でもよかったに違いないが、最終的には鳥王が決めることであった。

頼観が鳥王の妃と出会ったのは、それから半月もたった夜半であった。鳥王の申し出によって、頼観が止雨《しう》法を行じ、一瞬風雨が停止されると、堂の正面にある重い扉が開き、妃と思われる大柄な鳥人が入ってきた。その旅程は雪山より五千余里、想像を絶する長旅であった。そのため紫色の羽根はびっしょりと水にぬれ、髪は逆立ち、毛はところどころ千切れている。目は真赤に充血したまま、苦悶の表情を示す妃。入口まで鳥王が迎えに立ち、早口で会話を交した。ことばは梵語であるため、頼観には意味がまったくわからない。

鳥王は自ら妃を西の壁面に案内した。壁の前まで来ると、妃は仏と化し、黄土の壁面を透視するかのように遠いヒマラヤの雪山に向って合掌した。初めは口の中でつぶやくように低い声で陀羅尼を唱えていたが、次第に高い声に変り、その美声が堂内の壁や天井に響いた。その音は雪山よりこだまとなって返り、功徳が数倍に大きくふくらんで来たように思え、頼観はじっと聞き惚れていた。

陀羅尼に移ると、壁には舎利殿の龍光や燈明に照し出された妃の羽ばたきが、無気味な影絵となってさまざまな姿態を作りだした。妃は最後に雪山のような岩座に、すっくと立ち上った。その岩座はどの山々よりも高く、足下には雲がたなびいているように見えた。

頼観はいざ作画する段階になって、足の下の岩座を海波の上にあるものと解釈し、海中から突如湧現する岩山を描写した。そして鳥王の居住する岩座を雪山の頂上に見たてて西壁から東壁の山頂に登るように設定したのである。

この岩座をめぐる舞台は、「密厳経」に説かれるような「金山淡水海」でなければならない。というのは鳥王が龍を食べることによって、身体より舎利を護持するための聖なる光を発生しながら精力を貯え、妃との交会に耐える。そして龍の卵は八百とも千六百ともいい、それを生育させるのに必要なのが、金山から湧出する特殊な成分を有した淡水である。こうして鳥王と妃の寿命が「八千年」(「観仏三昧経」の説)となり、八千年間だけは間違いなく二人に舎利を護持してもらえることになるのである。

ここに頼観が東西壁の迦楼羅を通じて、生命力の強さを求めたことは、当然であろう。しかし鳥王と妃という対立概念による護りかたでは、どうしても満足できなかったとみえる。そこで「一秘宗像部ノ事」に記すように鳥王と妃の相互協力を超越して、

「増益《ぞうやく》ヲ求メ欲スル」

と目に見えない力を想定した。増益という言葉は増益法によって得られる不思議な力のことで、舎利を護るという実践的行為を示す。頼観はこれをなんとか東西の壁に封じこめようとした。仁寛も、頼観に舎利の護持を依頼する条件として、たぶんこの事を強く念を押

したに違いない。

それにしても、増益とはなんとつかみにくい言葉だろう。この言葉はふつう寿命を長く保ち、それによって何らかの福徳があるというように使われる。言い方を変えるならば、むしろそういう約束ごとを前提にした一つの暗示である。もちろんその期待は、個人によって異なる。それは個々の幸福感が異なるという大前提があって、それ以上の可能性を増長することもできるし、また挫折させることもでき、ちょうど賭事をするような面白さを意味する。しかし、このような密教の一語一語が深く考察され吟味されるよりも、どちらかといえば右から左へ、上から下へと言葉を一個の物体として伝授する気風が強かった。一方で、こうした伝授のシステムは、後の立川流の展開を考える場合の重要な要素になるのである。

頼観は天部堂の守護を完備するため、舎利殿の後壁にどういう図像を配置したら効果的であるのか、細かく検討してみた。その結果、今までの規定にはない新しい尊像を考案した。つまり東に鳥王、西に妃を配したのであるから、中央の舎利やその上に生じた龍光は、不二《ふに》なる役目、すなわち両方を結びつける力を自発的に発揮しなければならないと考えた。言い換えるならば、舎利は護られると同時に鳥王と妃を目に見えない糸で結びつける役目も兼ね備えていた。

頼観が後壁の尊像を決めかねるまま三カ月余りが過ぎた。そんなある日、裏山で山火事が起きた。火は山裾の不動堂を焼き尽し、ゴォーという音と共にまたたく間に山の中腹へと広がっていった。頼観は不動堂内の不動像を救出せんと燃えさかる堂内に入り、全身に重い火傷を負いながら、なんとか不動の尊像を運びだした。しかしその後光背はめらめらと音をたてて崩れ落ち、火焔光背は現実の火よりも強く見えた。

焔は扇を広げたるが如し、火生三昧《かしようざんまい》に作す。

（「不動秘抄」）

この時、頼観は煙にむせ、火中で身体が凍りついたように身動きがとれなかったという。そしてこの絶体絶命の窮地の中で、力を回復することができたのは、不動尊の迫真的な形相に遭遇したからだという。こうして頼観が感得したのが「迦楼羅五大天観門」の像である。この像は、火中で死ぬ寸前に五大の観門がすべて開き、一度火天となり、火生三昧の境地に達して千頭風天の像に成ったという。

行者は絶命するとき、千の顔に変化し、千の手をもって全ての物にふれる事ができる。

（「速疾阿尾奢法童女観」の現代語訳）

頼観が九死に一生を得て、この異形像を感得したのは、火の中で行者の立場にもどったからである。「死の入口に着いたのだから、どうしても全ての物を見ておきたい。それにこの世で最も大事な物を一度でいいから触っておきたい」。頼観は火焔が迫った危機一髪の時点でこう願った。この切なる願いが「通常のほとけとは異なった形」を生みだしたのである。ただ火生三昧を通り抜けた後で、という設定に異形と成りうる条件、すなわち外からの働きかけが入る。異形像の価値観を考える場合に、これが重要である。そして「これだけ困難な試練を経てきたのだから、きっと末長く舎利を守ってくれるに違いない」と自分に言いきかせた。

### 千頭風天のこと

頼観の千頭風天は、このように経験的な状況から生みだされた像である。図像もきわめて頭脳的な表現で、千手はともかく頭上に頭を置いているところが奇妙でおもしろい。この像はこの世において可能な限りの世界を見ること、すべての物に触れることを約束ごととして示唆し、造形としているが、この「見る」「触れる」の二要素が鳥王と妃の心をつなぐ手だてになっていることはいうまでもない。かくして千頭風天の像は細部にわたってきわめて象徴的に描かれた。彩色は、

青黒色にして千頭千臂を具し、大龍王を以って瓔珞《ようらく》と成す。諸龍王等は風天の音を観

て怖畏を生じ、皆目に火を生ず。（「密厳経」）

という所説を引用して、身色（胴体や手足の色）の下地を浅黒く塗り、濃紺に仕立てあげた。仕上ったものは二日間そのままの状態で寝かされたが、群青の色がまるで虚空を包括しているように見えた。

この身色は極めて写実的な意味あいをもっていたと思われるが、密教の儀軌には「何々の色」と簡単に規定するだけで、内面的な教養との関係は記されていない。おそらく内部は秘密なのであろう。

しかし、その「何々の色」という具体例が、やがて延慶三年（一三一〇）書写の印玄本「図像抄」にあらわれる。ここでは金翅鳥《こんじちょう》（迦楼羅）[3]の身色は、青緑のぬるりとした感じで描かれている。おそらく天部堂の像容も、この絵のようにぬるりとした異様な雰囲気をもっていたに違いない。

仁寛と頼観は、この奇怪な像をみつめ終るとやがて壁画から離れ、そろって後退りする。後退りながら二人とも堂内の絵と礼拝者の間に何か意味のある言葉があるのに気付いた。「虚空無尽蔵……虚空は深くて広い」。とくに仁寛はこの意味をたしかめるかのように堂の中央に神々しく安置された舎利殿と周囲の守護者・東西壁を対比して見くらべた。言うまでもなく東西壁の絵は、完成されると同時に中央にある舎利と密なる関わりあいが始まっている。それは東の鳥王を見ても、西の妃を見ても、いずれも睨みすえている目の位置が、共に中央の舎利粒の一点に集中していることでも明らかである。

この場合、後壁に描かれた千頭風天の像は、鳥王と妃の両者の身体から発せられる不思議な力を東西間で、つなぐ役目を果している。この不思議な力は時がたつと目に見えない秘密の世界で熟成し、やがて太い界線《かいせん》となる。界線は外の魔をさえぎる結界となり、その線はまるで生きもののように延びて舎利殿の四方八方を覆う。

仁寛は「これでとうとう不二《ふに》になったよ」。つまり御舎利の護持が万全に整ったよ、と頼観に告げた。「その通りでございます」。頼観も相づちを打つように調子を合わせたに違いない。

それほど仁寛も頼観もこの御舎利の護持には精力をそそいできたのである。

壁画も完成したので、間もなく天部堂の扉を封じる事になった。扉を閉じるにあたって仁寛は軍荼利明王の呪文を入念に唱えた。

仁寛が重い扉をしめようとすると、東西壁の間に数本の光が走り闇の中で引きあうのが見えたという。仁寛は一瞬これを「虚空に遍満する如来の閃光」と見ている。閃光を闇の中でとらえられた仁寛にしてみれば、これは特に意味のある経験であったに違いないが、感得の記録は今日、何も残されていない。

ところが、いろいろな口伝《くでん》を調べてみると、これと似たような境地が仁寛より百年ほど後の弘鑁《こうばん》という学僧によってまとめられている。

水火ハ光リナリ。（ソノウチノ）火ハ釈迦ノ舎利ナリ。（マタイウ）二火ハ浄飯王ト摩耶夫人ノ和合ナリ。コレ赤白二渧ノ身骨ナリ。（「深秘舎利法印明」）

これによると神秘的な力を感じさせる状況が整えられている所では、水と火がたたかい合って異様な光を放つ。その場合、火は釈迦の御舎利で、それが虚空に何万と浮遊する水の塊《かたまり》をたった一つ選別しながら交わり、ついに強烈な光を合成するという。おそらく、ここで放たれた光は宇宙に出で、虚空を永遠に遊泳しつづけるのであろう。

いうまでもなく火は男の擬人化であり、水は女の擬人化である。火はある種の固定的な観念があって、燃えつくした後には何も残らないというイメージが想定される。水は虚空と同次元に置かれて、種々な可能性や生命力が秘められている。火は消え失せるが、水は消失の度合が火よりも遅いという。弘鑁の表現を解釈するためには、この二つの対立概念のわずかな違いを念頭に入れておく必要があろう。したがって仁寛が如来の閃光を堂内で見たというのは、赤白二渧の和合の一瞬に接し得たとも解釈できるのである。仁寛はこの天部堂壁画を完成すると間もなく、高弟の一人を呼び寄せ寺の護持をつとめさせたという。そして自らは伊勢へと旅立った。

その旅程において種々な修行が展開され、新しい密教の解釈学も究明された。なかでも「男女愛欲二根冥合赤白二渧和合」を目的とした深秘説の確立には、特に力を注いだ。この深秘説とは、陰陽説と密教を混合して「両界曼荼羅」中の大日如来を男女と定め、そこに介在する理智不二《りちふに》の理論を男女交合の意に応用したものである。そして仁寛自身、この不二の根底にある世界観を赤白二渧冥合という理念にまで高めて、それまで弘法大師教学には無かった新しい悟りの概念を組みたてたのである。

しかしこの男女交合説は公卿や高僧たちに歓迎されたものの時が経つにしたがって、宗旨は意外な方向に展開した。そして社会的にも大変な誤解を招くにいたった。

とくに建長六年(一二五四)に旭蓮が書いた『峰中灌頂本軌』や『修験秘奥鈔』は、註釈書では、立川の法門《おしえ》は、聖なる教えではなく性なる邪教と決めつけられていたようである。ところが旭蓮の本当のねらいは、行者僧の体験的な世界観の確立にあったと思われる。しかしそれだけではなかった。旭蓮は行者僧が人として半俗半僧であるという二重の性格を有している点に注目し、本来、人間が愛欲とともに持ちあわせている業のごとき苦悩も同時に、追求したかったに相違ない。

この愛欲と戒律との葛藤は、醍醐寺に在山していた仁寛のことであるから、真言行人の立場から、また即身成仏の究明とともに重要な問題提起として受けとめていたに相違ない。その内容は「愛欲そのものを仏の慈悲の世界にまで高めなければならない」といったたぐいのものである。

ところで仁寛は、天部堂における舎利の護持でも明らかなように、舎利は仏の身骨であるから、これを完全に後世に伝承することによって自分の教えを宣布しようと試みた。けれども舎利をそのままの形で伝承するのは説得力に乏しい。恐らく仁寛のことだから、何か有効な方法を思い付いたに違いない。弘鑁もいっているように、舎利が生じたのは浄飯王と摩耶夫人の和合によってである。

仁寛はこの和合に着目した。和合は仏法でいう相承そのものである。しかも和合によって生じる舎利の中に「生み出されたもの」の美しさ、森羅万象が生ずる根元的な世界観を見た。正法印心《しょうぼういんじん》ダラニという教えによれば、ここには生命が存在しなければならない意の世界があるという。この意とは、意の如く諸願をかなえてくれる如意宝珠のたとえで、造型的にも舎利と同一である。

如意宝珠は万宝を雨《ふ》らすやというに、密教にては、この宝珠は金剛界と胎蔵界の不二和合能生の形となす。（『大疏』）

仁寛は天部堂を去って、二カ月後に室生山に入った。ここでは宝珠を舎利容器と見たてて、中に白粒と赤粒の舎利を入れた。仁寛による赤白の具象である。

しかも、その舎利の一部は、世に有名な鳥羽僧正範俊《はんしゅん》（一〇三八―一一一二）の所伝だという。

仁寛が何故、室生におもむいたのかは、従来、謎とされているが、恐らく立川流を正純な流れにのせておくための下工作であったと思われる。

そのためにはどうしても範俊伝来の舎利相承が必要であったとみなければならない。

「私の師匠である範俊の言によれば、尊い真言伝来の仏舎利は室生山に埋めたらしいよ」と、仁寛は何かのついでに勝覚より聞かされていたと思われる。

範俊は曼荼羅寺成尊に師事したが、同門に義範があり、門下の双璧として競った。そのため延久六年（一〇七四）に成尊が亡くなる時にも、後継者として両者の優劣を判じかねたという。

しかし臨終時に枕もとに居あわせた範俊をみて、時の白河天皇の使者は範俊を正嫡とみた。

翌承保二年（一〇七五）範俊は神皇苑で請雨法を執りおこなったが、義範が醍醐山で大仏頂法を修して妨害したため霊験がなかなかあらわれなかった。範俊は恥じて南下、那智山に隠れ一千日間というもの愛染王供の修法にあけくれたという。

その翌年、天皇が急病で倒れた。範俊は、宮中に召され、愛染法により修法を行ったところ、病は癒えたという。以来、範俊は常に鳥羽に在って白河法皇を護持していた事は有名である。範俊伝来の舎利といえば、霊験のかたまりのような大物の舎利である。それが「室生山ニアリ」と聞いただけで、仁寛が飛んでいったのも無理はなかった。

### 立川流と両部神道

立川流の教義は直接・間接に真言密教の一部と天台密教の一部に影響をあたえながら展開していった。むろん鎌倉時代には『沙石集』巻第一によると弘長年間（一二六一―六四）に伊勢参宮で社官に聞いた話として両部思想の存在が確認されている。この『沙石集』は無住道暁（一二二六―一三一二）が弘安六年（一二八三）に編纂したいわゆる一般向けの仏教の啓蒙をねらった仏教説話集である。立川流の行儀にかかわる伝聞も豊富な例話の中に含まれている。とくに巻第八には「不法にして真言の罰を蒙《こうむ》る事」という一節をもうけて、立川流の邪教的行為を伝えている。

男女の肉身を密教教義の両部の大日如来に擬したり、それを根拠に理智冥合と称するなどの不浄きわまりない実態をきびしく批判している。無住は博識の僧侶ではあるが、当時の立川流のようすそれ自体を、身体機能と密教教義という脈絡の中で入念にとらえているわけではない。男女二根の冥合をことさらにせまく性愛道と密教の結合としてのみとらえ、ことさらにそれらの行儀を嘲笑しているかのごときふしがある。つまり語り口の巧みさで、立川流に関する伝聞を、ことさら面白おかしくゆがめている部分がないわけではない。また、無住は円爾弁円の弟子でもあるので禅密兼修であったとはいえ、根本的な立川流理論の解釈にまではいたっていない。とはいえ正純な密教からみると、立川流の事相はまったく逸脱している。そして男女二根の冥合は、しだいに秘儀化して江戸時代にはついに地下に潜ってしまう。そこでは立川流は、ゆがめられた赤白二渧のみが、非難と嘲笑と誤解のかたまりのような存在として知られることになる。

ただ地下に潜行したといっても、明確な立川流の宗教集団が確認できるわけではない。立川流そのものの教義体系の一部は、むしろ神仏習合思想における密教の影響と同じ脈絡で位置づけることができる。本地垂迹が山王一実神道（天台宗）と両部神道（真言宗）に固定化されてゆく過程の中で並行して、両部曼荼羅の胎蔵界・金剛界を伊勢神道では内宮・外宮に当てて解釈する。このような考え方は、吉田（卜部《うらべ》）兼倶《かねとも》（一四三五—一五一一）の両部神道書『唯一神道名法要集』に述べる「胎金両界を以ては、内外二宮に習《かさ》ね（曼荼羅の）諸尊を以ては、諸神に合わす、ゆえに両部習合の神道という」という考えかたに源があるように思われる。真言密教の両界曼荼羅は堂内で東（胎）・西（金）に配置される。ところがこの対立概念の位置は空海の六大体大説にもとづき、宇宙空間にひろがるとする位置づけで今日も生きつづけている。この構造・配置を両部神道の内宮・外宮に当てはめると本地垂迹説からも理にかなっている面が少なくない。その内宮・外宮を両部曼荼羅に当てて神観念と国土観を形成している例は鎌倉時代にみられる。『野守鏡』下巻には藤原有房の播磨国書写山での記述がみえる。「遍照如来秘密の神力をもて、王法を守り国土をお《(を)》さむが為めに、伊勢にてあとをたれたまへり。内宮はこれ胎蔵界、外宮は是金剛界両部の大日也。五瓶の水をたゝふるゆへに五鈴河と云ふ。五智五鈴ある事を表はす。河の中に鏡あり。五智のなかの大円鏡のかがみなり」。有房は、書写山に参詣して伊勢神宮を想い起している。内宮を胎蔵界に当てているところをみると、女性的原理を国土観の中心に位置づけていることが明白である。その外宮は金剛界に当てられているから、男性的原理として外からふわっと白雲・霧がにわかに生じて包み込むさまが、自然に想い起される。

正純な密教の宇宙観を、実践修行面から改めて見なおすと、「内と外」というイメージ化は案外少ないのかもしれない。この伊勢神道の内宮・外宮は「内」という基軸に対して「外」という基軸が包み込む構図を有しているように思われる。密教は瞑想法の中で、たて・よこに配置された宇宙観を而二不二《ににふに》と称して、二つを一つに融合させようとするが、その方法は難行苦行の実践につきるといってよい。またその配置はというと、眼の前に並列にならべられた概念が、我々の見ている前で横軸の線上で左右より接近しながら融合することを確信することにほかならない。

私がここで宇宙観というのは、両部神道上における伊勢大神宮の内外両宮の二体、さらにこれを囲繞する別宮の存在も含めて対象としている。このような両宮・別宮の配置は神社の構造としては珍しい例である。

また内外の両宮はそれぞれ両部曼荼羅に当てている。『宝基本紀』に「古人秘して云わく、伊勢両宮すなわち胎金の両部は大祖なり」というのはその好例である。また弘安二年（一二七九）夏の見聞を記した無住の『沙石集』に「内宮ハ胎蔵ノ大日四重曼荼羅ヲカタドリテ、玉カキノ水カキアラカキナンド重々ナリ。カツオ木モ九ツアリ。胎蔵ノ九重ニカタドル。外宮ハ金剛界ノ大日、或ハ阿弥陀トモ習ヒ侍ル也。然レドモ金剛界ノ五智ニ形ドルニヤ。月輪モ五ツアリ。胎金両部陰陽ニ官(形)ドル時、陰ハ女、陽ハ男ナル故ニ台ニハ八葉ニカタドリテ、八人ノ女トテ八人アリ。金ハ五智ノ男ニ官(形)ドリテ五人ノ神楽人トイヘルハ此故也」と。この胎蔵界の八葉とは、中心の中台八葉院の蓮弁八葉のことである。その蓮弁には四菩薩四如来を配当しているが、これは両部神道では八人の女性を配当する。立川流での胎蔵界は女性の世界なのである。立川流の本尊観では、三鈷杵の左右六鈷を六根として阿弥陀・釈迦・普賢・文殊・観音・弥勒の二如来四菩薩を当てるが、その大半（とくに四菩薩）は胎蔵界の中台八葉院から抽出されている。無住は「八人の女」と見立てているので、この四菩薩を女性像と見ていたのかもしれない。それほどマンダラの諸尊は無住の目にはなまめかしく、官能的に映っていたのであろう。それにくらべて金剛界は男性の世界なのである。無住は「五智」を「五人の楽人」というイメージでとらえている。当時はそのような解釈が世間で流布していたのかもしれない。五智は人間という小宇宙を支配し、天空を超越する大宇宙をも支配する。

**註**

(1) 頼観が法成寺でどのようなルートを通じて、原画を入手したのか、その経路を明示する史料は、今のところ不明である。しかし、恵什によれば、「法成寺宝蔵にこれあり。左右の手に龍の像を取り、須弥山の頂上にあって足下にも、龍を踏む。〔像の背後にある〕月輪に梵字をかく。〔これは〕奝然《ちょうねん》が唐土よりもたらしたものなり」（大日仏）という。あるいは、奝然の請来品が法成寺内に現存していたことも考えられるが、円通寺本の註記には、それは「證本」（朱字）であったという。玄證のことか。

(2) 鳥王がとなえたと考えられる真言「オーム・アミトリドハンバ」は、「八字文殊儀軌」の所説（大正蔵第二十巻七八八c）による。

(3) 金翅鳥王の図像は「図像抄」にも「四家鈔図像」巻下にも収録されているが、単独の白描は醍醐寺に一幅ものが所蔵されている。これは昭和四年六月十九日～二十八日まで、「醍醐寺名宝展」（東京三越）に出品された。

## 六　立川流的視点のおこり＝清瀧明神

### 仁寛の回想を復元

ところで仁寛が京の都から伊豆に流される道中、この阿闍梨は一体何を考え、何を思い出していたのだろうか。仁寛が流刑になった動機をあれこれと考えながら、流刑になったあとの永久元年十月二十二日前後の仁寛の胸中を少しばかり、見なおしておく必要があると思われる。仁寛は当時、兄の勝覚より聞いていた守護神清瀧明神の託宣に限りない思いを感じていたといわれる。

先清瀧ハ二所御坐ス。南ハ尼形、北ハ女形也。准胝ハ剃《タイト》三昧トイフ三昧ニ入テ出家ノ者ヲアハレミ給、然間其カタチモ尼形ニ御坐ス。如意輪ハ女形ニ御坐ス。然ニ大キナル難アリ。本躰ステニ二菩薩ノ所化ト見ユ。然ニ垂迹イカンカ。只シヤカラ龍王ノ女トイフニツイテ一躰ト見ユ。大ナル不審ナリ。コレヲハ則尼ハ母、女ハ後ノシヤカラ龍王御女トナラフ也。只故覚洞院ハ准胝ヲ女形ニテ御坐スヘキ。其故ハ仏母ナルカ故ニ。然ハ如意輪ハ尼形歟。イカサマニモ一躰ハ尼、一体ハ女形也。（「報物集」）

世に清瀧明神とよばれるものは二所二神あるが一対である。一つは僧形で尼、もう一つは女形である。それは始め、醍醐の西ノ谷に鎮座したが、勝覚のとき、山上と山下に分祭された。清瀧は如意輪の化身《けしん》、母公は准胝の権化《ごんげ》であると名乗っている。御神体の内容について、清瀧はもと南天竺（南インド）における密教の守護神であったが、同時に沙羯羅龍王第三の皇女でもあった。これが中国に入ると青龍寺の鎮守となった。これは、その寺号を借用してそっくり神号と決めたからである。

弘法大師が在唐のとき、とある明神が青龍形を現じて三昧耶戒《さんまやかい》を受けたい旨、願い出た。しかし大師は、この受戒を許可しなかった。しばらくたってから大師が帰朝するころになると、明神は大変に残念がって今度はとうとう船中にあらわれて、「我れは師とともにゆき、末ながく師がとなえられた密教《おしえ》を護りたい」旨、しつように大師に誓願した。そこで大師はやっと青龍の意をくみとり、授戒し、一緒に帰朝したという。

始め筑紫に安置されたが後に高雄山麓に移座した。そしてさらに醍醐に移しかえられたのは勝覚の時である。今、青龍の二字を青瀧と書くのは「遠く万里の波濤を凌ぎ来朝し玉ふに起因す。之に由て今なほ高雄河の流れを清瀧と字す」（醍醐乳味鈔第一）と伝えるように元は長安の都、青龍寺の鎮守の延長であり、弘法請来説の名残りを示している。また青龍のもつ強い力の温存は、大師を通じてその師匠である恵果《けいか》の仏法を擁護するという意味も含まれている。

その神格の具象は、水と龍すなわち蛇である。この神格が蛇を呼び寄せたという解釈があるが、青龍即龍の王というパターンは、この山の開山理源大師《りげんだいし》への託宣の中に「己《おのれ》は沙羯羅龍王の第三女である」と名乗っていることでも明らかである。さらに龍の王が蛇であり水に居住するというのは、日本に渡来する以前の発想である事はいうまでもないが、現在の鎮守地を調べるとその地域には清浄な瀧があったことからも察せられる。つまり勝覚は水源のある地点に龍を呼ぶ、あるいは蛇の棲息を許すというパターンを擁護することによって、清瀧権現の本来の機能を流布せしめることができると考えた。その本願《ねらい》は「醍醐寺新要録」(山上清瀧宮)にもいうように、「百王万民を守り、炎旱に雨をふらせ、洪水にはこれをとどめ、無智福のものにはこれをあたえ、一天四海、一山一寺を護ること」である。醍醐寺では、この時以来、春秋二季すなわち三月三日と九月九日に、上醍醐の御影堂と五大堂の間、熊欏の木の前に祭壇をもうけ読経が行われたという。

ところで、その昔、仁寛が中院の堂内で壇上で修法を行じていると、となりの室で人に呼びかける声が聞こえた。となりの室には仁寛の兄勝覚がいたが、その声は実は勝覚を通じて父俊房に語りかけられたものであることが後でわかった。そのようすを伝えた託宣が残っている。それは、自分は清瀧明神である。当寺の開山理源大師との約束に依って、当寺の仏法を護る者である。先代の座主義範僧都《ぎはんそうず》はその臨終に際し、魔縁の者に接したために、勝覚がこの寺の仏法を継ぐべき者でありながら、これに法を伝えまいとしたので、自分は義範の病床にそって、強いて伝授せしめた。然るに魔縁の者が自分と相あらそうので、しばらくここに留《とど》まっていたのであるが、一面には、このことを示すために貴方の来るのを待っていたという気持がある。今はもう去っても良い。座主の病気はただちに治るであろうから。

（慶延記「山上清瀧宮遷座私記」）

というものである。

延喜三年（九〇三）三月七日、醍醐寺の開山として名高い理源大師に神のおつげ・託宣《たくせん》があったので、醍醐一門は鎮守神としてまつることになった。これが清瀧明神の発祥である。

## 兄勝覚と清瀧明神

仁寛の兄勝覚は、寛治二年（一〇八八）閏十月五日に遍知院の義範僧都の死に出あった。死後しばらくは慣例によって上醍醐の真言房にこもったが、中陰が満ちて十一月十日に下山、下醍醐の住房にもどった。その時以来勝覚は、身体の具合が悪くなり床に臥した。そこで勝覚は父俊房になんとかしてもらおうと考えた。これまでのことから、父に会えば、たとえ原因不明の病でも癒るのではないかと思ったのである。さっそく使いを出して、この願いを俊房に知らせたが、俊房の方でも物忌そのほか故障ができ、そう簡単に醍醐に近づくことはできなかった。そのうち、清瀧明神が勝覚にのりうつり、いろいろと不思議な出来事が起った。たとえば、宮廷内での、側近やその他多くの人々の思わくや秘密の行為、また遠方での行事を勝覚がいちいち的確に言いあてるのである。あるとき信恵《しんえ》と名乗る学僧が、いくら仏道を志《こころざ》しても、発心修行すれば、かえってそれが執着となって、成仏できない、ともらして評判になった。これを聞いた明神はただちに勝覚の口を通じてアドバイスをし、「発心求道者の思いのみでも、必ず成仏する筈である。汝の考えは邪見に陥っているのだ」と述べた。これらの事から山内の住僧たちの憂慮恐怖は一様ではなかったため、俊房に出向いてほしい旨、再三催促した。

俊房は十一月十八日になって、ようやく勝覚を見舞に来た。俊房は僧侶が読経中の座のわきをとおりぬけ奥の勝覚の病床に近づいた。すると勝覚の前に床の帷《たれまく》をあげて突然明神があらわれた。「自分は清瀧明神である」と本章冒頭のごとき託宣をおこなったというのである。俊房はびっくりして、恐る恐る次のように言った。「私は、この山に明神さまが居られますことは聞いておりましたが、まだ縁起を拝見したことがございませんので、実はそのような仔細は存じませんでした」。これに対して、明神はさらにつけ加えた。「醍醐天皇が、この寺を建立されたのは、御子孫の中でも、とくに源氏を護らんと遊ばされたのである。皇室については神宮と八幡大菩薩とが坐《ま》しまして、よくお護りになっている。したがって源氏の長者である貴方はもっと醍醐寺に帰依《きえ》しないといけない」。

俊房は醍醐寺に無関心なことを明神より指摘されて、狼狽した。「私も氏の長者として、寺よりは、父師房《もろふさ》の代に特に強く念をおされ沙汰いたした次第です。この寺につきましては、何らかの申請がありますと、そのつど大概のことは奏上しているのですが、御裁可のないことがありますのは、私の力がおよばないからでしょう。決して寺を大切にしないという気持はありません」。これを聞いた明神はやや口調がやさしくなって、「そのことならば既にみとめている。これより四、五年したならば貴方にも力ができ、そのことが出来るようになろう。毎年の奉幣とか、寺で行う小仏事などは、奢る必要はない。出来るだけのことをしたらよい」。これに対して静かに俊房がうなずくと、明神はにわかにたちこめた霧の中に立ち去っていった。

ずっとそばに居た勝覚は、やりとりの間中、身体をふるわせ顔を紅潮させ、無我夢中で時間がたつのを忘れた。託宣が終って間もなく勝覚は寝についたが、俊房は法務をすませるため膳についた。そして給仕の侍者定誉《じょうよ》から、次のような明神の造形的な由来をきいた。「清瀧明神は観音の垂迹でございます。その本宮は笠取《かさとり》の方を向いている大石でございます。明神がこのような大石にあらわれましたのは、不動の義をあらわすものです。また観音の垂迹で明らかなように女形で出現されました事は、和合の義を示すものでございます。明神の御尊容には俗躰と女躰との二相があると聞いています」。さらに定誉は「今日十八日は、観音講の日にあたっていますので、その日に観音の垂迹たる明神が近づくとは誠に縁が深いことでございます」といい、俊房とともに感嘆の意をもらした。

俊房にとって清瀧明神出現の経過は、このようにドラマチックな要素を多分に含んでいるのであるが、歴史学者として著名な故赤松俊秀氏はこの点に注目して、次のようなことを述べておられる。それは、この託宣で注意されるのは、当時の政治情勢と密接に関係していて、醍醐寺の座主の更迭、明神の設営という最も手近な問題に始まり、当時の朝廷内の情勢、すなわち藤原氏が衰えて源氏がこれに代らんとする趨勢と、源氏が、着々その歩を固めつつある状況がうかがえる、としている。しかも、その成行を予言し、それに依って神威の増大を計ったのではないかと思われる節がないではない、ともつけ加えている。この卑近性ともいうべき、政略的色彩の強いことは託宣の大きな特色であり殊に人を畏怖せしめるような表現を伴うことは、欠くべからざる要素であるという。たしかにこの二つの特色ある事実によって、託宣は醍醐寺ではながく信仰され今日に至っている。しかも俊房は明神の影現に初めて話しかける場面で、明神に対して、自分は、明神が醍醐山に移されたことは知ってはいたが、縁起を未だ見たことがないので、明神の本誓《ほんぜい》（本来の願い）

を知らなかった、と告白しているのである。

さらに清瀧明神の形像の発想にちなんで、定誉が受けとめていたイメージとして、理論のうえでは垂迹であって、女形、しかも像そのものに和合の義があると見ている点である。あとで明神の尊容に僧形（俗体）と女体のペアがあるという伝承をもらしているのは、究極の表現において、それが和合の義の具象的表現ではなかったかと解釈することができる。また、俊房が明神に対して、「縁起を未だ見ていない、だからあなた（明神）の本心すなわち本当の願いごとが何であるか知ることができないのです」と、強調している点も面白い。

その背後を考えると、俊房自身、心の中で明神に代って創作しなければならないというストーリー作りの熱意は言うまでもなく、物語の案さえ既に用意されていたのではないか、と暗示させるような雰囲気が両者の対話の中にただよっている。その理由の一つは、当時すでに俊房が源氏の長老の一人であり、藤原氏に代る勢力の誇示という意図が、この縁起作成の中に織り込まれたとも考えられる。いずれにせよ、「縁起を見ていない」という既成の事実と神の本誓が世界観として同次元に置かれていること、ここに赤松俊秀氏が指摘されるような中世における縁起作成の動機が潜んでおり、それにともなう神威の発揚があったと考えられる。

後に俊房はこうした経過を舞台劇にアレンジするかのように自らの日記「水左記」（「土

清瀧権現（明神）像。弘長二年（1262）七月六日、盛深が感見。

御門右大臣殿日記」）に「清瀧大明神者、在本宮巌数十丈之上而、明々放光云々」と述べている。すなわち大明神は本宮に降りられ、数十丈の岩の上に在り、明々と光を放っておられた、と。

仁寛が勝覚より聞いたのは、この神格が何処にどのような姿で降りたかということであった。勝覚によれば「清瀧明神を祀るべき場所を探していたところ、夢に明神が出現して、自分はここに居たいといわれた。その姿はあたかも吉祥天女のごとくで、如意宝珠を左手に捧げておられた」と。仁寛は兄のこの夢想にびっくりしたともいう。というのは、いかにも仁寛にとって身近な天女を想像させたからである。仁寛がそれまで伝え聞いていた清瀧明神とは、火焰につつまれた家の中に双頭の蛇形で現れ二つの頭上に三宝珠をかかげるという、一見して奇怪なものであった。

仁寛のみた構図は、後の意教《いきょう》流の慈猛《じみょう》が伝えた印信《いんじん》の一つ「青龍本神図」に、そのオリジナルな作図が認められる。すなわち「中央の蓮花の台に、五鈷を立て、二つの龍神が両側に向い立ち、その蓮花の台に宝珠をのせる。宝珠に火焰あり」と。仁寛は兄との対話の中で、宝珠は火焰で覆われた尊い玉でなければならないと強調し、一瞬、天女が左手に持っている宝珠のありかを否定しようとした。そこで兄は続けて、「いずれにしても、そのように尊い託宣を聞いたので、その声を実現すべく託宣にもとづいた場所に、清瀧堂を建てなければならない」。兄は神格の構想を外側の建物からかためようとしていたのだ。仁寛は勝覚のこうした夢想と天女形の構想に注目し、その価値観を考えなおしてもみたが、やはり心の中では一時的な泡沫にも似たロマンとしか見ていなかった。つまり本心から勝覚の考えには同調していなかったのである。

## 宝珠のかたち

しかし仁寛の心をとらえたものは、空間ににわかに湧現したかのように見える吉祥天女が、左手に持っていたという如意宝珠の表示である。仁寛は内心もっとこの宝珠のことを聞きたかったに違いない。

宇宙活動の徳とは、これ如意宝珠における和合能生の徳をいう。この趣によって修するを如意宝珠法と称す。（「大疏」第四巻）

もちろん仁寛がこれまで得た知識の中で、真理の会得という場合、古くからいわれているように宇宙活動をとおした和合能生という概念があることは、十分承知していた。この宝珠が勝覚によって価値を見直され、理論的にも本来の機能を回復すべき時期にきていた事はうすうす感じていた。

真言では水や火や風など宇宙に遍満する事象については、目や耳や口で見たり、聞いた

清瀧明神（写真がとれないので筆者が模写）。

り、味わったりしているが、それを一まとめにしたような感覚の凝固の姿、すなわち万能鏡ともいうべきエッセンスの集約は、古来よりこの如意宝珠が担うものとされるからである。

実のところ仁寛は、この宝珠のオリジナルなものに目を向けていた。上から下へ、外から内へ、それは極めて純粋な感覚に満ちあふれていた。この経過をふまえて、仁寛はこの宝珠が生きた教えとなり、ただ両手を合わせ礼拝するだけで、万民の信仰が得られるものだと考えた。そしてもう一方では宝珠そのものに、仏舎利と同一の概念を与え、もともと宝珠は光をともない生きているのだ、と自分に言い聞かせようとした。むろんその際には如意宝珠の秘印を結ぶことを覚えたに違いない。

そのかたちは、両手の五指をのばして合掌し、二小指をたがいに折りまげ掌の中に入れ

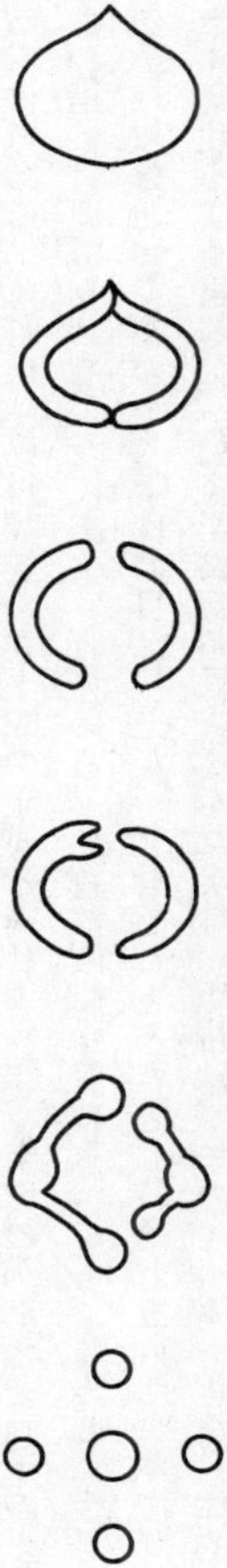

宝珠　秘印　左の阿形、右の吽形　二龍（清瀧明神）　五大

る。また両方の人さし指の先を合わせながら宝珠形につくり、親指などはすべて並べ立てるものである。これは「秘鈔問答」巻十四の記述と同じように、宝珠のかたちを両手の人さし指で真似てみせるように工夫されている。仁寛は醍醐中院に入っても、こうした宝珠のかたちを通して頭の中で宝珠の目に見えない光を感じとろうとし、それを両手の中でイメージ化しようとした。仁寛が修行時代に学んだ宝珠の印相は、このイメージ化を具体的に示したものであった。したがって、秘印とはその人さし指を曲げた宝珠形をいうから、宝珠と秘印は同形としてつながり、やがては清龍本神図にみるような二つの龍神の形、二龍と類似のつながりを示したものに相違ない。

仁寛はこの形態をたどりながら、二龍が動くさまを見て、そこに細胞のような分裂を見つつ、いつしか虚空の中に自分自身が入り込み、五大、すなわち地と水と火と風と空をあらわす五つの円を見出すことを知った。それは仁寛が流刑になる六年ほど前、女人高野室生の龍穴を訪ねたときである。しかし、これには途中、南都に入って、次のような逸話を見聞したことにも影響がある。

あるとき船中に龍王が突然、嵐と雨雲に乗じて現れ、随身供養のために用意しておいた三千粒におよぶ如来の舎利を奪い去ってしまった。一説によれば、それは海底深く沈んでしまったという。舎利はそこで何らかの目に見えぬ強い力を得て海底で生息し、風や波の過ぎ去るのを待って再び浮上した。海面に現れたときは、すっかり姿が変り真白な裸の舎利ではなく、五彩に煌々《こうこう》と輝き瑠璃壺の中に入っていたという。

（「建久御巡礼記」）

ともあれ仁寛は二龍の原形と五大・五彩のかかわりあいを求めて室生および朝熊山に旅立った。時に嘉承三年（一一〇八）四月五日のことである。この日は後に理性院流祖となった賢覚が勝覚について大智院で伝法灌頂を受けていた。賢覚は二ヵ月前より高野山に登り祖廟での祈りに力を入れていた時、弘法大師御影を感得して印相や真言を授かったばかりだという。そして喜びいさんで醍醐にかえり、大智院道場で修行にはげみその日にのぞんだのである。むろん仁寛は未だ灌頂を受けるだけの身分には達していなかった。

一人旅立つ仁寛の心は、いずれ我が身も賢覚と同じように正式に勝覚のもとで伝法を授からねばならぬ、と定まっていたのであろう。そう思いながら都を出て、岩田の小野をとぼとぼと過ぎてゆく。歩きながらこうして、これから南都への長旅によって奥深い自然の中に入ってゆく自分を考えると、実に淋しい思いがする。

南都への往来は途中までは熊野へ通じるルートなので、これまで仁寛は熊野詣における宇多上皇や花山上皇のことは、夙《つと》に聞いていた。とくに都から出る熊野御幸は毎年のように行われており、白河院から後鳥羽院までの上皇の御幸は、九十七回におよんでいる。この時期は仏説の観音三十三体観にもとづいて、熊野への三十三度詣が理想化され、参詣の回数を増すことによって、より多くの霊験を得ようとしたことは、御幸に多くの在家の貴族が付き従ったことでも明らかである。

「兵範記」の伝えるように仁平二年(一一五二)に行われた鳥羽上皇の御幸には美福門院、姫宮、殿上人のほか、多くの楽人、舞人の行列が続いたというが、仁寛の一人旅はまるで隠遁者《いんとん》のようなおもむきであった。しかし、求法の道行きとは元来そういうものである。孤独な仁寛にとって、都を出るとすぐ行脚を通じて体力的な自分との闘いが始まっていたのである。

天神の森を過ぎ薪《たきぎ》(山城国綴喜郡)などという所を見ながら、泉川のあたりを通る。川は広々と流れ、川波の白く立つとき、仁寛は遠くに風の音を聞く。二日後に奈良坂を越えて、般若寺の文殊堂に立寄ると、そこで般若寺僧正観賢(奈良の般若寺とは異なる)の末弟と名のる寛祐僧正と出合った。僧正は仁寛の求法を一目で見ぬき、侍僧四名ほどをさしむけて、春日の社にていねいな案内を出した。ここでは恐らく求法の守護を念じたと思われる。程なく日が暮れて、侍僧とともに寛祐のもとで三日をすごした。

寛祐僧正は京都三条御所で海仁僧都とともに、請雨経や護摩行の導師をつとめた経験があったが、今はとくに熊野の奥で護摩行八千枚の修行に明けくれているという。兄弟子の祐乗老師から授けられたという智拳印を結んだ観賢の御影を大事そうに住房に掛けていた。

仁寛は二日目の朝、実にすがすがしい気持で起き上がると、奥の古びた禅房のような建物に導かれた。庭の中を歩み周囲を見わたすと、昇ったばかりの朝日が高い林のこずえを照らしている。仁寛は求法の途中でもあり、こうした機会に修行者の御本尊を拝観できればと、かねて機会をうかがっていたのである。しかも求道を志した自分にとって、これは出発時の精進潔斎を為すのにもきわめて好都合であった。禅房はかなり近いと思ったが、かなり距離をへだてた山の中腹に位置していた。滝のある泉水のそばを通り、生い茂る花や木の中を横切らなければならなかった。庭園そのものに、何か目に見えぬ境地が工夫されている。朝日をうけた小高い山々の光は、明るさを好む鳥の性質をよろこばせ、澄み切った淵のたたえる光は、ながめる人の心から、すべての俗念を払って、空の境地へと引き入れる。

仁寛は、この庭を通ることによって寛祐僧正が、仁寛に向って言っている、先師たる「観賢の結ぶ智拳印という印相に注目しなさい」という意味の深さを始めて知った。仁寛は、僧正が真言の行者でありながら、問いかけに既に答が用意されているようなその発想を、少しばかり奇異に感じた。しかし、明るい朝だというのに、ここではすべてが一様にひっそりと、静まりかえっている。ただ、目指す白亜の禅房で打ち鳴らす磬《けい》の音だけが仁寛の耳にはっきりと聞きとれた。

林は開く、山は出《いだ》す、海尽《つ》きて辺陰《へんいん》静かに。

更に聞く、清《せい》は風に入りて微《かすか》なり。


「そうだ、私をとりまいている森林のすべては開いているのだ」。仁寛はハッタとひざを打った。そして庭の木立の中に光が交叉し、物陰から舞いあがるのを見た。こうして山の表面に光があたることによって、今まで見えなかった何物かが姿をあらわす。しかも、磬の清らかな音色《ねいろ》が、にわかに湧き起る風にのって遠くかすかに伝わって行く。

とすると観賢の末裔を自負する寛祐のねらいはどこにあるのか。おそらく寛祐は師（観賢）の御影《すがた》を仰ぐことによって、師僧から弟子へ教えを伝える師資《しし》相承《そうじょう》の真髄を、「まるで風が音を伝えるがごとし」と理解したに違いない。寛祐は正しくその境地を、仁寛に向って無言のうちに知らしめようとしているのだ。この場合庭園は便宜上、仁寛にとって仮の舞台にすぎなかった。

仁寛はかすかに響く磬の音色に、まったく魅了された。と同時に真言《しんごん》とは何か、という難しい問いかけに答えるだけの厳しい修練の必要性を、この時ひしひしと感じた。それは頭の中で計算されていながら、一つの強健な肉体に裏づけられた発想を予測させる。

仁寛が禅房の中へ入ると、小さな内陣の中で修法壇を前にした寛祐僧正が正坐していた。低く太い声で理趣経が読まれている。長い時間である。夜明けより今まで、仁寛は僧正の読経が実に長時間に感じられた。そして念じている本尊に目をとめた。無造作につくられた須弥壇の上には黒漆で出来た観音開きの御厨子が安置されている。寛祐は、仁寛が早朝に訪れたのに気づき、長々と発していた読経をここで終えた。座を立って三礼《さんらい》を済ませると、仁寛を近くに招いた。東にある房の小窓からは急に陽の光が煌々とさし込んできた。

海雲に入って煙霧に随《したが》わんとす。深山大沢《しんざんだいたく》、龍蛇遠ざかり、春寒野陰《やいん》、風景暮《く》る。蓬莱《ほうらい》の織女《しょくじょ》は龍車をめぐらし、虚無を指点《してん》として帰路《みちび》を引かん。

寛祐は厨子を開扉しながら、こう言った。「貴師は、海や空に求法しようとしているが、それは霞や霧の立ちこめる彼方に遊泳するようなものである。(聞くところによると)求めておられる如意宝珠のありかや蛇・龍の存在は、捜そうとすればするほど、遠くに姿を晦《くら》ましてしまうものです。これから先、深い山、大きな沢を越えようとなさるのに——」。それは、たしかに春とはいえ未だ余寒のなお残る季節、野原は陰って、風物は暮色につつまれる。しかし蓬莱山の織女が龍に引かせた車を仁寛の方へとめぐらし、仙角の方へと指さし、帰り道を案内してくれるに違いない。

厨子の扉が開かれて仁寛は合掌しながら、中を拝観した。小さな水精龍王に乗った四臂立像の明星天子像《みょうじょうてんし》が、総身切金にかがやいて燦然と仁寛の眼前に迫った。これで寛祐がなぜ、夜明け前より長時間かけてここに籠らなければならないのか、仁寛にはようやく謎が解けた。寛祐は明けがたを待って毎日のように、「東方に生ずる明星」を礼拝していたのである。すなわち、この明けの明星を宮殿として、その中に住まわせるべき仏を、この天子とする。この天子は姿かたちこそ違うが、その昔、釈迦が成道した翌朝のすがすがしい境地を影像化したものだという。虚空蔵菩薩の化身として古来より尊崇されていたことは、仁寛も十分承知していた。そして、弘法大師が室戸岬で求聞持《ぐもんじ》を修行されたとき、「明星来影せり」と言って、さとりを得たという。その際に明けの明星を具象化した画像が、この天子像なのである。一説には妙見菩薩の別の姿だとも言うが、仁寛が寛祐より教えられたのは、自分がこの修行を為している時は、千の眼を持っているように会得して、自分は千眼王だと自称しなさいという。寛祐に言わせれば千眼帝釈天になりきった気持で、仁寛が修行に励まねばならないと強く諭したいところであろう。寛祐は自分の経験から、「一千日のあいだ昼夜をとわず、天子にたいする印を結び、百万回の真言を唱えることによって、必ずや東の空に明星天子が現れる筈である。天子は雲間より、龍宮法蔵《りゅうぐうほうぞう》に乗って、しだいに降りて来ますよ」と言いたかった。しかし、こうした夢想を描くだけの実感が未だなかなか湧いてこない。それというのも、ここ四年近く続けている寛祐の修行の成果は、あまり芳しいものではなかったのである。しかも、都合の悪いことには、この修行の極意として、「現れた明星天子の像が、行者の口中《こうちゅう》に入る」と儀軌《ぎき》に規定されているのである。

むろんこの説明も仁寛は聞かされたが、口の中に尊い天子の姿を含む境地のことなぞ、寛祐にとっては至難の業であった。というより修行上も未熟で、未だ極意の意味を理解すべき入口に到達していなかったとみるべきであろう。けれども、仁寛が厨子の中におさまっている天子を入念に見ながら、これは大変深い意味を持っていると思った事は容易に想像がつく。何故なら仁寛にとって口中に尊像を入れるということは、阿吽の呼吸にもとづく吸う息を意味したからである。この場合、阿は自分自身であり、吽は入る息を表す。言い換えるならば自分自身は女、息は男であるとみる。

この双方の呼吸が何万分の一秒という一刹那において、目に見えぬ世界で遭遇し、何らかの因縁と力においてピタリと組み合わされる。仁寛から見ると、この瞬間的な合一に深い意味が感ぜられるのである。そして、もっと不思議なことは、左第二手で大事そうに持っている如意宝珠が厨子の奥深いところで、異様な輝きを呈示している点である。天子の袍前で青白い光を放っているさまは、どうしても特別な意味を持っているとしか思えなかった。

「宝珠を抱いていますな。それに光が」

仁寛は寛祐に素直に問いかけた。しかし、仁寛が期待していた説明とは、全く違うものであった。

「この珠は龍華《りゅうげ》の再来でしてな、恐らく大陸の話でしょう」

れているのが見える。

と言いながら、寛祐の指示する扉の内側に近よってみると、小さな文字で陰刻がほどこされているのが見える。

和尚、非夢非幻。星宿主釈迦金輪也。

安立図画。龍池躍龍龍巳飛。龍徳先天天不不違。池開天漢分黄道。龍向天門入紫微。

寛祐によれば、その昔観宿と名のる少僧都（和尚のこと）が高熱を出して倒れたとき、枕もとに弟子の一人を呼び、夢うつつに明後日に厳修しなければならない星宿（北斗法のこと）の本尊を釈迦如来金輪と決めたという。そこで早速弟子は、師匠のいう尊形を筆と紙で描きとどめ大切に当日までしまって置いた。すると（この話を聞いたのであろう）龍が邸内の池からおどり出て、天にとび立っていった。その龍は観宿が法会《ほうえ》を厳修する前に宝珠で示す貴い徳を抱いて、法会で行う祈りごとや天の意志に先立って飛行した。天子の幸運を獲得するため天上界に放たれた使者なのである。あるいは天の瑞祥《ずいしょう》（めでたいしるし）にたがわず、観宿が熱を出したことによって事態は幸いな方向にむき、何者かが、あるルートを導き出してくれたと言ってもよい。また「池は天漢を開く」つまり天上界にたとえるならば、この邸の池は、正しく天の川に流れ出る口を開き、天の中心、太陽のとおる黄道《こうどう》をさえぎって、二つに分ける。そして天上に去った龍は天宮の方へ向かい、紫微宮に入った。

仁寛は寛祐が滔々《とうとう》と語りかけるのを聞いて、ふと鳥羽殿で活躍した弁ノ僧正（寛助のこと）のことを思い出した。かつて僧正さまは、私に方曼荼羅の下絵とおぼしき略図を描いて、わざわざ私の住房まで届けて下さったことがあった。かたちはうろ覚えであったが、確か三重の円の中に七星と十二宮を示す小円があった筈だ。仁寛の推察がもしも正しかったならば、寛祐の言う龍の住処《すみか》とは、その小円に囲まれたずっと奥に必ず見えていた筈である。しかし仁寛は、残念なことに龍の住処を探索する経験を知らなかった。

室生や熊野から無事に京へ帰ることが出来たならば、また方曼荼羅を使って観想を見出す修行を、やり直さなければならない。仁寛はそう思いながら禅房から出た。そして三日後の早朝、寛祐のもとを離れ、手向山八幡宮に参り、殊勝の霊地、念仏堂におもむいたのである。

**註**

勝覚は自分が感得した御神体は安置しなかったが、絵図二幅を作成して僧形と女形を表示した。しかしこれは公開されることなく経蔵（三宝院）に納入したという。永長二年（一〇九七）に勝覚は、山崎聖人の感得した八葉月輪鏡を本宮の岩片とともに清瀧宮の御正躰として、安置したが、鎌倉時代になると、これが真実の御正躰とは考えられず、経蔵に入った感見像こそ真の御正躰であると信じられるようになったという（「新要録」影向次第事）。けれども、ここには御神躰に対する微妙な観念の変遷がみられる事に注意を要する。今日、勝覚の感見像は、どういう事情により亡失したのか必ずしも明らかではない。ただ元久元年（一二〇四）の題記のある女形の明神像が、明治二十八年まで寺内にあり、後に原家に移った。題記によれば、

元久元年四月十九日、奉見夢清瀧御躰也。以此童女賜草子、外題云、賀宇夜具野新類之布美云々。

此御躰持物等不違口伝。仍此後殊信敬之思切也。

「この像は元久元年四月十九日に夢に見奉った清瀧権現の御神体である。この際に図中の少女を以って、明神より草子をたまわった。その草子の外題は「かうやくのしるしのふみ」とあった。御神体の持物等は、口伝に聞いているとおりである。よって夢想より後は、特に清瀧明神を尊崇する念が強くなった」と伝える。しかし、この画像には「盛深が弘長二年（一二六二）七月六日、何人かの遺訓によって、この像の供養をした」という画と附属の旧裏書が発見され、本図は弘長二年頃の製作と考えられるようになった。むろん題記と裏書は同筆である。図は劇的なシーンを思わせる雰囲気をもっている。すなわち、何人かの感見に呼応するかのように立像の明神が右手に如意宝珠を持ち障子をそっと開ける。そこへ童女が近より、明神からかねて用意された草子を頂き、それを神妙な面もちで受けとった瞬間を描きとどめたものである。

## 七　双身歓喜天（聖天）と真興夢想記

### 立川流の灌頂

平安時代に成賢《せいげん》（一一六二―一二三一）が著した『纂元面授《さんげんめんじゅ》』は、立川流の源流を考えるうえでもっとも有力な資料である。むろんこの書物には「立川流」の語は出てこないが、後の心定の『受法用心集』とは表裏の関係にある、との指摘をする研究者も多い。ここではその面授の三階程の灌頂に注目したいのである。

まず㈠「伝法灌頂」は、正純な密教の事相《じそう》（実践修法。「教相」に対）の伝法にも登場してくる儀式である。両界曼荼羅の全体像（諸尊）を瞑想することによって観念するシステムは、立川流でも当然実修されたに相違ない。ただ㈡「秘密灌頂」では、胎・金両部の曼荼羅の実修を通して、両方の宇宙的生命観および原理を理・智にシンボライズさせながら、観念的にも実践的にも冥合することを意識することを目的とする。㈢心灌頂では受者がうける印信においても、立川流では赤色の阿字（梵字）を女性の愛液のシンボル（種子）として、また白色の鑁字（梵字）を男性の精液のシンボル（種子）として位置づける。

この灌頂儀式では、観念的に両者を混合することを意味づける。ただし各々のシンボルは、金沢文庫伝来の資料では、明確にそれを灌頂等に使用したという形跡は見当らない。その点から考えると、観念の域を出ないのではないかと考えられる。が故に、その結果生じる吽（梵字）は魂《こん》、すなわち「意識」となることをシンボライズする。このような灌頂の行為の流れを順次見てゆくと、理智冥合の中に点と線で結ぶ具体的な肉体の息づかいを意識したイメージ化を感ずる。山折哲雄氏が述べるように、赤白二渧の結合は新しい生命の誕生の予兆のプロセス、と灌頂を見定めることは一方法である。また『纂元面授』は、男女の二根が融合のプロセスも含めて交会することにより、一念の浄心が出現し、識（意識）が赤白二渧の中に入ることで究極の解脱の仏身が実現するという。

問題は、この識をどのように獲得するのか、仏と人間の接合の過程で、これが生身の身体の中でどのように受けとめられ変容していくのか、その鍵をにぎるのが立川流の『舎利秘法』一紙（縦二八・九糎、横三七・八糎、金沢文庫保管）である。これは、深秘灌頂と別称されるように、建治元年（一二七五）七月二十七日に「弟子女仏」が伝燈大法師あるいは了印大法師により、舎利法を通して伝法灌頂を授けられた印信許可である。そしてさらに「又云う、二火とは浄飯王摩耶夫人の和合にて赤白二渧の身骨なり」という口伝がある。この身骨とは「釈迦身骨」であるが、この釈迦は自性身の身骨でもある。ここでは立川流の灌頂の一形態が、鎌倉時代末期書写の『舎利灌頂相承』一紙（縦一二・四糎、横二九・

一糎）として確実に「女仏」という女性を意識した者に伝えられている。

「女仏」（受法者）の血脈をさかのぼってたどると、蓮念・見蓮という仁寛以降に活躍した立川流の相承者が明記されている。前述の『舎利秘法』の源にあたる舎利は、釈尊の舎利を基調にしていることはいうまでもない。立川流の男性的・女性的な生命の原理を結びつけようとする演出と通底するが、南北朝期以降も、三輪神道系では「父母代灌頂神璽大事」で、「先ず金剛薩埵印すなわち外五鈷印の結印」を結び、オーンと両手を合掌して、吒枳尼《だきに》天の形像を想いながら、最終的に塔印を観想することを大事の根本としている。

この場合の父母は、神祇の観想において「即身成神」を意図している。しかも即身には、「天照大神岩戸出テ再ヒ岩戸ニ入ル可カラズ。父母ノ胎内ヲ出テヨリ」とあるから現世のままで、生死をとおして、両部両宮を具現する旨を、意味づけている。このことは、ダキニ天の明（真言）が、金剛界の智拳と同じく大日如来の具現とみられることから、塔は天照大神と同次元に位置づけられるということになる。「父母代灌頂神璽」はその成立がそれほど古くはないが、興味深いことは、「第五重、天子紹運印、無所不至印」を結印している点である。この神祇の灌頂が、最終的に天子（国王）の地位を深く祈念していることは、その源として金沢文庫などに伝来している、「天子紹運灌頂及び天照念誦」二紙（縦三二・三糎、横五一・〇糎）にまでさかのぼらせてよいのではないかと考えられる。「天子紹運灌頂」は称名寺第二代住持釼阿の自筆であるから、まさしく鎌倉時代の灌頂印信であ

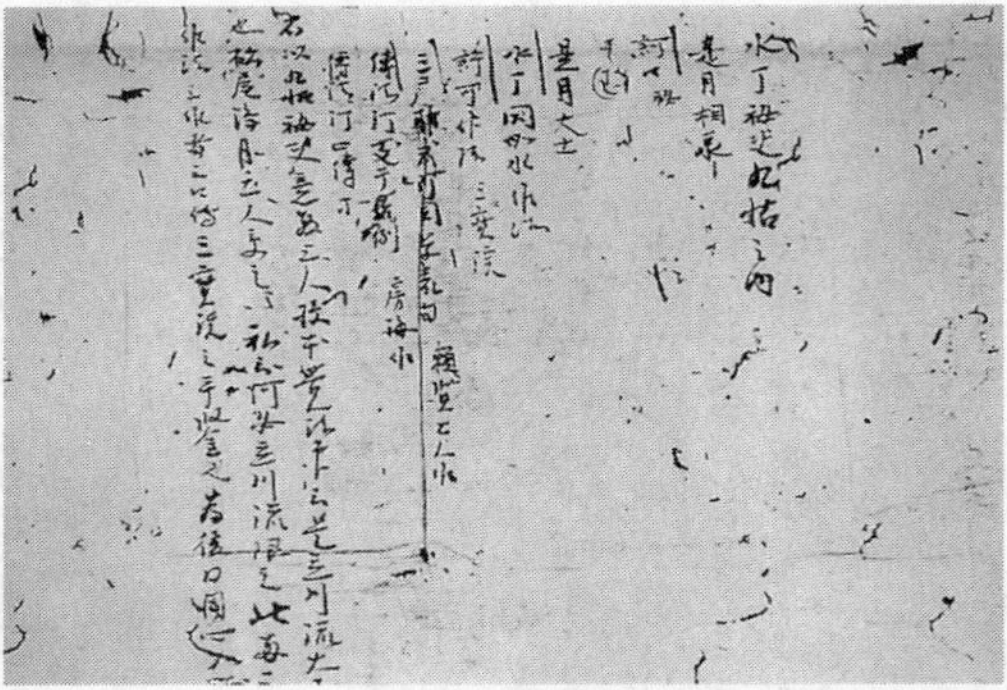

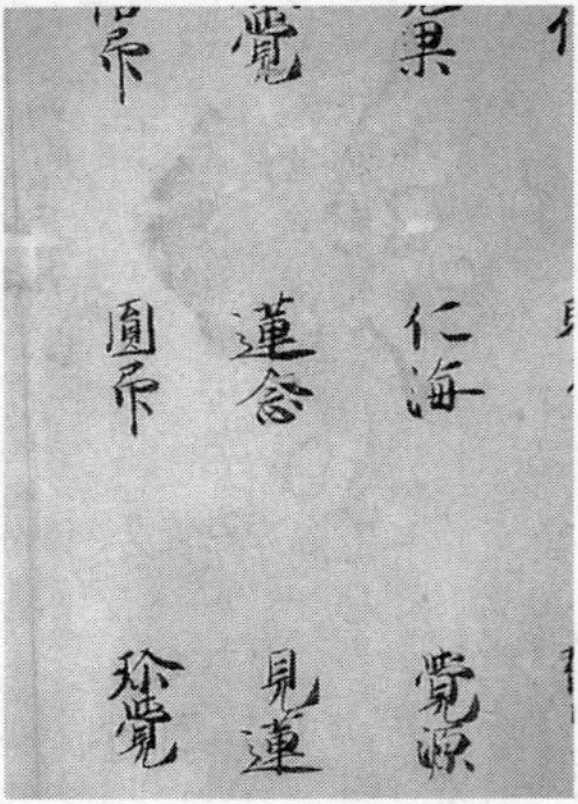


上：『灌頂秘口封紙』（神奈川県立金沢文庫蔵）。釼阿の伝承によると意教上人頼賢（1196－1273）の表白にも立川流の影響があることを示唆している。
下：『伝法灌頂相承』（同）部分。文永十二年二月二十三日了印から女仏にあたえた血脈に「蓮念」「見蓮」がみえる。

ることは明白である。なお「天照念誦」は、神祇灌頂の口伝であり、天照大神を供養する念誦の方法を記している。さらに十一面観音を本尊とすること、愛染明王の三摩地（サマージ）すなわち境地に入るための手順までも記して、その三形、種子、結印方法を記している。この「天子紹運灌頂」の記述によると、天照大神の子が、現実（現世）に天子となり国中に繁栄し、天界では大自在天となり国を護るとされている。つまり天下の天子は、天子となるためには、単なる神仏習合の形態の背後に、長続きすべき生命体の何らかの根拠と持続が、灌頂という形式の本音の部分（中心）に介在しなければならなかったのである。

それは天照らす神そのもの（大神）であり、密教の大日如来（金剛界）の秘事による力の借用であり、ひいては両部の不二融合の結果的な具現である。後の文観弘真は、この天子紹運のシステムを十分に知っていた筈である。でなければ、灌頂の中に塔印を組む（結印）ことによりダキニ天を念ずる、という修法観想のカリキュラムが、三輪神道などに残存する訳がないのではないかと考えられる。

そして、天子を後醍醐天皇と見立てた、清浄光寺所蔵の自画像は、黒田日出男氏が示唆するように、作者が文観自身であると同時に、より強く文観が帝をたたえた（あるいは再興も内蔵した）演出を行ったのではないかと考えるのである。

次に双身像について言及したい。双身のビナヤカ（毗那夜迦）すなわち歓喜天については、不空訳『大聖天歓喜双身毘那夜迦法』一帖（無量寿院本、宝寿院蔵）は、「含光記」と称する『大聖天歓喜秘密法要』一帖（同）と一結で伝承されたものである。とくに後者は弘安元年（一二七八）十月十一日に神護寺慈尊院にて猷然（四十五歳）が書写しているが、この含光の記述が、わが国の中世・鎌倉期に聖天・歓喜天の双身像にかかわる解釈の源流になっている修法次第である。

いうまでもなく含光は、『聖天隆誉抄』（建保二年＝一二一四）などにも「含光法師記」の所説としてたびたび登場してくるし、通堂『覚禅鈔』などにも「含光云」として、『聖天法』、『聖天供』の重要な記述となっている。含光は不空三蔵六人の高弟の一人で、師（不空）のビナヤカ法をさらに展開し、『毘那夜迦誐那鉢底瑜伽悉地品秘要』一巻（大正蔵二十一所収）を著している。不空に従ってインド求法にも行き、龍智に五部灌頂《ごぶかんじょう》を授けられたといわれる。中国に天宝六年（七四七）に帰国し、不空より金剛界灌頂をうけ、長期にわたる訳経の事業をたすけている。四点の図のうち、「含光云」とあるのが、不空の弟子含光の記述である。日本ではこの『聖天法』が絵図として伝承され、『聖天秘密曼荼羅図』（絹本著色、縦五八・三糎、横四三・六糎、金剛峯寺蔵）も江戸時代に作画されている。

この図像については、かつて述べた（拙稿『曼荼羅の美術』小学館、ブック・オブ・ブックス参照）ので省略する。ここでは新しい双身像について触れておきたい。双身像を法身とみるか否かは議論のわかれるところであるが、灌頂の際に法輪とのかかわりも若干述べ

『聖天曼荼羅』（部分）。

ておく必要がある。

密教儀軌のうち灌頂に例をとるならば、立川流は法輪は使用しないが、正純な空海以来の伝統では法具と称して大切に使用する。それも灌頂の際には足の間にはさんで保持される。受者（この場合、法輪を授かった者の意）は、即身成仏して法輪を単なる道具から転じさせる（変える）力を持つことになる。すなわち受者という一個の人間から、一切衆生を利益する菩薩となって、生きとし生けるもの総てを救済する本誓《ほんぜい》の力そのものを象徴することになるのである。残念ながら立川流の教義のメカニズムには、この法具（単に一つの金属）に不思議な力を託する脈絡が皆無である。このことは密教の教義の構造、すなわち主客の大日如来と菩薩の関係から生み出される力の在りかを考える場合、きわめて重要な意味を持っている。宇宙空間を支配することのできる大日如来、すなわち法身を開発することに通じている。

法身とは、密教では大日如来の「からだ」（身体）そのものをいう。真言行者は我を捨て去ることにより、この大日如来そのものの身体に成ることができると説く。「微風一たび扇《あふ》ひで、輪宝幾千ぞ、香雲しばしば熏《くん》じて法身開発せり」（『性霊集』第七）というように、法身の姿（宇宙的生命）は、改めてまた現実の人の身体にたとえることができる。その姿かたちは、時折夢想の中で湧出し、幻影は明確な観想図となり、密教行者の意楽《いぎょう》の展開を見るのである。

この意楽が生み出されてゆく、行者の心理状態に迫ることは、はなはだ危険をともなうが、十世紀末には、子島曼荼羅で名高い真興によって、夢中に湧現した図像が生み出された。その一例が、金沢文庫保管の聖教、『真興夢想記并所現形像』(A本)(縦一六・二糎、横一三・〇糎)という新出資料である。これは文庫内三一五函(称名寺伝来聖教)に収められていたもので、同じ函内に粘葉の表紙のみ『聖天子嶋夢記』と題名のある断簡があり、これを見出した昭和四十八年頃には、元来は一緒のものではないか、と考えながら結論を得ないまま数年が過ぎてしまった。そんなとき、昭和五十六年十一月十九日から三日間かけて、宝寿院の聖教調査に参加する機会があった。ここで同時に行われた「金三・普通・風」なる目録(縦二四・五糎、横一六・四糎)に、『真興夢想記并所現形像』という口伝と称名寺本と同じ図像の「夢中所現像」一紙とは別に桝形本の(B本)『子嶋寺真興夢想聖天法』なる聖天法一帖が現存しているのが確認された。称名寺本はその住持第二代明忍房釼阿の自筆の口伝書写があり、薄い雁皮紙の粘紙に夢想中の本尊(聖天)と女人合体像が白描で描かれている。

子嶋僧都真興(九三四―一〇〇四)は、真言密教の事相において壺坂流と別称する子島流の開祖で、後に子島寺(奈良県)を興したことで知られる。世に有名な金銀泥絵で知られる両界曼荼羅すなわち『子島曼荼羅』(二幅)は、真興が一条天皇の重病を祈禱して癒した賞として作画され拝領した逸品である。

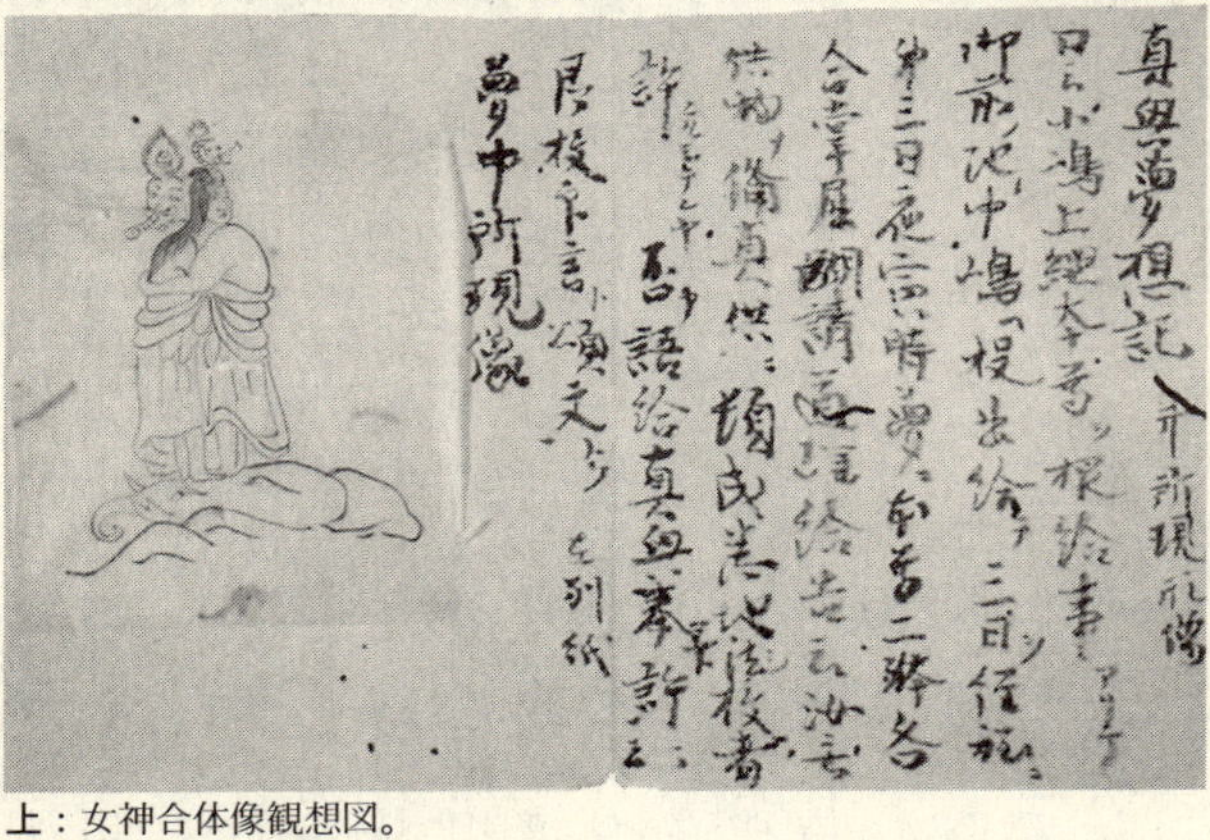


上：女神合体像観想図。
下：『真興夢想記幷所現形像』（称名寺第二代釼阿自筆・神奈川県立金沢文庫蔵）。

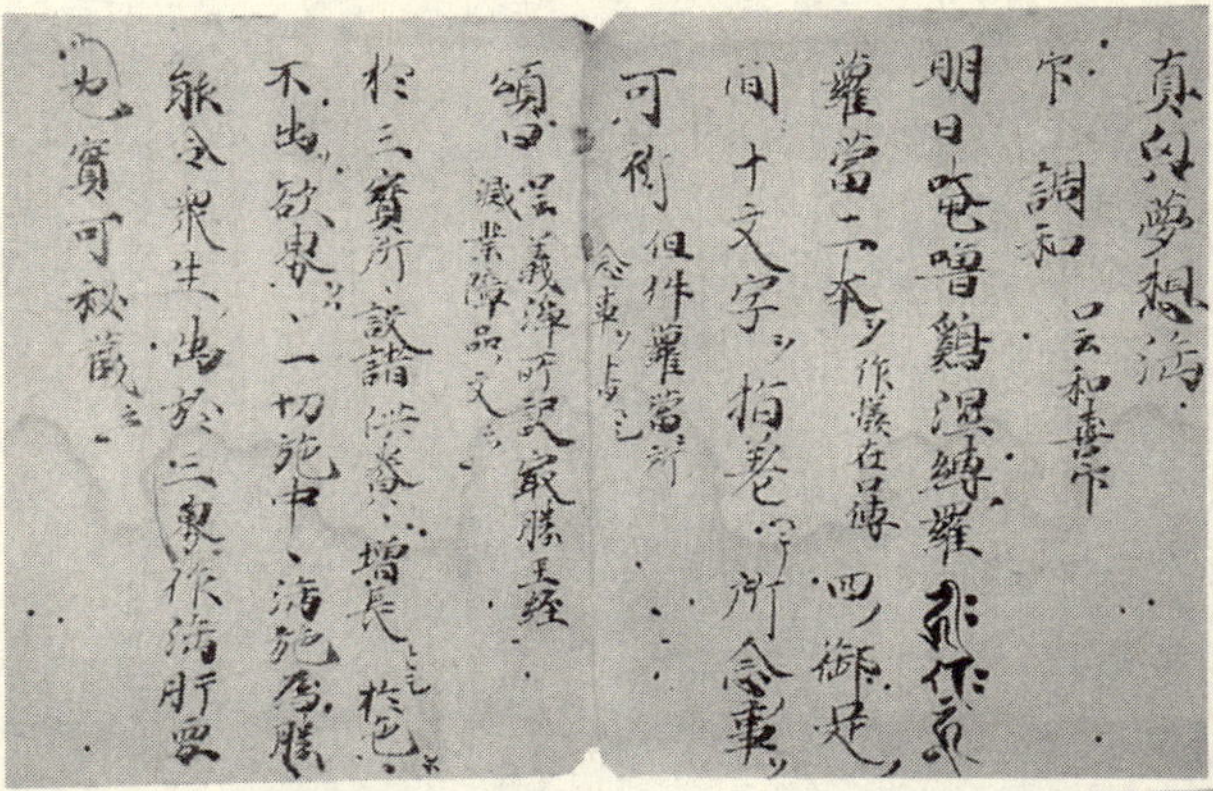

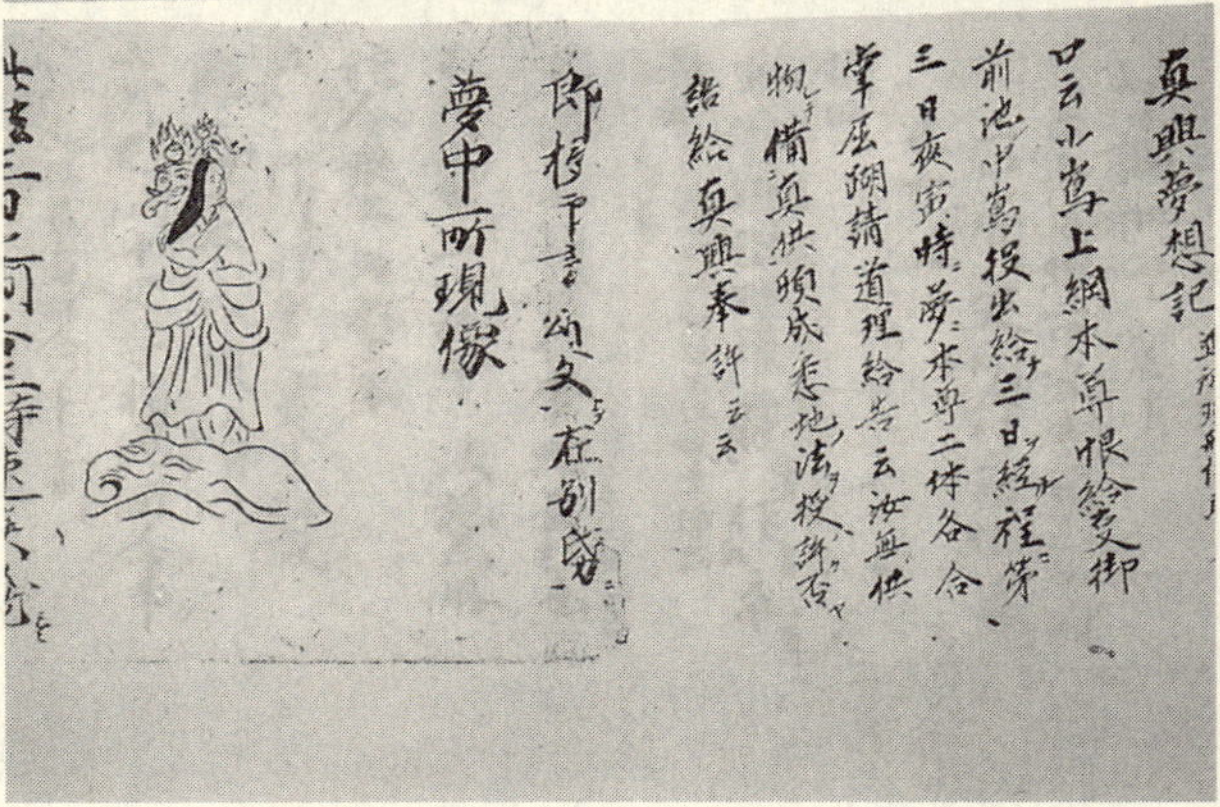

上：『真興夢想記并所現形像』第一紙（別筆）。
下：『真興夢想記并所現形像』（別本）〔新出資料〕。

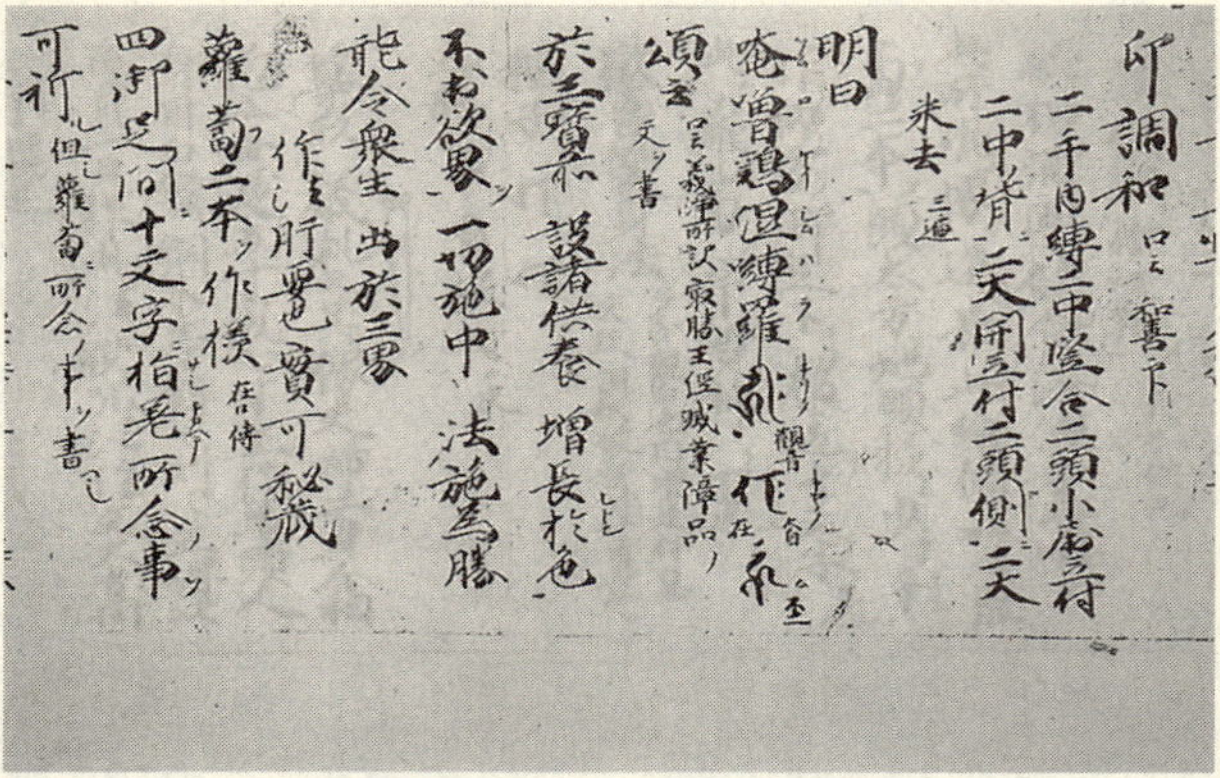

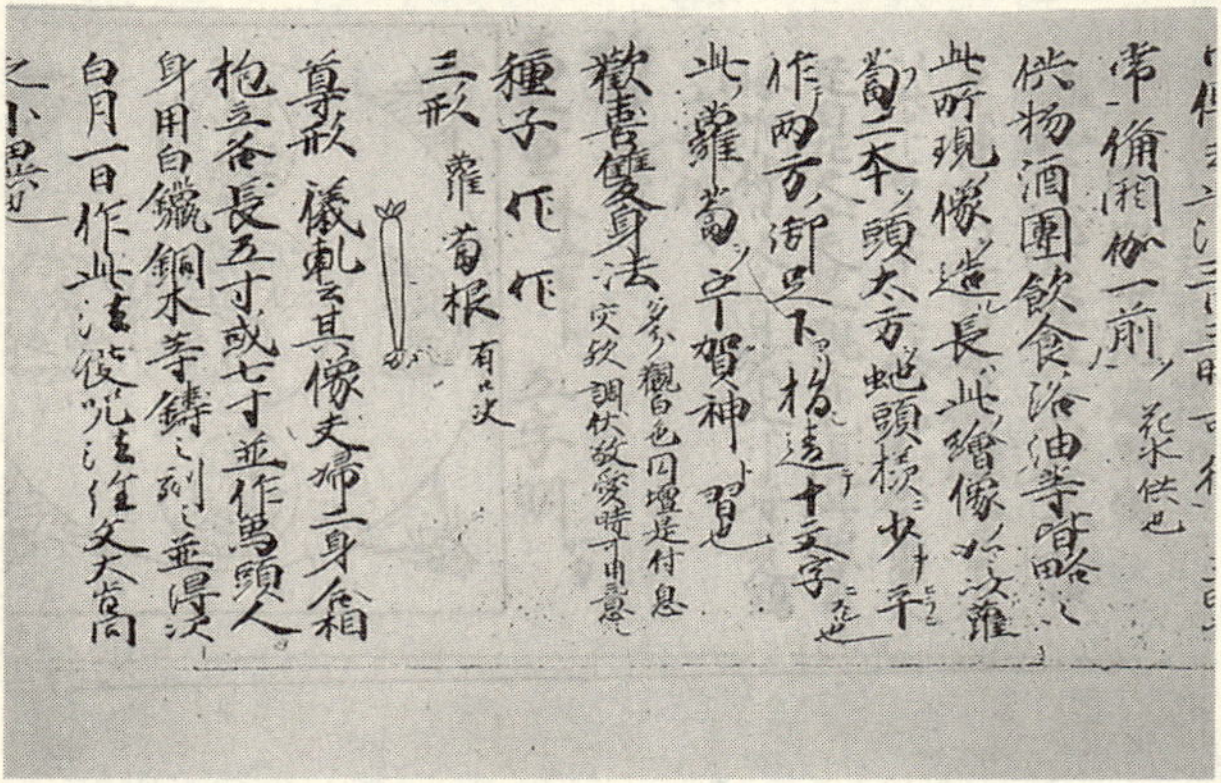

上：第一紙。
下：第二紙。

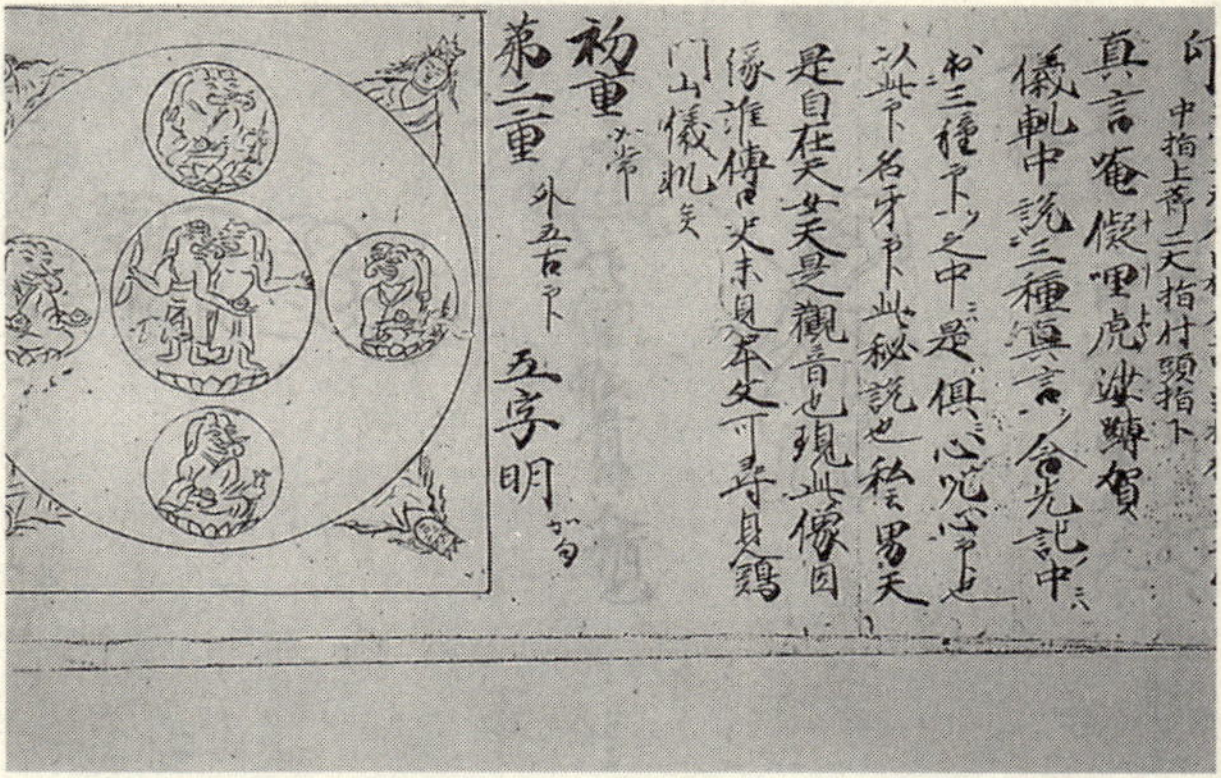

上：第三紙。
下：第四紙。

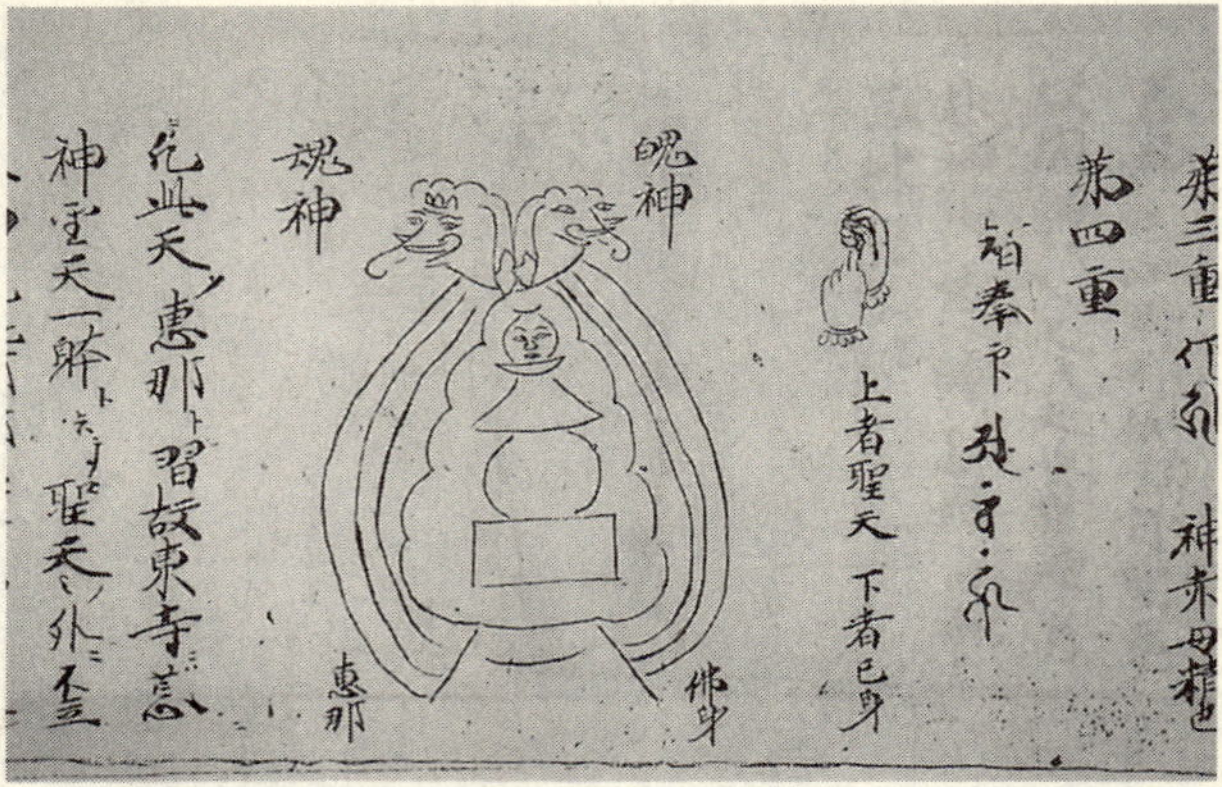

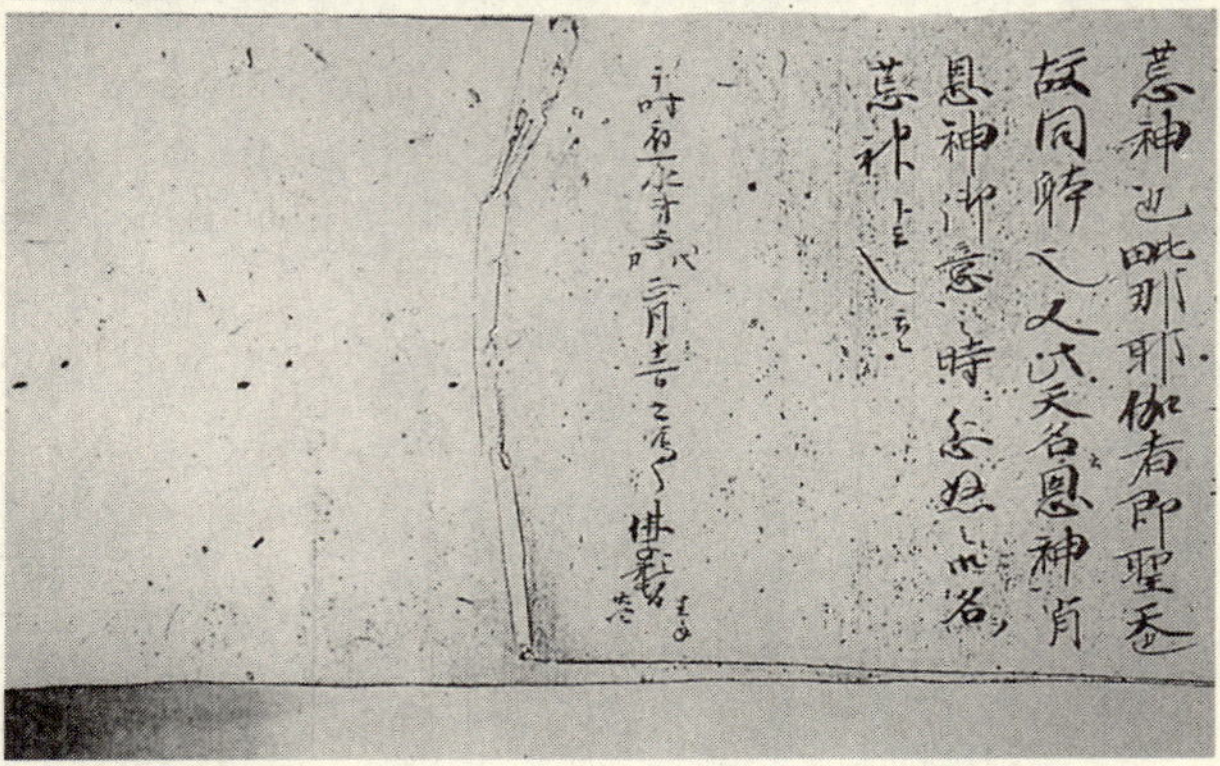

上：第五紙。
下：第六紙。

その真興の聖天法は、まず口伝による「和善印《わぜんいん》」という二手を内縛《ないばく》（二手の各五指を掌内に組み込む手印法の一）する結印《けちいん》作法に調和法を組み込んだ所作にはじまる。そして、その結印にあわせて、義浄訳の『最勝王経』滅業障品から引用した「オーン、ロケイシム（ン）ハラ、キリーク（観音）、ギャク（大自在天）、フーム（不二）」という真言（明曰《みょういわく》）を発音《はっとん》する。

この真言は、聖天《ガネーシャ》を讃える供養の意図をもち、同時に聖天の威力を増長させるために欲界にとどまらず、そしてよく（一切の）布施をほどこし、仏法をうやまう気持が衆生を導くことであり、三界にわが身をゆだねることになる。ある口伝によると、この『聖天法』は三日間、各々三時に行じ、その際に閼伽《あか》（アカ水）を備える。「花木を供える」というから、香の強くない花をそなえることを意味する。ただし聖天の好む供物のうち酒《さけ》、肉団心《にくだんしん》（油であげた独得の団子）、そして飲食《おんじき》（米の御飯）や浴油をまつることは、ここでは省略する。

そして、冒頭に描いた本尊と女体の合体像を造るための材料をまつる。その材料とは、蘿蔔《らふ》二本（太めの色白の大根）である。大根の頭の方を蛇頭《だとう》（ヘビの頭部に見立てる）の様に少し平たくけずり直して、両方（本尊と女神の意か）の足下に十文字に交叉させて置く。（真興がそのときに得た伝承によれば）この「蘿蔔」は「宇賀神《うがじん》」を意味するという。

次に歓喜《かんぎ》（天《てん》）双身法《そうしん》では、白色（白く）に観想する（真言行者は、）息災はとくに祈ら

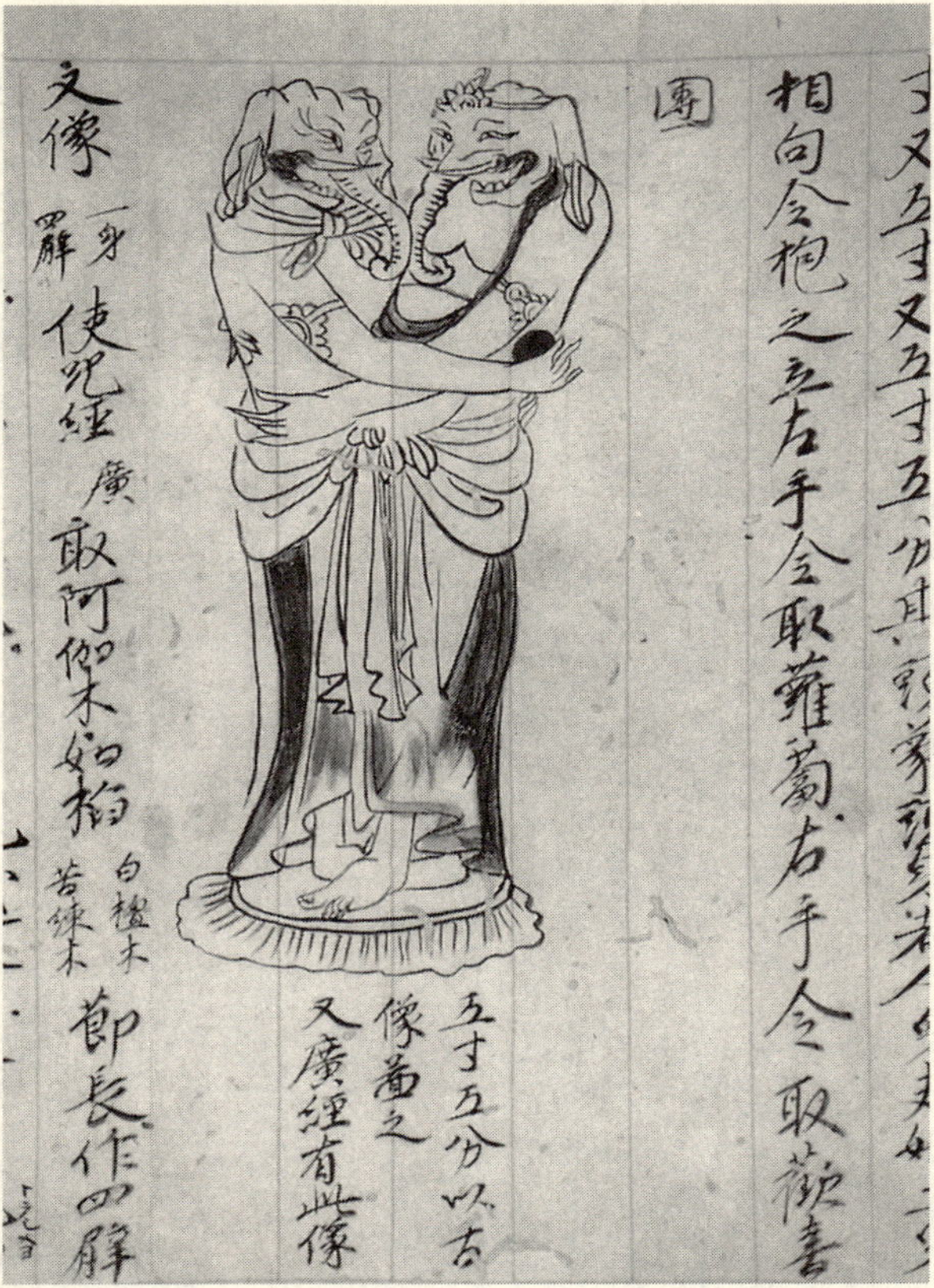

『覚禅鈔』（部分）。

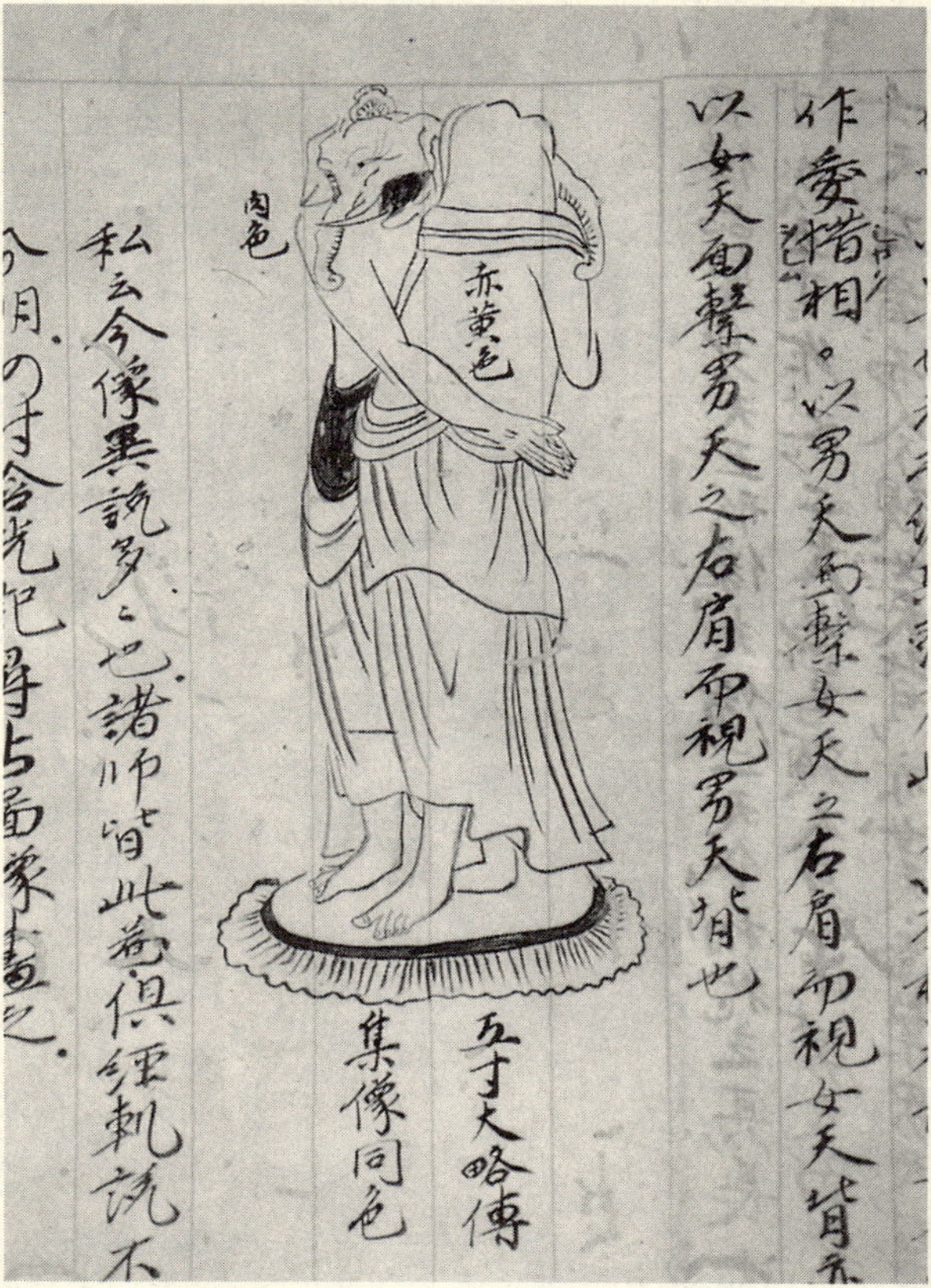


『覚禅鈔』（部分）。

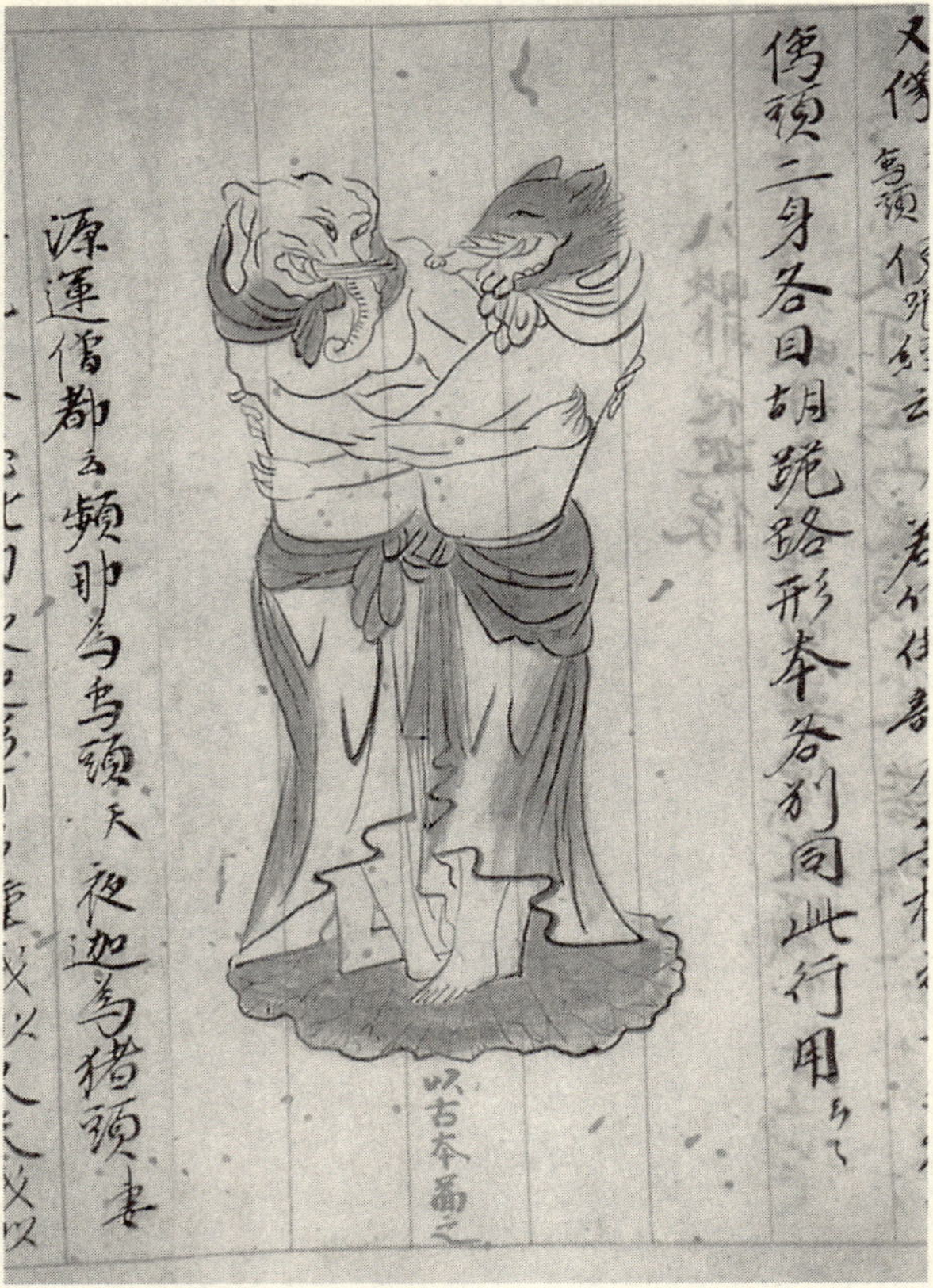


『覚禅鈔』（部分）。

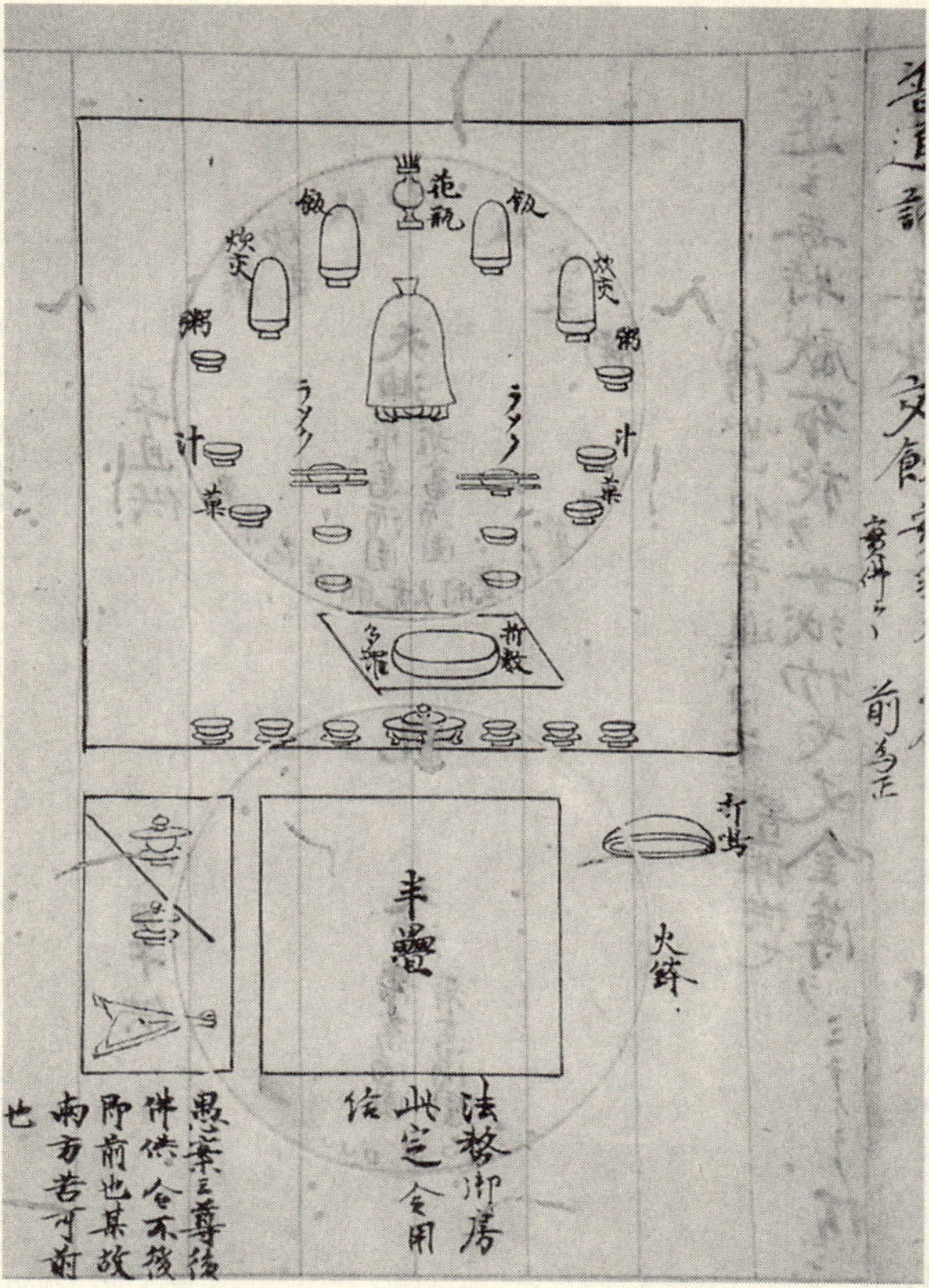


聖天の壇。『覚禅鈔』より。

ないが、調伏（魔を排し、敵を倒す）や敬愛《けいあい》（愛情にはじまる、さまざまな愛をつらぬく。愛と愛を橋渡しする）のときに、これを修する。歓喜天の双身の尊形は、「夫婦二身合相」の立ち姿で、二身が抱きあっている像容である。五寸か七寸の大きさで、頭は人身につくり、材質は白鑞《びゃくろう》、金銅、木造で、白月（月の一日～十五日まで）の一日よりこれを彫像する作業をはじめる。

新たに私が得た聖天法の儀軌（本文二二〇頁―二二二頁参照）によると、真興自身の解釈（「私云」）では、二身のうち男天はこれ「自在天」であり、女天はこれ「観音」なり、という。「初重」とは、密教では「入口」にあたり、第二重では歓喜天双身曼荼羅が図解され、授けられる。そして口伝において、「五峯は五大《ごだい》（地・水・火・風・空）で、これはすなわち五行《ごぎょう》なり、すなわち五智《ごち》なり、すなわち五仏《ごぶつ》なり、（ただし）中央の天に秘して口伝があり云々」という。

聖天が天蓋《てんがい》を持ち、その下にギャク（𑖐𑖾）（自在天）の頭部が描かれ、「骸骨白父《がいこつはく》精なり」という。

両手を合掌しておがむしぐさの聖天がうつぶせに礼拝（五体投地）して、キリーク（𑖮𑖿𑖨𑖱𑖾）（観音）に「心」と「神」を墨書して、蓮台のうえにのせている図が描かれる。そして、その下に「魂神守神識《こんしんまもりがみしき》これすなわち女天なり」という。

そしてさらに第三重でギャク（𑖐𑖾）、キリーク（𑖮𑖿𑖨𑖱𑖾）を上下に配置し、「神赤母精也」という。

第四重では、金界大日如来の智拳印《ちけんいん》を結び、極意として上（右手）は聖天を、下（左手）は己身（自分自身）と観念する結印を行う。

そして向って右に「魄神」＝「仏身」、左に「魂神」＝「恵那」と、それぞれ双身の図像を描き、その釈文をつけ加えている。このうち恵那に該当する聖天像は、東寺の聖天に由来することを明確にしている。明徳五年（一三九四）正月十二日に頼智によって、書写されたものである。

## 歓喜天の男天と女天

聖天すなわち歓喜天は、不空訳の所説が名高い。不空によると聖天の像容にも若干新たな創意が加えられている。すなわち大聖歓喜天は「垂迹ノ化導ヲ讃スト」と見たてて、男天は大自在天の所変とし、女天は観自在尊の応化身と理解する。しかも十一面の形像をもって三十三身の妙体を流出するともいう。双身像の姿は「二儀和合」の相で、「象頭人身之形ハ」まさしく十界倶融の理をあらわし、二臂、四臂、六臂、八臂の随類応現の形をとる。しかもこの尊が「折伏摂受之霊天也」といわれるゆえんは、一尊に忿怒と慈悲の二つの顔を有しているからだという。密教美術にみられる、こうした本身と面相の二重構造、あるいはまったく二つの相反する表現のありかたは重要である。尊像に例をとると、教令

銅造歓喜天立像。

錫杖柄、銅造歓喜天立像及び二童子像。

『図像抄』（部分）。

『図像抄』（部分）。

輪身となった不動明王をはじめ数例を挙げることができる。天部が独尊として信仰をあつめ、しかも比較的はやい時期に幾多の解釈をとおして人気を集めたのは、この歓喜天を除いて他にない。その信仰は現に奈良の宝山寺、常光寺、京都の等持院にあり、鎌倉では等身大に近い立像を秘仏とする宝戒寺など枚挙にいとまがないが、その大部分は秘仏となっていて、軽々しく目にすることはできない。

これは覚鑁上人が強調した折伏摂受の霊天であるがゆえに、その霊力が失墜することをことのほか恐れるからであろう。しかも、それが随類の応現身であればこそ、たった一度の御開帳でも事があってはならないというのである。

かくして、聖天の図像は密教美術のジャンルにあって秘仏という本来の特質とを考えあわせながら、十一面観音にも関係し、そのつながりを十分に比較検討すべき数々の問題が提起される。不空見や智積にみる、今にも見えないものが見えるという表現の問題がそれである。

さて、聖天と十一面の関係は、舞台が現世（この世）でなくてはならない。覚鑁はとくにこの情景描写に苦慮して男天と女天に置きかえることにより、五輪のソトバ（卒塔婆）に成るという。それは勝倶胝院実運の『諸尊要鈔』にみられ、一つの道場観の極意と同じだといい、即身成仏への問いかけ方を意味している。そして秘教図像の中でも極めて異形な尊容を借用することによってのみ果たされたとみられる。つまり別な見方をすれば密教の大前提であるところの方便の真の意味を具象化したとみるべきである。なぜなら、それは次の教主を想定させるからである。すなわち実運が『諸尊要鈔』でとなえた歓喜天の道場観、すなわち「五輪世界を観ぜよ」と言いきったいきさつを考慮すると、おそらく覚鑁が五段に分類した極意を指して述説したもので、金胎両部の教主は、実はこの大聖歓喜天の双身像であることを断言したかったからに他ならない。また覚鑁の著作の中には、そうした推考を可能にさせる要素がいくつか散見されるのも興味深いところである。

確かに空海が、存世のとき五輪の卒塔婆（五輪塔）に見入り相対している情景は、たとえば『弘法大師行状絵詞』第九巻の末尾にも興味深い構図として見出すことが出来る。深い山野の舎殿から山中に白い五輪塔を見つめている場面であるが、この対話が現世における空海自身と死後の自分自身であるという設定にとれないこともない。この視点に立てば、大聖歓喜天の双身像はこの両者の対話でもあろう。なるほど密教美術の図像を完成された次元で見直してゆくと、このように本質論に肉迫してゆくことのできる、いわゆる方便の自由自在な性質をかね備えた尊像が必要であったと考えられる。とくに藤原時代から鎌倉後期にかかる密教の事相全盛時代には、尊像の方便の多様性に一つのエポックを築きあげたとみられるのである。

大聖天像によって得られるところの「悉地円満」について、「誓願ノ殊勝ヲ明ス」という。その意味は我の悉地の置きどころであるが、「上品ニ我ヲ持スル者ニハ人中ノ王ヲ与フ」、「中品ニ我ヲ持スル者ニハ帝師ト為スコトヲ与フ」、「下品ニ我ヲ持スル者ニハ富貴無窮ヲ与フ」と三品の悉地相を説きあかしているが、図像学上に係わる問題意識はここにはない。

この大聖天像はまた、「利益ノ無辺ヲ仰グトハ」について説きあかしている。これは、天部となしうる形像の全身に随順した形と声が十方に示現するということであるから、覚鑁のいう聖天の形像は平面上の図像にとどまらず、音声（真言）と同次元に置かれるほど重要であったと思われる。そして図像学上の同じ位置から、とくに三十三身の利益を設けて、そのために祈願者を降伏する。その本身である毗那夜迦の身体を現ずるならば、いわゆる同じ形像の中で形と声の示現をとおしながら、男天は女天に必ず帰還するという。一例を挙げれば、三部所用の円満悉地をとおして、行者の「三衣」までを随類の展開とみる。それは論を正せば本身が女天で、着ている「ころも」が男天という解釈に落ちつかざるをえない。『歓喜天口伝』一帖は成典僧正の説という付記があるが、その「一除罰様」においては、観音経を常読するか、キリーク字を袈裟の前のすそにつけるか、額にキリーク字を表示するかのいずれかであるとする。

立川流を弾圧した基本的なテキストの一つに、既述の『宝鏡鈔《ほうきょうしょう》』がある。高野山の宥快（一三四五―一四一六）があらわしたもので、真言密教における小野《おの》、広沢《ひろさわ》諸流派の正純な相承が強調され、さらに立川流の誕生や勃興について、わずかな伝承にもとづいて、由来、伝播を示している。しかし、この中では、立川流は、宥快の立場から邪義とされている。この邪義の所説（『宝鏡鈔』）は山田安栄、伊藤于可良、本居清造校訂の『信仰叢書』（大正四年）一―一七頁、『大正新修大蔵経』第七十七巻八四七頁c―八五一頁bに収録されている。筆者も、立川流は、明確に邪義である、という立場をとる者である。

また立川の陰陽師に「有俊《ゆうしゅん》」という僧がいたという。ただし、別の伝承「中古真言宗に武蔵国立川の有俊陰陽師に行法を伝へしを立川流と称せしより、邪流也」による。「武蔵国立川の有信と小野の妙観律師、真言の邪流を起し、甚世を惑す。今の世、山臥の徒、神道と仏道とを混じて荒神供抔《など》をする事は、皆立川流の流れとゞまりしとぞ」があり、三田村玄龍氏の緒言によれば「有信《しん》」とも称したという。

**見蓮のこと**

この人物をとりあげるため若干、補足しておきたい。それは、「四　邪法と立川流の構造」の一〇六頁で引用した『阿吽字義』のことである。この書物は真言宗の大寺院の聖教にも散見するが、意外に邪義を含んでいることに気づかない場合がある。私が『阿吽字義』を引用したのは、水原堯栄著『邪教立川流の研究』（大正十二年五月刊）一六―一七頁による。ここで私が注目するのは、この本の著者が誰かということであるが、どうも仁寛の高弟見蓮大法師ではないかと推定したいのである。

仁寛は伊豆へ配流されてまもなく蓮念と改名する。そして苦しい配流生活の中、立川の陰陽師へ邪義をまじえた密教教相を授けたという。私の解釈によると改名した後の弟子の一人が見蓮ではないかとみるのである。

たしかに中世の鎌倉・南北朝・室町時代には弘法大師空海に仮託された著作が多くつくられる。その代表的な両部神道の注釈が『両宮形文深釈《りょうぐうぎょうもんじんしゃく》』である。この両宮は両界曼荼羅の教義が基調となり説かれている。したがって両宮が置かれる舞台となるべき場所を照らすスポットライト、つまり照明の役目をするものが日輪であるようにみえる。その照明・ライトは赤い光となって、たとえば深い森林を奥深く照らす。それによって闇の中から、「本当のすがた真理」（真如実相《しんにょじっそう》）が露呈するという。ライトをあびて具体化する姿の数々は、

天照大神＝日輪＝大日如来

であり、これらの相互関係で生じる本地垂迹思想の具現もすべて含まれている。

しかしこれには、別な解釈を試みておく必要がある。かつて行基（六六八―七四九）が勅命をうけて伊勢神宮に参詣し、そこで七日七夜祈りつづけたところ、実相《じっそう》の示現に遭遇した。その示現した日輪は、実は大きな盧舎那仏であったという。時に天平十二年（七四

〇）十一月三日のことである。この日、盧舎那仏の頭上に月のひかりが煌々《こうこう》と輝いたのを行基は見ている。それが、常に生滅、変化することのない姿、つまり本有常住《ほんうじようじゆう》の月輪《がちりん》（ポーッと霧の中に現れた月の輪《わ》）であり、仏の額を覆ったという。行基はこの時、驚きの声を発した。何故なら、これこそ迷える者が無明煩悩の雲をはらいのけたからである。

このような比喩の伝承は、立川流の教義の構築を考えるとき、何らかの影響をもたらすに違いない。とくに弘法大師信仰が、南都（奈良地方）を中心に展開してゆく過程において、伊勢神宮を中心に習合し、空海・弘法大師に仮託した両部神道の骨格が出来上ってゆく。鎌倉末期に成立したと伝える『天地麗気記』十八巻、『両宮形文深釈』二巻は称名等の釼阿も一部、積極的に書写しているが、仮託という大師信仰の神仏習合の点と線を考えるうえでもこの二書は重要である。その根拠は、とくに後者を例にとると、伊勢の内宮天照皇太神を胎蔵界の大日如来とし、胎蔵曼荼羅を構図の基本として、四重に玉垣、瑞垣、荒垣をめぐらすという。また中胎八葉院の九尊にあてて鰹木《かつおぎ》も九個、八乙女が神楽を奏するように描く。さらに外宮は豊受皇太神が金剛界大日如来に当て、阿弥陀如来を本地とする。金剛界曼荼羅の五智に因んで、五人の神楽人を表現する。この場合、内宮・外宮の仮託が元来は両界曼荼羅の東西の対比の構図から、内外に重なりあうという仕組みを生み出してゆく展開は、この時期の立川流と両部神道との結びつきを示唆する。そして、これらを可能にした舞台が伊勢から奈良・吉野という広域におよぶことになるが、南北朝時代になり文観弘真（一二七八―一三五七）と立川流の結びつきを考慮にいれると、文観自身の著『勅撰理趣経秘註』四巻にも、両部曼荼羅が金胎対比の構図から内外に重なり合う構図を意識して、いわゆる立川流的な手法で、強く著述されている可能性を想定しうるのである。私はこの構図はとうぜん立川流の中にあるエロスとタナトスにつながってゆくものと思う。

# 八　仁寛のみた立川流の心象

## 立川流のエロスとタナトス

混浴をしていて、湯ぶねの中で、すがすがしい風にあたり、雄大な山河の風景にひたっていたのが、空海以来の正純な密教である。一方、同じ湯ぶねにつかりながら、異性の裸にばかり目をやっていたのが立川流である。しかし生身の人間が、そう簡単に割り切れるものだろうか。平安時代の密教には、この両方の視点があったのではないかと思う。いや両方の視線があったればこそ本当の密教といえるのではないか。

立川流は、創始者といわれている仁寛からかなり後代になって所依の経典類を定めている。このことは江戸期にまとめられたと考えられる目録によって、うかがい知ることができる。立川流の聖教（むろん有快等によって指弾され、多くは焼却された）のうち、「三経一論」と略称したのがそれである。三経とは『瑜祇経』、『理趣経』、『宝篋印経』であり、一論とはあの難解な『菩提心論』である。金岡秀友氏の解釈によると、『瑜祇経』に説く馬陰蔵（仏の生殖器は馬のそれのごとく体中に陰蔵《かくれ》ていること）、三摩地（精神集中の境地）

を性の研究題目と解し、『理趣経』は「妙適清浄句」以下十七清浄句の説を男女の性愛を強調したものとみる。『宝篋印経』は、「自身即仏双円《じしんそくぶつそうえん》の塔婆《とうば》」といい、人間の肉体がそのまま仏の塔とみる。『菩提心論』も、その一節に「八葉の白蓮は一肘の間……」と説くのは明らかに男女両性の冥合の境界を説くものであるという（水原尭栄）。たしかに『理趣経』は経典ではあるが、積極的に人間の性欲を昇華させて「人間のさまざまな姿・かたち・行動の肯定された世界観」を説いており、ましてや後に誓願房心定が文永五年（一二六八）に著した『受法用心集』の、立川流では髑髏《どくろ》を本尊とする、というくだりは『理趣経』に何ら説かれていないばかりか、本来の密教経典とは何の関係もない。

ただ立川流に限らず髑髏が宗教儀式に用いられていたことは、最近、田中貴子氏が『外法と愛法の中世』（一九九三年、砂子屋書房刊）のなかで、道玄の話を引用して、曼殊院所蔵『髑髏法邪正記』には、この頃髑髏法が横行・繁盛している、という。この髑髏には、「人頭と脳」に対する観念を超越した崇拝行為がある。これは、荼吉尼天の三昧耶形が劫《きゃ》波《ば》（血器）であることから、半年前に死を知る能力とかかわっている。また、チベットには「カパーラ」（頭骨・頭蓋骨）に血を満々と注いで飲む秘儀《イニシエーション》があったし、その図像も天部の持物等に描かれている。見方によっては、ここからタナトス（死）とエロス（性欲）が接合されてゆく生命観のシンボリックな体系（システム）を読みとることができるように思う。また、その人頭は蛇神として疑人化された長寿と食物（米）と生命の連関し

チベットのタンカ（画軸・部分）にみえるカパーラ。

『チャクラサンバラ・ヴァジラヴァラヒー』（部分）のカパーラ〔神奈川県立金沢文庫＝密教美術展 1991 年〕。

『チャンダマハーローチャナ・ドヴェサヴァジリー』（部分）のカパーラ〔神奈川県立金沢文庫＝密教美術展 1991 年〕。

たシステムを内蔵する。『天川弁才（財）天曼荼羅』（『天川弁才天像』）は、能満院に天文十五年（一五四六）に琳賢によって描かれた歓喜に満ち満ちたおおらかな絵図がある。問題は、中央に三頭十臂人身の弁才天が直立している姿である。周囲には、それを囲繞する四人の天女と、さらに三人の蛇頭人身像が配置され、外縁には十六人の童子が意味ありげに描写されている。人頭の三頭とは、宇賀神の弁天（宇賀弁天）で、下辺には裸形の男性神・女性神が二組、狐、蛇、鼠、虫などが描かれる。上辺は中央に弥山、左右に吉野山、熊野山を配置した山景があり、山頂に優雅な宝珠が置かれている。一部の蛇頭から宝珠が連珠のごとく、口中から限りなく吐き出されている描写もあり、全体に異様な雰囲気をかもし出している。この図は別の室町期の親王院本（縦一〇〇・二糎、横三九・七糎）の『天川弁才天像』によると、口を開けた三頭蛇の弁才天と飛翔する天女たちの姿は、前者と図像展開が異なる。ただ俵《たわら》（米）と火焔に囲まれる蓮花座に坐す頭蛇三身は、生命力の神秘と豊穣《ほうじょう》の歓喜が融合した情趣《ラサ》を情景的に支配している。上辺の三山岳は、前者に同じである。

## 天川曼荼羅の心象

このような天川弁才天の曼荼羅の主役である「蛇頭」は、表現の手法としては、生きている人間の首のすげかえなのである。人間のはかない命を、どうかもっともっと長生きさせして下さいという想いが、一生けんめい念ずる念誦の作法と水の神として知られる蛇＝龍を、「人頭」ととりかえることにより、命を長らえ、息をする（呼吸を持続させる）ことを、最終的にシンボライズすることになる。すると、立川流の視点とはいったい何であるのか、という壁にぶつかってしまう。

たしかに修行の中において、この二つの概念が想いの中にあるかもしれないが、異性の裸体はオブジェとして美化され、湯ぶねの中で見える広大な山河の風景の中にとけ込み位置づけられることを理想とするのが、正純な密教の最低の条件である。正純な密教でいう「大楽」を、女体をオブジェとも見立てることが許されるならば、それは中世というドロドロした原風景の中に、今日でいう「野外彫刻」を想定しうる。むろんこの実験的芸術意識の決行には「自然（環境）と人体」の対比というオブジェをとおしての美意識の解釈がひそんでいる。

ただ残念なことに、大楽を現実のものとする今日の人間のありかた、都市空間での生き方は、今ではまるで呼吸困難な生きざまを提示している。

たとえばアブストラクト、すなわち抽象絵画やその彫刻を形態の方から見ていると、この現代のコンクリートや鉄などの文化の現象の中には、「抽象」は見出せないのではないか、とこのごろつくづくそう感ずるのだ。とくに密教の両部曼荼羅（金剛界・胎蔵界）の原初的な構図を見つめると、現代人が、空海とコンピュータ、マンダラと五彩・五色など

天川弁才天像（天川曼荼羅）。

天川曼荼羅。

天川曼荼羅（部分）。

と、人間の生み出す「すがた・かたち」の強い結びつきを発想の基本にすえているように感ぜられるのもそのためではなかろうか。たとえば花をいけるとき、そのまま切らないでいけることも時にはありうるが、多くの場合、その場所・状況にマッチするように人の手で生きている花の茎を切断する。つまり切り・捨てることによりその場所が放つ絶対的な精神世界を見出す。別な言い方をすれば、花や茎や草木・花全体を切りとることにより、その状況を構成する抽象的な「すがた・かたち」を人工的にさがし出そうとしている。人は無意識のうちに花を切ることにより、その場所にしか見出しえない抽象的なフォルムを発見する。そのような、そこにあるべき場所、すなわち生命的な絶対に動かしがたいフォルムの構築過程は、密教のさまざまな造型を解明するうえにきわめて深い関係を見出すのである。

密教はあらゆる状況の中で、秘密裡に秘儀伝授を行うが、それを行うには絶対の条件が必要である。それは人間の血と直結した絶対的な証明《あかし》である。これなくして密教の伝承は成立しない。

このような視点は、立川流と関係がないように思われるが、仁寛がみた立川流の心象風景では、明らかに密教の究極の中に、こうした切り捨ての論理が介在している。しかし、インドで密教が興起し中国に伝来し、七世紀から八世紀にかけて、特に唐代以降、貪欲に新しい文化をのみ込んでいった。そして、その文化現象の多くは、切り捨てられることはなかった。仏も修法も科学や食文化も、錬金術も医術・天文学等も、すべて手中に入れ育んでいったのである。むろん性（エロス）も当然関わったが、これには教義の側から畏怖を感じ、結界され明確な線引きがなされた。仁寛は切り捨ての文化を意識することにより、密教の原型・原風景にもどって、両部ではないもっともラジカルな男性性・女性性の性の根元にたどりついた。伊豆大仁へ流刑が決まって、その思いは浄化されていったが、原風景を両部曼荼羅に投影することは、仁寛の脳裏から消えることはなかった。

ただ都市での人間の生きざまを常に見つづけている我々は、都市空間ではごく限られた見方しか許されない。立川流に当てはめてみても、むろんこうした俯瞰的な視点は、現実にはありえないことである。これにもおそらく二つの連続する光景を見ること、すなわち描きこむという表現の世界に、時間の流れを見つめんとする要求が認められる。この困難な要求のために屋根を破り、天井をとり除き、高い所から見下す方法を試みた。吹抜屋台とよばれる描き方がそれである。

しかし画面からは不幸にして詞書《ことばがき》によらない限り、ストーリーの前後の続き具合はもちろん、ドラマの本質などは正しく把握することはできない。ただこうした視点の確立によって、一つの画面から、ノゾキ、見透すといういわゆる解剖視のジャンルが新たに発見されたことは事実である。後の立川流の根底にあるように生活圏というような状況を信仰の中にとりいれ、しかもその情景はあからさまにされる。秘仏の開扉と同様に、立川流の理念「二根交会五塵成大仏事」という極意のような答えが、仁寛のような一風変わった僧侶によって既に体系づけられていたことは確かであろう。

ここで仁寛の「生きすがた」、というものを考えてみよう。このリアリティについてさまざまな角度から調べてみると、建てられていた塔が五重塔ではなく宝篋印塔ではなかったかと解釈できないこともない。その理由として、仁寛の舎利《しゃり》（御骨）がある時期まで塔の内部に安置されていた、という伝承が河内（大阪府）の方に残されているからである。

宝永七年（一七一〇）六月に河内延命寺で書写された『宝篋印陀羅尼経和解秘略釈』という書物は、不空《ふくう》（中国密教の高僧、真言八祖の一人）の『宝篋印陀羅尼経』の本文をわかりやすく解釈して霊験をつけ加えている。これによると「九十九百千万の倶胝如来卒塔婆となり、一切如来の神力に擁護される。この塔を礼拝供養することによって八十億劫にもおよぶ生死の重罪が一時に消滅し、これまで地獄の門をふさいでいた暗闇より、明光にわかにさし、菩提の見えるみちをひらいた」という。

ここには現世の諸災難をまぬがれようとする願いと救いが交差している。仁寛の実在とされる「生きすがた」は、見方を変えればこの宝篋印塔の舎利の粒が、霊夢のごとくなり、ある時期に空中に拡散して、目に見えない不思議な影像となって出現したとも考えられる。その仁寛の心と精神は、その気持の中にむろん託されている。舎利の中には両性がある。その場合の五輪塔は、ちょうど自分の姿を鏡にうつすようなもの、また水辺にうつる山のすがたである。これを五輪の上方正報といい、下方依報という。

仁寛は流罪になる九年ほど前、不動宝山（山王）を信仰することによって、この世のどこかにスメール（須弥山）が実在すると信じ、南都、熊野の人跡未踏の山々をよく行脚したという。行脚するときは亀の背にまたがるような気持でゆっくりと探索にはげんだ。

そしてあるとき妙高山上に落ちてゆく流星を見とどけたのが縁となり、その落下点にたどりつき、はじめて妙見信仰を信頼するようになったという。このときから仁寛は、『金剛頂瑜伽中略出念誦経』巻一に説かれている「金亀の背上に三層八葉の蓮台《れんだい》あり、台上にパラ（波羅）、フーン（吽）、カーン（剣）の三字あり、変じて須弥山となる」という説明が信じられるようになったともいう。

仁寛の属した醍醐方では金亀を「コンキ」と呼んでいたが、これは生死涅槃にいたるまで、亀のごとく水陸に遊ぶことが自由自在であるという教えにもとづいて造形的表現として確立されたのである。

唐招提寺や西大寺など南都に残る金亀舎利塔は、亀が舎利（御骨）を背負って海上を歩むという構想である。それは五大の法界に入ることである。地をわたり、水をわたり、火をわたり、風をよぎり、最後に空の中に消えてゆく。これも五輪の塔婆に成ることと造型パターンは同じである。

ところで高僧の屍は、ひとたび無常の風がふいて、命の露が消えてしまうと、これを荒野にすて、あるいは遠い山におくるのが常であった。それは、当時の弥勒浄土は、密教僧といえどもある種の往生が約束されたさすらいの世界であった事を意味する。屍尸はやがて苔の下にうずもれて宙に浮き、旅の空にさまよう。身に従うものは、ただ後悔の涙のみである。やがて、閻魔の庁にいたると罪の浅きと深きをわかち、業の重きと軽きをはかる。そのとき、もしも閻魔大王が、なんじは仏法のひろまる世に生まれながら、なぜ修行もしないでむなしくここに帰ってきたかと問うたならば、その時かれはいかに答えようというのであろうか。

これによりて我この経は、微妙の七宝に勝りたる経巻と成って、七宝の塔の中にましまして、弥勒の世まで伝え置いて、釈迦の御法うせなんときにも、この経はましまして云々。

（「上東門院如法経銅篋願文」）

仁寛はいつの日か自分の再出世の尊い時間を守るため弥勒に護持をたのんだ。それというのも仁寛は、流刑地について半月もたつとすべての欲を一時まったくなくしたのである。外気にふれるものすべてが、そして風景が、自分の置かれている状況とはちぐはぐになり、堂の窓から一風変わった光景を見るようになった。身体はまず味覚が衰えはじめた。あらゆる所に存在すると言われる七色の味わいも三つの精気も減じて何もなくなってしまう、僧として解脱のために必要な多くの経論などもこの時はなくなってしまう。その地に実る果物なども、味気なくてうまくない。あらゆる井戸、泉、池などすべて涸渇して、土地はことごとく不毛の地となって裂け、丘や谷となってしまう。山という山はみな燃え燋《ただ》れ、天龍も雨を降らさぬので、苗などもみな枯死し、生えてもみな枯れつきて、草さえ生えず、また土が雨のように降るので、天地は暗闇となって日月も現れない。

仁寛は戸外の木々の枯れた風景に目をやった。夜のとばりが下りる頃、赤い星を三つも見た。妖星かもしれぬ。仁寛の心を、三筋の黒い影が素早く横ぎった。そして自分の身体がにわかに衰えてゆくのがよくわかった。こうして夜になると、両肩や下半身に激烈な痛みをおぼえた。

昔を以って、今を思うに当世《このよ》までに妖星頻に変を示し、疾疫普く民をほろぼす、加之蒙古《もうこ》の異域、当朝の皇域を軽じ奉るに及べり。偏に是れ如様の邪教天下に弘まりて顕密の正法威徳をうばわるる故歟。

(『受法用心集』)

世から正法が消えてゆく、仁寛は都でそういうふうに唱える人々を忘れかけていた。しかし何事も転変し、確かに動いている。実は仁寛がこの世から姿を消した永久二年(一一一四)の春からずっと後、邪教立川流を論破しようとした誓願房心定は、正法がおとろえてゆくさまを見て、僧侶の頽廃ぶりをいましめようとした。

しかしこの邪教は堂々と、「立川流は正教なり」と大上段にふりかぶって、空海の密教とそれ以外の教え（顕教《けんぎょう》）の中から少しずつ正しい教えのエキスをぬきとって、その後は枯野に形骸だけを残していった。正しいエキスをすいとった邪教はいよいよ正体をあらわし、ついに蒙古襲来の文永十一年（一二七四）前後にピークに達する、というのである。

心定の見かたは多少違うが、立川流を国難に乗じた一時的な頽廃と解釈したのかもしれない。しかし、それならば邪教として人心の動揺につけこんだ幻影に終っていただろう。仁寛は護国思想にもっとも注意をはらっていた。人間の生命というものの本質的なありかたを見きわめたかったに違いない。皇国の逆賊は逆に皇国の守護者であった。仁寛が死後十七年目に恩赦に浴して、枯骨が京に還ったのはそのためである。

仁寛が生きた時代に、呪詛による神仏の加護や悪霊の調伏の必要性を認めていた根拠には、いろいろな見方がある。この場合、仁寛の生にたいする執着が、あまりにも大きかったということになろう。

いずれにせよ、仁覚が流刑地の伊豆・大仁で想い苦しんだようすは、まったく語られていない。それはすでにふれたように自害（自殺）して果てたからである。この仁覚の死は、両手にたとえれば官能的でさえある定・恵の、両手を合わせるような表裏《ひょうり》の関係ではなかろうか。それは正純な密教のとくに古義では、本有《ほんぬ》と修生《しゅしょう》という関係をとおして、「悟り性《しょう》」の本質を説明しようとすることに等しい。性《しょう》とは、真言密教の教相《おしえ》のうち、悟りにいたる過程の概念を二つに分けて、本有と修生とした悟りの見立てである。

本有とは、もともと既にそなわって「有る」こと。普通の人（凡人）も聖者（僧、出家した人）も共に、悟りを実現する性質を元来、肉体・精神の中に備えている意。修生は修行すなわち宗教生活の統制・調節《コントロール》・規定《きまり》（規則）などの精神的にも肉体的にも修養する行為を実践し、本有の「悟りの性」は、妄念妄執に覆われて流転生死をくりかえしている。そこで修生とは密教の実践修行の根本である。身《しん》・口《く》・意《い》の三密の妙行を修することにより、転迷開悟（迷いに迷っていたものが、やがて悟りをひらく）して、本有の功徳《くどく》を明確《はっきり》とあらわすというもの。マトリックスのようにこれは、たとえば真言行者の心の中では、本有と修生は、対立概念として、対等に位置づけられるが、しかし、いざ修行をする段階になると、本有は行者の心の中に大切にしまわれる。そして修生という厳しい行法を実践することにより、行者の心の中にしまわれ覆われていた悟りの原型のようなものは、しだいに明確な「姿・かたち」となって正体をあらわすことになる。真言密教では本有を「本有本覚門《ほんぬほんがくもん》」といい、修生を「修生始学門《しゅしょうしがくもん》」と呼んでいる。またこの二つの悟りを求める道程は、『大日経』は本有を表としてあらわし、修生を裏としてあらわすとする。同時に『金剛頂経』は修生を表とし、本有を裏とする。したがって、本有と修生を立体的・平面的に二つの対立概念として組み合わせるとなると、双方それぞれ「不二」という結果を導き出すことになる。

本有と修生、この二つのキーワードは、真言行者の人体の中に一方ではすでに内蔵されており、一方ではその内蔵されたものを修行という過程において、みがきあげ、不二《ふに》融合させ光り輝くもの（大日如来）に完成させることになる。ただしこの場合重要なことは、本有も修生も「かたちあるもの」として、不二の中で生きて見えるということである。古来より真言密教では、教義において、本有を表とするもの、修生を表とするものに分けられるが、「本有を表」とするものに高野山の道範《どうはん》、東寺の頼宝、杲宝、賢宝がおり、「修生を表」とするものに高野山の宥快（立川流に反対した）、根来の頼瑜、聖憲がいる。両者の密家（本有家と修生家）の違い、入り方、行き方に違いはあるが、行きつくところはそれぞれ一緒のような気がする。それは仏の悟りの境地をきわめるには、立ったり、坐ったり

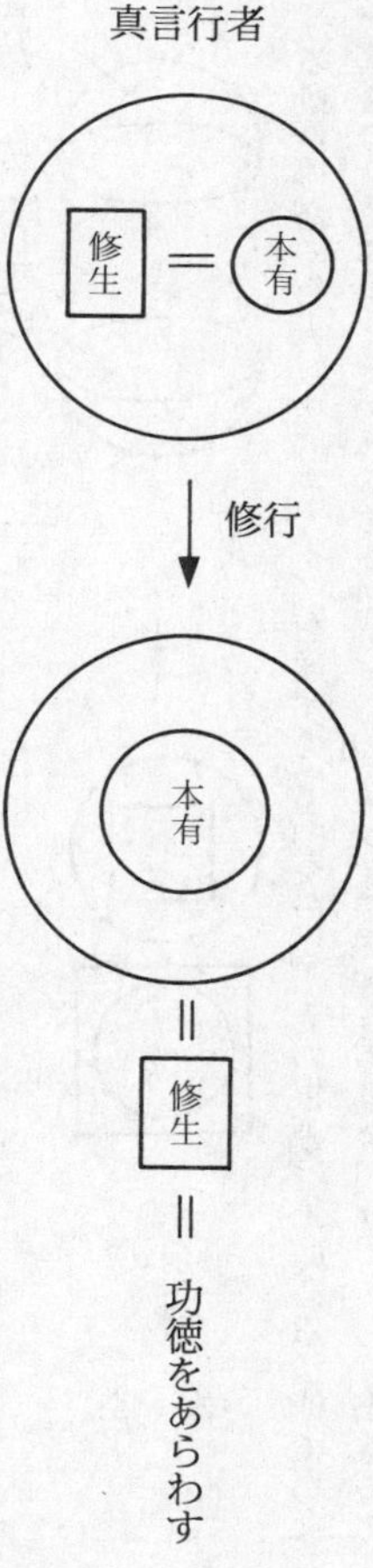

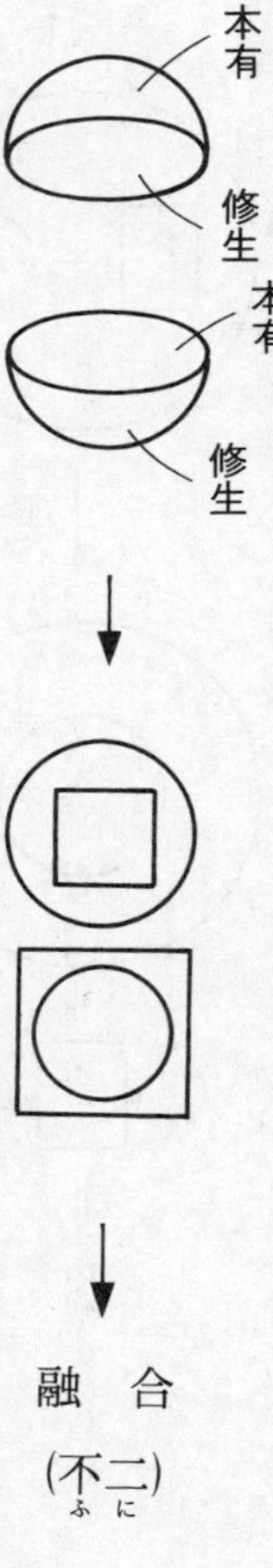


する動作のある行程（フィルター）を通すのであるから、その根源は生命ある状態で男女の冥合の行為にヒントがあるような気がしてならない。修行の場合、立つこと、坐ること、この交互のくり返しをなぜ行うのか、これは眠らないこと、修行をストップさせないことである。このくり返しの動作はリズムをもち、しだいに本有と修生の体系化といったシステムを、知らず知らずのうちに構築していることになる。登段のとき右左右左と登る（足を運ぶ）ことも、そのリズムと呼吸を人体の中で確認している事を示しているからにほかならない。

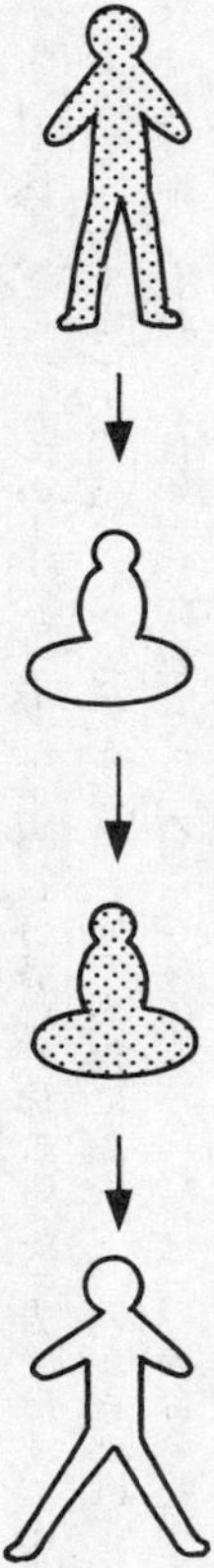

# 九　文観弘真のこと

## 立川流と文観

立川流は平安時代に仁寛によって興され、南北朝時代の文観弘真上人がその流儀を教相（教義・理論）、事相（実践・修行）の両方から大成したといわれている。しかしこの文観と立川流の関係を詳細に研究した守山聖真氏でさえ、「注理趣経の説は邪流に堕せるか」（『文観上人の思想』所収）において、「彼を立川流の大成者ないし宣伝者と見ることはなお研究の余地がある」と評しているとおり、現存する資料では明確に文観が立川流をあやつるまでに至ったとは言い難いのが実状である。

文観と立川流が深い関係にある、と指摘されだしたのは江戸時代のことである。立川流を弾圧した宥快の『宝鏡鈔』や、また元禄頃の祐宝（『伝灯広録』）により両者の関係が強調されているにすぎない。

ところで櫛田良洪氏も『真言密教成立史の研究』でふれているように、文観の出生については、これまた史料にとぼしく明瞭ではない。わずかに建武二年（一三三五）五月、後醍醐天皇に対する高野山金剛峯寺衆徒の訴状『建武二年五月□日金剛峯寺衆徒契状』（弾劾文）によると、文観はもとは西大寺の末寺である播磨国北条寺の律僧であった、という。そして文はつづく「兼て算道を学び、卜筮を好みて、専ら呪術を習い、修験を立つ、貪欲心に切に驕慢《きょうまん》の思い甚だし、洛陽に入りて朝廷を伺い」「証道上人之職を掠め賜りて、遂に東寺大観進之聖と為り」と。

文観が算道や卜筮を好んだといわれるが、ここでいう算道とは、陰陽道をとりいれた『大算相伝作法』や『大算曼荼羅作法』の実践（事相）をいい、立川流も算を基調としていた。これらの呪術は立川流に限らず、陰陽道系、仏教系、真言系、天台系など数多く流布し、とくに平安後期以降の密教の行者・修験者のいわゆる山岳に住みついた修行者の特徴とみてよいものである。

その文観が後醍醐天皇の信任を得て、金剛峯寺衆徒の奏状に対してもなんら措置は講じられなかった。その奏状は、高野山の宥快が『宝鏡鈔』の中で全文を引用している。「東寺の勧進の聖文観法師」と上奏文で呼びながら、ともかく金剛峯寺衆徒は文観の東寺と高野山の宗政のありようをことごとく追及したのである。そして、「恣《ほしい》ままに宗務を掌どることを停止せられんことを請うの状」を上奏したのである。

この中で次の四カ条ほどが文観への弾劾となっている。文観は律宗の出身でありながら、破戒僧であることきわまりない。それなのに東寺一長者となったことは未曾有の珍事であ

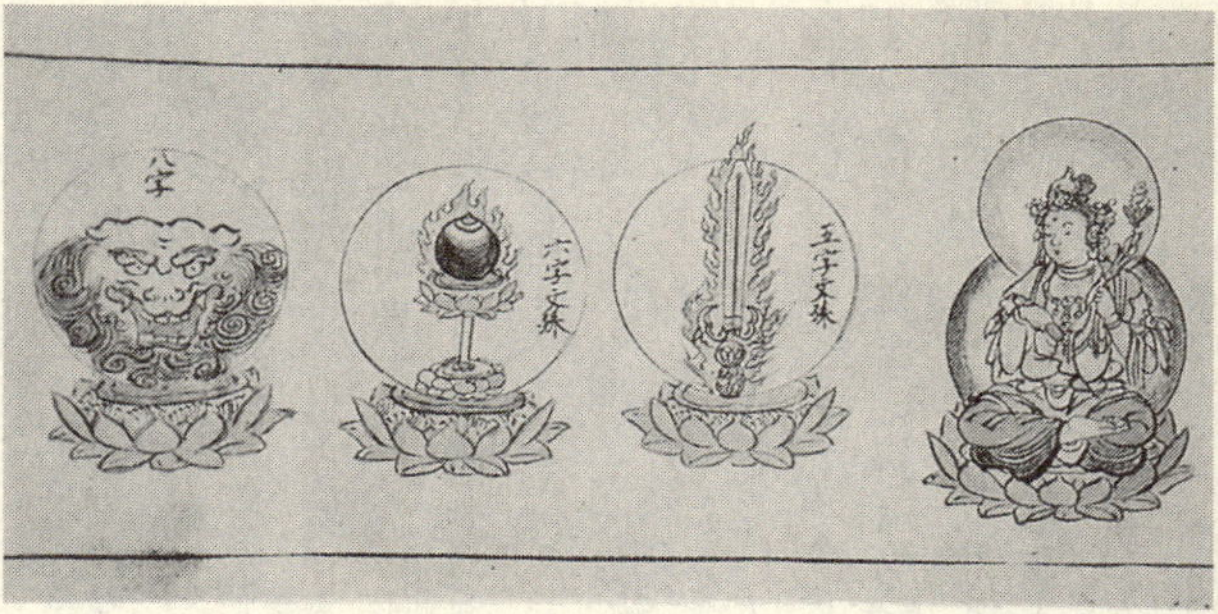


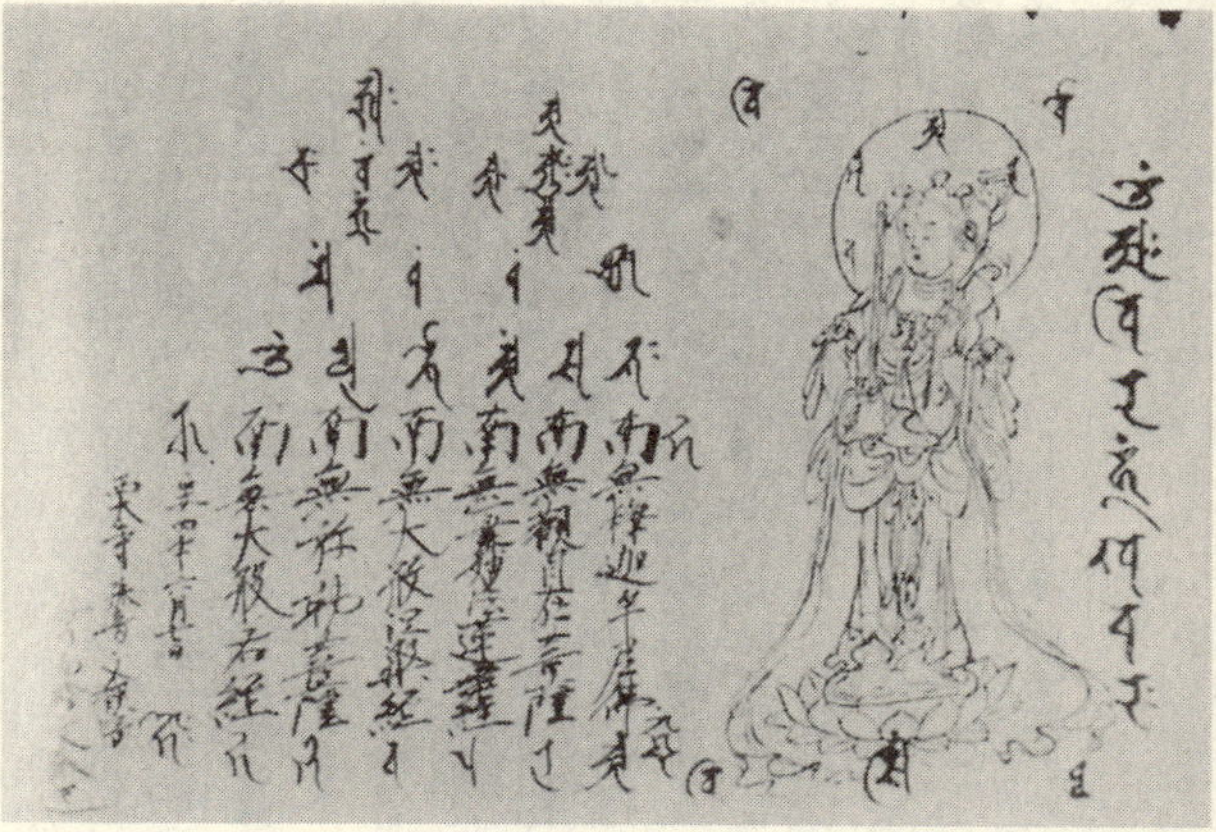

日課文殊菩薩像。

る。当然、弘法大師の御遺誡に背くことになる。即刻、東寺長者と高野山座主職を停止すべきである。この守山聖真氏の解釈した文観の律宗出身の根拠は、後に岡見正雄氏や山折哲雄氏により、さらに詳しく分析される。また、網野善彦氏は『異形の王権』(一九八六年、平凡社)において、文観=律僧たる根拠を、二十五歳の文観が、西大寺蔵文殊菩薩騎獅像胎内納入の「八字文殊曼荼羅」図(白描・淡彩)や「日課文殊菩薩図像」の書き入れにある、「西大寺小苾蒭文殊持者文観」、「西大寺殊音文観房」等の墨書により明白として、文殊信仰者としての文観弘真の実像を浮びあがらせている。ちなみに「殊音文観房」は号で、観音信仰もよくしたという。また、叡尊の十三回忌の追善にも西大寺の律僧として登場している事実もあり、さらには生駒の竹林寺(ここは忍性と関係の深い所)でも長老に迎えられている。有力な律宗寺院般若寺の本尊である八髻文殊菩薩騎獅像は文観の発願で造像されている。また東寺伝来の文殊菩薩獅子騎像は、画面上辺に金・胎両部の種子曼荼羅を記している珍しい本尊像であるが、文観の悲母五七日忌の追善を前提として描かれたものとして名高い。この画像の特徴は、金・胎両部不二を文殊菩薩に象徴化した点である。頭光や円相の外側に、仏舎利を赤・青・黄色で描いた宝珠を散らしているところから、文殊の背像には、宝珠を主軸とする両部(金・胎)の合一のしかたが暗示されているのは、興味深い構図といわなければならない。

## 河内長野とオランダで考えたこと

もう十五年ほど前になるが、河内長野の観心寺に国宝の如意輪観音像を、画家の前田常作さんと拝観しに行ったことがある。豊麗で官能的な、そして肉感の本質を感じさせるあの像を、いつどこでどのようにして前田さんと約束したのか覚えていないが、ともかく東京からわざわざ一緒に拝見に行ったことは事実である。この像はその頃は、毎年四月十七、十八日に一般に開扉されていた。行った年は忘れたが、十八日であったことは間違いない。しかも着いたのが夕闇迫る閉門ぎりぎりで、三十分ぐらいしか拝観時間が無かったのを記憶している。我々が寺に着くと、もの静かな永島行善老師が袈裟に身をつつんだ正装で出迎えてくださり、本堂に案内された。前田さんは案内される境内をずっと両手を合わせたまま歩いていたが、堂内で九世紀後半につくられたという、この六臂のこの坐像の前にすすむやいなや、「ああ……」と小さな声を発して近よって行かれた。私もその動作につられて、うす暗い空間を静かに近寄った。四メートルほどしか離れていなかったと思うが、きっと視点には定められた絶対的な距離があるのであろう。私は像内からほとばしる、肉感の中に生きた人間の肉をいやがおうにも感ぜざるを得なかった。その肉から五彩の、赤や青や黄の、何ともいいようのない生命の根源と女人の息づかいさえ、六臂のこの像から感じたのである。密教では本有《ほんぬ》(本当のすがた)という教義《きょうぎ》(教え・理論)を観念的に回《かい》帰《き》(この場合もとにもどる)させて受けとめようとするが、密教芸術の根源というか在りかは、まず生きた人間の生身《なまみ》、肉体を感じることに出発点があるように思われる。平安前期の密教像としてあまりにも有名なこの本尊を、本有のとおりに受けとめるか、その次元をのり超えて見つめるかは、宗門でも問題なのであるが、私の第一印象は、かつて洋画の歴史において印象派を意味づけたモネの「日の出」と同じように、そのまま、ありのままのイメージを心中におさめることにした。今、私はこの原稿を、アムステルダムのホテル・クラズナポルスキーで書いている。ここから数分のところにゴシック寺院があり、生々しい白色の聖母マリア像がある。実になまめかしい異様な像である。これを見てひそかに、十五年も前の出来ごとを思い出した。そういえば同じような衝撃が……、というわけで、私にははるか昔の感動をよみがえらせたのである。立川流の本質を見出そうとすればするほど、その目は客観的に、遠くから見るようになる。いつもそうなのであるが、東京を離れた異国の地での発想であることが多い。なぜ観心寺の如意輪観音に結びついたのか。それは文観がその高弟禅恵《ぜんえ》とともに強く結びついた金剛寺のある河内長野の天野が、この観心寺からさほど離れていないことにある。金剛寺も観心寺も地域的に南北朝時代には同じ南朝方楠木氏の保護をうけて難を避けた真言密教の有力寺院である。金剛寺は平安時代の末には阿観《あかん》(一一三六―一二〇七)が再興した寺で、八条院暲子内親王(一一三七―一二一一)の祈願所として栄えたところで、祈禱寺の一面も有していた。鎌倉末から南北朝にかけて後醍醐天皇や護良親王と結びつき、後には後村上天皇(一三二八―六八)の行宮《あんぐう》となった所でもある。この文観・禅恵と金剛寺の延長線上に観心寺・如意輪観音の存在を配置するのは、そう無理なことでもない。しかも文観はこの官能的な如意輪観音像を拝観しているに相違あるまい。ちなみにかつて天野酒として珍重された地酒は、この金剛寺境内で醸造されていた。金剛寺は女人高野天野山と呼ばれ、とくに南北朝以降江戸時代には高野山と同じく弘法大師に女人を結縁する霊場として栄えた。伽藍配置も規模は小さいが高野山に似せてつくってある。

文観は吒枳尼天（荼吉尼天）をまつり、その修法を巧みにしたという伝承がある。今日、文観が立川流の本尊と見たてた画像は残されていないが、現存例から推定すると荼吉尼天曼荼羅ではなかったかと考える。東寺に奉納した文殊菩薩像の五髻文殊の頭光に五つの宝珠が配されており、さらに上辺にもその頭光から派生したと思われる放光状の五つの宝珠が意味ありげに描写されているからである。長谷能満院に伝わる天川曼荼羅と別称する芝林賢筆の荼吉尼天曼荼羅には、無数の宝珠・三弁宝珠が同じように描かれているから、異質の図像の共通点とみてよいと思う。

文観は文殊と観音を特別熱心に信仰し、自ら文殊観音とも称していた。東寺西院に納めた文殊菩薩像は、自分の母の五七日（三十五日）忌追善供養のためというから、文殊と観音を結合させた悲母の証をみることができよう。同様のことは後醍醐天皇の討幕祈願成就を願った般若寺本尊八髻文殊菩薩騎像の発願によっても知ることができる。

しかし注目すべきは宝珠である、もし文観が立川流的発想を自らの密教理論（教相《きょうそう》）の中に組み入れていたとすれば、文殊・観音の結合をとおしての五髻、すなわち五つの宝珠を新しく付加した解釈があったに違いない。これから、荼吉尼天曼荼羅はさらに無数の宝珠を点散させることにより、ある目的をもった玉体加持《ぎょくたいかじ》につなげようとした意図があったのではないか、そう理解せざるをえないのである。

宝珠は釈迦の法身、舎利信仰が具現されたものとみることができるが、玉体（天皇と国家および国土）のシンボルにも通じるものがある。文観はその関係を重視してか、建武三年（一三三六）正月八日からの後七日御修法を東寺（真言院）で行っている。いわゆる帝の武運長久を祈り念ずる、真言密教最大の儀式である。天皇の玉体加持は今日なお東寺で毎年正月の八日より一週間続けられているが、これはいうまでもなく空海以来の法統である。なぜ文観は後七日御修法にこだわっていたのか。この御修法はいうまでもなく最初は宮中で行われていたが、後に東寺・真言院で行われるようになった。

しかし建武三年の正月の京都は、足利尊氏軍の乱入で御修法は三日で断念せざるを得なかった。文観は比叡山に逃れるが、再度の御修法はその十六年後、南北朝の双方に和平が成った翌年の正平七年（一三五二）の正月である。文観の念願の修法対象は後村上天皇であった。

それもつかの間、騒乱はふたたび始まり、その五年後には文観はここ河内金剛寺で数奇

右：真興感得の『弁才天像』。
左：『刀八毘沙門天像』。

文観筆「五髻文殊」。

な一生を終える。金剛寺が後村上天皇の行宮《あんぐう》の地となったのも、この文観とのかかわりが深かったからである。

ところで文観がなにゆえに玉体加持に執着し、この後七日御修法に力をそそいだのか。もし文観の心中に玉体加持と重ね合わされ、なおかつその裏に立川流的意図があったとすれば、それは舎利供養ではなかったかと考える。

立川流の舎利信仰は赤白二渧と直接かかわりが無いようにみえるが、それは大きな誤りである。赤白といってもそれは仮の存在ではなく、明らかに人間の男女である。ところが男性も女性も生きている状況の中では、明らかに光り輝き両者の力は引きあっている。死んでしまうと肉体や精神をコントロールしている証としての輝きは失せ、やがて光も消えてしまう。結局は骨（身骨）だけが残る。

金沢文庫に保管される称名寺の印信《いんじん》の中に「女仏」が受者となって血脈をうけた例があることは既にふれた。建治元年七月二十七日に『舎利灌頂』が秘法として「弟子女仏」に伝えられたというのである。ここには口伝が添えられており、舎利の具現を五輪塔に当てて理解しようとする。舎利はいうまでもなくお釈迦さまの身骨なのであるが、その身骨を生じさせた源についてこの口伝は但し書きとしてふれ、順を追って書かれている。「風（地・水・火・風・空の五大のうちの）は五輪塔なり。二大はすなわち二地なり。二水は光なり。二大は釈迦舎利なり。また云う二大とは浄飯王摩耶夫人の和合にて赤白二渧の身骨なり。これ釈迦の身骨なり。この釈迦の身骨すなわち自性身の身骨なり」。ここで問題となるのは、釈尊が、父である浄飯王と母であるマーヤ（摩耶夫人）との結合によって生まれ出たことを述べ、さらに宇宙的生命である大日如来は胎・金両部を観行することにより生じるが、それは究極のところ、男女和合の赤白二渧をもって可能である、とする。このように生命の誕生は、源を明確に、赤白二渧から派生した身骨だというのである。

密教の常識では、このように現実の人間の男女和合（性交）までふみ込まず、それ（現状）を超越してミクロかマクロかという視点で生命観をとらえようとする。たしかに密教の究極が即身成仏であるとするならば、男性性と女性性への双方に片寄る視点は、この場合、必要ないのかもしれない。恐らく中世・鎌倉期においてもこのようにして、密教の「大日如来」をどう把握するかで密教僧侶のあいだでは激論があったに違いない。

たしかに釈迦の教えを法《ダルマ》となして、あまねくひろめ守ろうとするためには、譬喩とはいえ、仏教徒は釈尊の身骨が、男女和合の赤白二渧を以って成立する、と言い切るのにいささか抵抗があった筈である。だからこそ立川流の密教では、観念の世界によって、意識を通しながら舎利・身骨が生じる究極を見定めようとした。

これが『舎利灌頂』および『舎利灌頂血脈』で想定した「即身成仏灌頂密印」という極意の切紙なのである。この極意を発給するにあたって、当時の阿闍梨は、立川流の人間の見方や男女設定は人間の死を超えていない、と位置づけていた。これに対して正純な密教は人間の死を超えていた、と見る。

立川流は性交を通して、死を超えたとみなす即身成仏を完成し、その性愛が結びつけている男性と女性の結実した状態を赤白二渧の具現とみる。しかもこの死を超越しようとする両者(男女)の結晶たる愛液を取りあつめては、他の人間の遺骸・髑髏に注入することを最終目的とする一面がある。この脈絡はまさしく死者の再生を達成しようとする数少ない立川流の再生システムの儀式でもある。立川流の性愛をベースにおきながらも人間の死(タナトス)を出発点におこうとする回路から考えると、遺骸・髑髏の形態の中にこそ、むしろエロス(性愛)を支配する生命のシステムが潜んでいるともいえよう。

いずれにせよ立川流というエソテリズム(秘教)は、髑髏に住みつくという七魄と六道をさまよう三魂七魄の交叉を通して、密教の究極である即身成仏を実現することを目的とするのである。いうまでもなく三魂七魄は赤白二渧の中に含有されているのであるから、心定が『受法用心集』で細部にわたって執着しているように、その赤白二渧の三魂七魄を拡散する床ともいうべき髑髏の採集は、それゆえに種類も細分化されているのである。

文観が撰述したいわゆる経典・儀軌類の書写本は一千巻以上もあったという。宥快が立川流を弾劾した『宝鏡鈔』の中でもそう述べられている。ふつうの真言密教の高僧でも千巻となると大変な数であるが、文観の場合もそれほど多くの密教書に精通していたという意味としての千巻の写本を宥快は確実に確認しているわけではない。しかも、その中に文

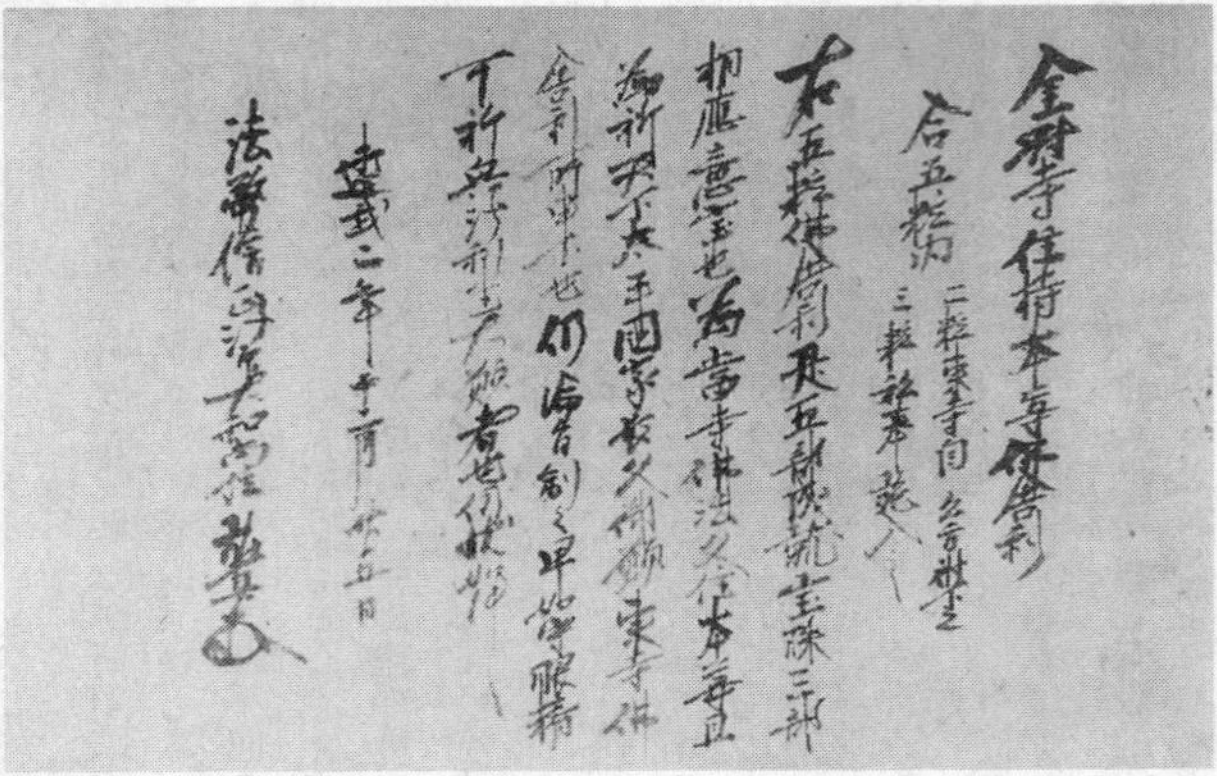

文観筆「舎利寄進状」。

観と立川流を関係づける直接的な資料は見出すことができない。つまり、立川流聖教を文観自ら書写したかどうかは、疑問であった。

ところが立川流的視点をもって、解釈され記述されたものが、細かく検討してゆくと見出せるのである、その代表が『勅撰理趣経秘註』であるが、これについては後でくわしく触れることにする。ただ私の諸寺院調査の経験からすると、あちこちに「法務僧正弘真（花押）」「醍醐寺座主大僧正弘―御判」「東寺座主大僧正弘―御判」といった弘真の奥書と考えられる写本が、かなりの数見うけられるのも事実である。その中の一つに『如意輪陀羅尼経』というものがある。なぜこの経典に注目するかというと、文観の修法の主尊を見るかぎり、その別尊法の多くは真言密教の本尊が醍醐寺や東寺系に限定されている、という特殊な事情の中で育まれていたのではないかと思うのである。文観が真言密教の宗教者であると同時に絵仏師の側面も持ちあわせていたことは『本朝画史』にも「僧正文観、能ク祖師像ヲ画ク」と伝えている。また東寺に文観自ら彩色した文殊菩薩像を寄進したことが『東宝記』にも記されている。さらに東寺の『西院安置聖教目録』に「八字文殊像一幅」とあり、これが建武二年に寺務弘真僧正によって描かれたものであり、寄附されたものであることがわかる。また先の『本朝画史』には法相宗の高僧慈恩大師像を描いて、その他雑多な仏画はあまり見かけないといっているところから、密教の行事など何か目的をもたない本尊を、「文観弘真」（画僧としての名）はあまり描かなかったのではないかと考

金剛薩埵（御室版による）。

えられる。

このような発想は、清浄光寺蔵の『後醍醐天皇像』にもいえよう。天皇の持ち物に着目するならば、右手に五鈷杵、左手に五鈷鈴を持しているのは、両部のうち金剛界の金剛薩埵の表示と解釈できよう。つまり、この着想は文観の後醍醐帝に対する、密教曼荼羅を舞台とした権力的理想像となるべき姿の具現を暗示したものである。というよりむしろ、これらの源には、空海を鑽仰し続けた後宇多法皇の肖像があることも疑いえない。

空海すなわち弘法大師像の御影で、右手に五鈷杵、左手に念珠とする持ち物形態が全身の正統な正装だとすれば、教義のうえで正統ではないとする後醍醐スタイルの左手＝五鈷鈴は、即愛染明王でもあり、即金剛薩埵の大楽をかかげた、堂々たるもう一つの真言密教の姿の具現とみなされても決して不思議ではない。

この金剛薩埵を内蔵するのは金剛界曼荼羅中の理趣会であるが、もともと両部曼荼羅の金剛界には、対立概念としての胎蔵界曼荼羅より、男性的原理に符合する政治権力の象徴たる智拳印（金界・大日）がある。

この印相は法界定印（胎界・大日）より、より行動的であり、次の動作への応用的性格を秘めたものである。それには長いあいだの密教史観において、「右手金剛五鈷・左手金剛鈴」という金剛薩埵像が秘められ、展開されてきたからこそ、鎌倉時代に、両部神道における古代から続く「光のような存在」としての厳しい神功皇后像を意識して、文観は後醍醐天皇＝金剛薩埵像として肖像画の中に演出したのではないかと考えられる。むろん後醍醐天皇御影の作画は文観在世より後かもしれないが、後醍醐を金剛薩埵の姿と同一視する考えは、文観と後醍醐二人の間にあったものかもしれない。

そう思えるのは、実は文観が撰述したであろう『勅撰理趣経秘註』四巻の製作そのものが後醍醐天皇生前に文観に下した勅命であったからに他ならない。守山聖真氏の研究では、天皇の在世中には完成せず、崩御の翌年「興国元年」(文観六十三歳〔七十三歳誤写という解釈あり〕)に急ぎ脱稿、尊前に供されたという。

後醍醐天皇　正応元(一二八八)——延元四・暦応二(一三三九)

文観弘真　弘安元(一二七八)——正平十二・延文二・十・九(一三五七)

ここで重要なことは、文観自身が『勅撰理趣経秘註』四巻を完成してから、亡くなるまでの約十七年間(文観が六十三歳の時の撰述と仮定して)、この注釈が彼の晩年において密教教義解釈の中心的役割を果したであろうことを想像させるに十分なものか否かである。私は十分に値したと考えている。なぜなら、文観はこの『秘註』だけではなく、その死の四十日ほど前の正平十二年八月二十六日(大須観音・宝生院本・大日本史料第六編による)に、『理趣経大綱秘釈』を後村上天皇の勅命で撰述しているからである。その『秘釈』の冒頭に空海がいうところの自性法身としての金剛薩埵は、自覚して、それが本来の実相(実像)である、と述べている。これは金剛薩埵そのものが自性法身をあらわし、宇宙的

後醍醐天皇像（部分・清浄光寺蔵）。

生命としての大日如来と衆生（われわれ人間）の発菩提心（仏ごころ）との接点に位置づけられる尊格（仏）であることを確認している。その、金剛薩埵は普賢菩薩の異名ともいう。密教では本有《ほんぬ》（もともと悟りのある性質を有して仏のはたらきを内蔵していること）の状態で菩提心をつかさどる尊格で、金剛薩埵と同体とされる。

既述の後醍醐天皇像の持ち物と同じ図像は、金剛界曼荼羅で、しかも欲・触・愛・慢の四菩薩に対する理趣会の中心に位置づけられている。この画像の根本にもし、文観の演出が介在すると仮定するならば、金剛薩埵と後醍醐天皇の力関係のシナリオは、どのように読み解くことができるだろうか。密教の教相（教え）の理論では、一切衆生が菩提心の総体として解釈される。一切衆生はこの金剛薩埵の加持力により発心《ほっしん》する。

一切衆生すなわち人間・大衆・庶民という縦の社会構造の構図は、そのまま支配者としての後醍醐天皇（金剛薩埵）の加持力により、思うがままの支配権を行使することになる。それを演出しているのは、実は文観である。したがって密教では、宇宙的生命としての大日如来（神でもある）の根本意をふまえて、衆生に伝持する仲介者を金剛薩埵とみる。後醍醐天皇像を理趣会にあてはめると欲・触・愛・慢にからまれ、やがては自分自身が権力の座から引きずりおろされ、演出者としての文観も同じ運命をたどる結末が用意される。この脈絡は、『秘註』の本経である『理趣経』の菩薩の境地を読み解いてゆくと、大日如来《ワヤン》の側から立川流的視点に立って、現実の影絵を見せつけられているにすぎない。立川流

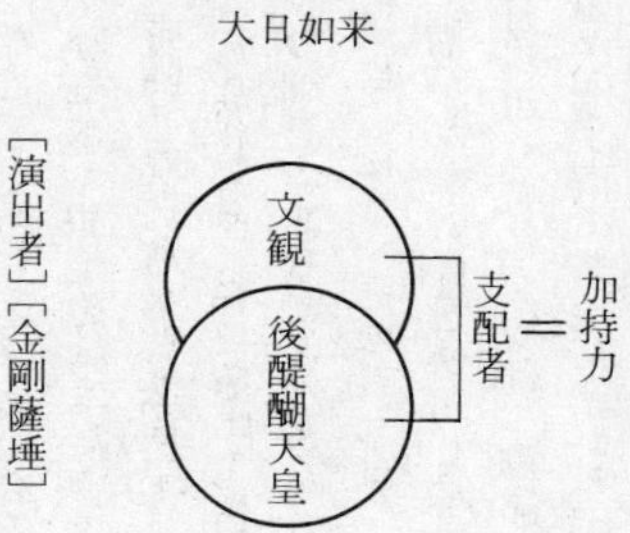
大日如来
[演出者]
[金剛薩埵]
文観
後醍醐天皇
支配者
＝
加持力

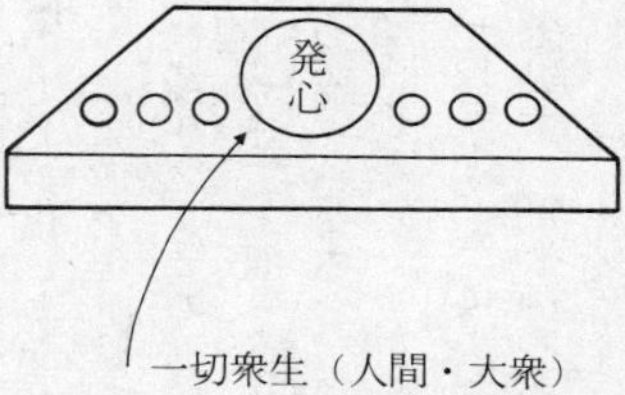
発心
一切衆生（人間・大衆）

においては、したがって、大日如来を覚者の総体とみなすならば、金剛薩埵は一切衆生の迷いの総体と位置づけることができよう。しかもその総体は、仏ごころ（菩提心）を発射させる引金にもなるという。

後醍醐天皇は後年、自分自身そうとうな迷いを生じていたようだ。そこで文観が強力にかかわることになる。しかも迷いそのものの根源を画像の上で美化しようと、ゆるぎない天皇像を焼きつけるべく演出を試みたのである。清浄光寺に伝来する記録「後醍醐天皇御影幷宸翰等ヲ小野随心院門跡杲尊法親王ヨリ尊観法親王へ授与之文」の「後醍醐天皇御影事」によれば、宮島新一氏（『肖像画』後醍醐天皇像、一三六―一三七頁）も指摘しているとおり、文観作画の御影であることがわかる。この「授与之文」によると、後醍醐が延元四年（一三三九）に亡くなり、その五七日（三十五日）後の仏事に際して、九年前（元徳二年＝一三三〇）に描かれた寿像を使用している。さらに「授与之文」によれば、嘉暦二年（一三二七）十月二十六日に文観は、御節所殿において後醍醐の姿を写しとるが、その時の後醍醐の年齢が四十歳であったという。

そしてさらに重要なことは、ともかくその装束といい、両手の持ち物といい、およそ天皇の正装の姿としては、この当時まったく異形であるというのである。このことについては、網野善彦氏が『異形の王権』（平凡社、一七九―八四頁）において、政治的背景や社会構造から、そのイメージ化の仕組みを考察している。この異形の解釈をどのように読み解くのかについて、私が注目したいのは、その網野氏がいう異形の成りたつ過程において、政治支配の構造と正統な密教理論（教相《きょうそう》）が、中世・鎌倉期から南北朝期にかけては、必ずしも符合せず、むしろ背反しているという事実である。

このような視点に独自なヒントを与えてくれたのは、『姿としぐさの中世史』（一九八六年）や『王の身体・王の肖像』（一九九三年）の著者、黒田日出男氏である。この後醍醐天皇の御影についても後者において、「肖像画としての後醍醐天皇」（二五二－五三頁）をさらに詳しく分析している。後醍醐天皇の肖像（清浄光寺蔵）が、金剛薩埵であり、上部の天照大神の墨書が、本地としての大日如来を表示していることは、既に黒田氏が指摘（朝日百科「日本の歴史」別冊通巻十三号、一二頁、コラム「後醍醐天皇と聖徳太子」）しているとおりである。ただ、私はこの天皇の肖像を図像分析することにより、一歩進んで、明らかに金剛薩埵としての後醍醐天皇御影は同時に灌頂御影であることに注目したい。

ではこの場合の灌頂とは何を指すかというと、それは既述の「授与之文」にも述べているように「瑜祇灌頂」の姿を写貌《しゃぼう》していることである。いいかえるならば、真言密教の中心の一つである瑜伽瑜祇灌頂の正装で描写されていることに、何らか意図的な意味がひそんでいるに違いない。「おそらく伝法灌頂における金剛薩埵に扮した姿や天皇御影図巻を写したものとみられる」（『時宗総本山遊行寺宝物館図録』）とは、有賀祥隆氏の卓見である。この像容を明確に金剛薩埵である、と述べているのは有賀氏の密教図像に対する奥深い知見によるものである。

この画像は、灌頂を授与される側の後醍醐天皇の、天皇という王位とは別の、真言密教の奥義をきわめたいという意図がみえがくれしている。つまり、真言僧としてのなくてはならない特異な存在としての位を後醍醐天皇はどうしても必要としたのである。

ところが、演出家としての文観にも、もう一つたくみな計算というか、目論《もくろ》みがあった。その手口はきわめて巧妙であると言わざるをえない。いうまでもなく、瑜伽《ヨーガ》瑜祇《ゆぎ》を説くのは、『瑜祇経』である。二巻あって、『相応経』とも別称し、かの有名な金剛智の訳出になる。むろん空海も中国より請来し、後に高野山開創にあたって壇上伽藍に根本大塔を建立する際の根拠になった重要経典である。最近、この『瑜祇経』の所説と澄豪（一二五九―一三五〇）の注釈『瑜祇経聴聞抄』を通して、山本ひろ子氏は『変成譜』（一九九三年）一一〇頁に「密教の口決の中から、中世における愛染明王を通して〈性〉と〈王権〉の関係がかいま見えてくるはずである」という興味深い考察を展開している。

後醍醐天皇の御影に山本氏の解釈・理論をかぶせることも面白い発想なのであるが、私はもう少し、瑜祇経にもとづく瑜祇灌頂の理論が、あの画像の図像とどのように結びつくかを考えてみたい。すでにふれた「授与之文」では、文観弘真は、後醍醐天皇像開眼のとき、自らの演出を改めて言うのもおかしな話であるが、「奇瑞」といっている。天皇のこの姿は、瑜祇灌頂を受ける際のもので、東寺での灌頂の時の服装であると述べている。瑜

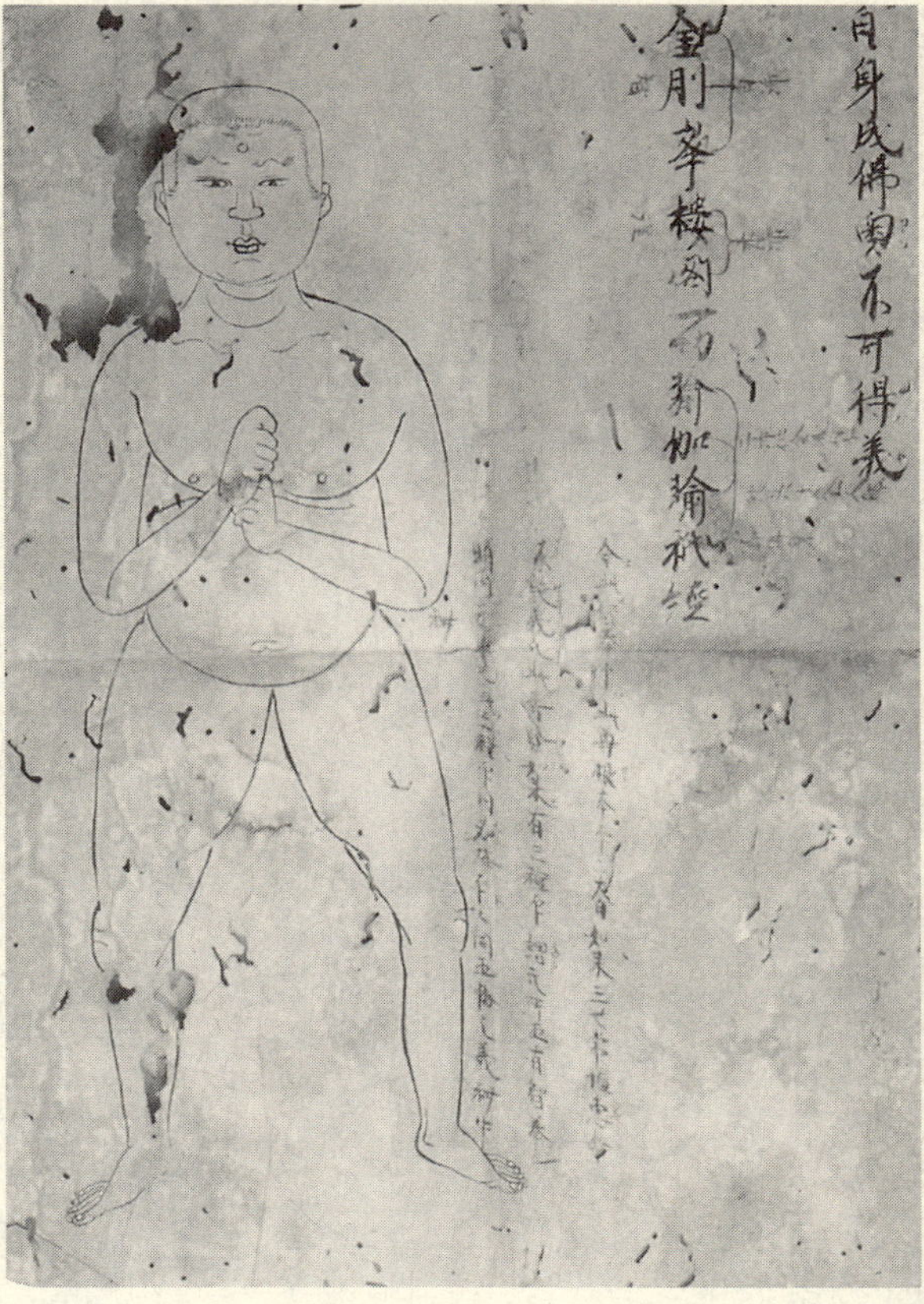

『瑜祇経』にもとづく裸形像（智拳印）（神奈川県立金沢文庫蔵）。

祇灌頂とは、今日的にいうならば、文観は後醍醐天皇という女性的原理に対して、演出をほどこすと同時にセクシャルハラスメントという大罪を犯してしまったのである。ところが御影は厳然として伝承され、抹殺されることはなかった。灌頂による如来の人体化。天皇の権力という名のもとに性力（シャクティ）を理法化すること。やがて理法化の理は胎蔵（女性的原理）のシンボルとなる。

『大日経』に説く以心《いしん》灌頂と同じ構造をもっているが、直接には『瑜祇経』の「金剛薩埵菩提心内作業灌頂悉地品」にもとづいている。

主役ともいうべき阿闍梨《あじゃり》（アーチャルヤ）の身体全部に十五尊布字を観布《かんぷ》（瞑想して、十五項目に梵字をほどこし、尊格を人間の生命観と同一にする）し、さらに金剛界曼荼羅の五仏を含む根本である三十七尊を観想《かんそう》する。この観想の実践は古くは真言宗よりも天台宗でさかんに行われていた。観想によって組み合わされた十五尊布字は、やがて仏のからだを完成することになるが、これを支分生曼荼羅《しぶんしょう》という。したがって瑜祇灌頂はその受者の身体を支分生曼荼羅と観ずることに、その極意を認めるのである。

支分とは身体の手足をいう、生とはこの世に生じること、それゆえ後醍醐天皇の御影は、その王権の身体に支分生曼荼羅の具現を目的とした瑜祇灌頂を受けるのである。文観は後醍醐天皇を美化すると同時に立体としての支分生曼荼羅を画像の中につくりあげようとしたのである。その曼荼羅が天皇の肉体に温かみを加え、やがて金剛薩埵と同一視出来るようになる仕組みは、持ち物に象徴化されている。まず天皇は左手に金剛鈴を持って腰に当てる。また右手は胸前に五鈷杵をしっかりとにぎる。この場合、金剛鈴はすべての衆生の迷いをさますために音を静かに鳴らし、驚かし、めざめない菩提心を開かせる。さらに五鈷杵は覚者としての象徴ともいうべき、五仏《ごぶつ》の三昧に住している。この図像は真紅の身色をともなう愛染明王をもあらわしている。

文観は表面的には、『理趣経』の解釈に力点をおいていることは、異論のないところである。ところが後醍醐天皇像の作画にあたって演出を試みたとされる根拠・所依の経典は、これまでにもふれてきた『瑜祇経』である。金沢文庫にも、これの注釈や絵図『瑜祇塔図』（白描）などが、称名寺住持の第二代釼阿在世中にさかんに収集、書写、模写されている。桝型本に多い『南天鉄塔』『鉄塔』などの口伝書などは、いずれも鎌倉期における『瑜祇経』を重視した高野山側の傾向を示すもので、その影響は東国にも流伝していたとみるべきであろう。その中で特に注目されるのは、『十五尊布字図』という絵図と伝法の存在である。

この図は二種あって、ともに鎌倉時代の白描図である。楮紙《こうぞ》に墨線で、真言行者の結跏趺坐像を描き、頭上に宝冠をいただき、両手は下腹部前で定印を結んでいる。胎蔵曼荼羅の大日如来像（法界定印）と同形であるが、図の余白に墨書で記された釈義によると、冒頭に「持真言行者」と示されているから、像容は行者が如来になることを（あるいは成ったと仮定した)、完成された像・姿として写しとる意図が強い。つまり「仏になりたい」、「即身成仏」を完成したい、「仏に同化・融合」したいという願望は、形而上の卓上の論議ではなく、つきつめればつきつめるほど、人間の生命感の中では絵に描いて、「このような姿になる」という実写を描いて見せたはずである。「仏に成る」ことを一つの境地の具現としてとらえた、絵にかいた餅ではない、絵にかいた現実「そこに在る仏の姿」の表現を成した姿・形であったに相違ない、と私は立川流をとらえる。生きている人間にとって、何よりも重要なことは、生命の中で事実をあいまいにせず、絵に描いたらこうなる、という感覚で推し量った解釈、これが立川流の本体ではなかろうか。

## 『十五尊布字図』を見る

『十五尊布字図』は二図あるが、いずれもその姿を「観身仏形の如し」と述べている。真言行者は身体の十五ヵ所(「位所《いしょ》」という)にそれぞれ梵字で布字《ふじ》(種子《しゅじ》を配置・あてはめること)し、それが大日如来すなわち「法身」であることを意味づけ、この図の作者はそれを注記している。

十五の位所とは、

㈠「観身如仏形」

全身を理法身と成じて、それがすなわち仏の姿である、とみる。後醍醐天皇が瑜祇灌

瑜祇塔図。鎌倉時代（神奈川県立金沢文庫蔵）。

頂のスタイルを服装（すがた）でカムフラージュしたことは、人間に近い仏になりきることが重要であったためであろう。

(二)「根本命金剛」

発心《ほっしん》の最初の形像である金剛薩埵の姿（身）をあらわす。「金剛」はその略称。要するに全身を智法身という形像に成ずる。後醍醐天皇にとって、顔・全身が金剛薩埵になりきることが必要であった。

(三)「釈輪以為座」

腰より下の金剛輪座を「釈輪」という。釈尊がさとりを得たときの座で、無仏の時代には、釈尊そのものの象徴となった。密教では、曼荼羅壇が該当し化身の意をもつ。別に帝釈天の住する忉利天の座の意もある。後醍醐天皇にとって、仏（金剛薩埵）の座すなわち、権力の象徴としての座でもある。

(四)「多羅為二目」

観音の両眼（二目）より出た眷属、すなわちターラ（多羅）菩薩が如来の目となり、またその機能をはたす意。権力の座を得た帝は、世間を見通すすぐれた見識と大衆・庶民を見通す両眼がなくてはならない。そのシンボルがこの目である。

(五)「毘倶胝為耳」

また観音より出た眷属、ビクティー菩薩が両耳（左右の耳）の機能を果たす意。慈悲の心を起して、衆生の想いをよく聞き、そこから救いの手だてを確立する。王が権力の座を得ると同時に、民衆の訴えに耳をかたむける意味があると考えられよう。

㈥「吉祥為口舌」

この吉祥とは、文殊菩薩の大きな智恵により法輪を転ずるがゆえに言う。「口舌」はすなわち顔相のうち口のある部分をいうが、これと合体せしめ人間を機能化する根拠は、蓮花部では利菩薩が口舌に該当するがゆえにそういう。権力をにぎる者が、文殊の智恵にもとづき、発言する源として、顔かたちと口元は、重要なイメージをつくりあげることになる。

㈦「善戯為鼻端」

仏の顔相のうち中央の鼻の部分は、金剛嬉戯菩薩の機能を当て応用する。権力者たる者の顔相の中心は、目と鼻に頼りがいのある力が宿っているとみる。王の座からほとばしり出る「嬉しさ」や「楽しさ」はこの菩薩の表のすがたである。

㈧㈨「金剛観自在」

図には「以成両手臂」と注記があることから、両手の上腕の部分に観自在菩薩の機能をみている。国を治める権力には、両手の力強いイメージは欠かせない、同時に観音のような慈悲深さもかねそなえていなければならない。

㈩⑾「三世不動尊」

両膝に記入されており、左足は降三世明王を、右足は不動明王をあらわしている。この二尊は、邪悪な勢力を除去する有力な五大尊に属する。したがって権力を維持してゆく際に欠かせない礼拝対象（忿怒像）といえる。

（十三）「臍成虚空眼」

この位所の尊名は、『瑜祇経』によると「仏眼」すなわち、仏眼仏母尊であるという。「虚空眼」とは仏眼尊のこと（『不空羂索経』所説）。金剛薩埵所変の姿かたちをもち、明恵上人が母親を思慕するあまり、白色の「仏眼仏母像」を描かせたことは有名。虚空眼とは如来の眼の力や眼相を人格化してつくった尊をいう。眼にはもともと無限の智恵を生み出す力が宿っているという考えから生み出されたものである。「臍成」とは、両手が法界定印をして、丹田（臍の少し下）に置かれた位置をいう。『瑜祇経』によって明らかなように、これこそ金剛薩埵のもう一つの女性的原理の像、胎蔵界大日の姿かたちをあらわす。所説では「両目は微笑し、二手は臍に住す」と説いている。

この理論を後醍醐天皇像に当てはめると、その本体である肉体は男性的原理の金剛薩埵像をあらわし、また瑜祇灌頂のユニフォーム（法衣）を着ることにより、十五尊布字位所を実感し、その衣《ころも》の中に女性的原理としての金剛薩埵所変の姿、胎蔵界大日を象徴的にあらわしている。図はその図像である。したがって後醍醐天皇の肉体と持ち物は男性性をあらわし、衣服とそれを着ることは女性性をあらわし、結局、一つの

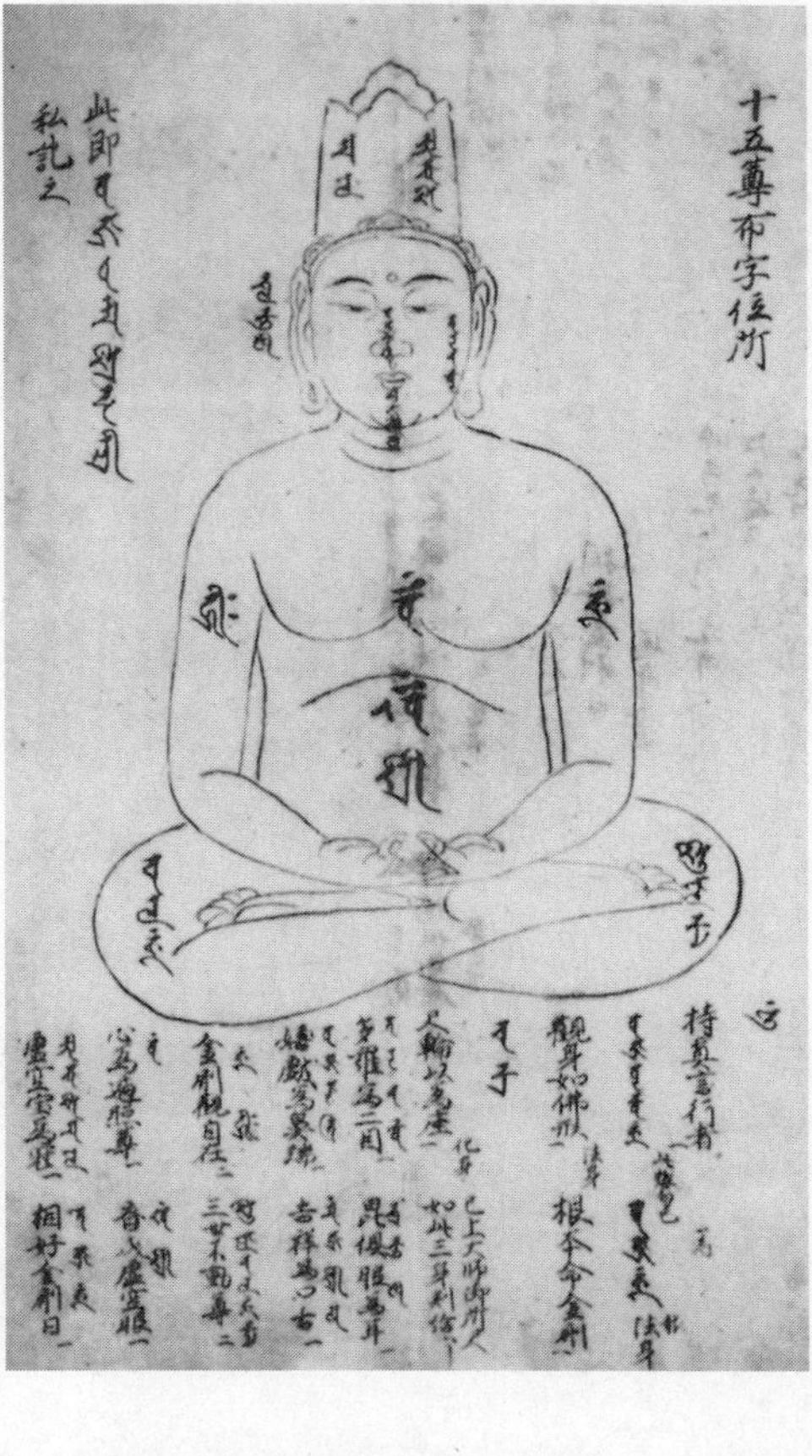


十五尊布字位所（A 本）（神奈川県立金沢文庫蔵）。

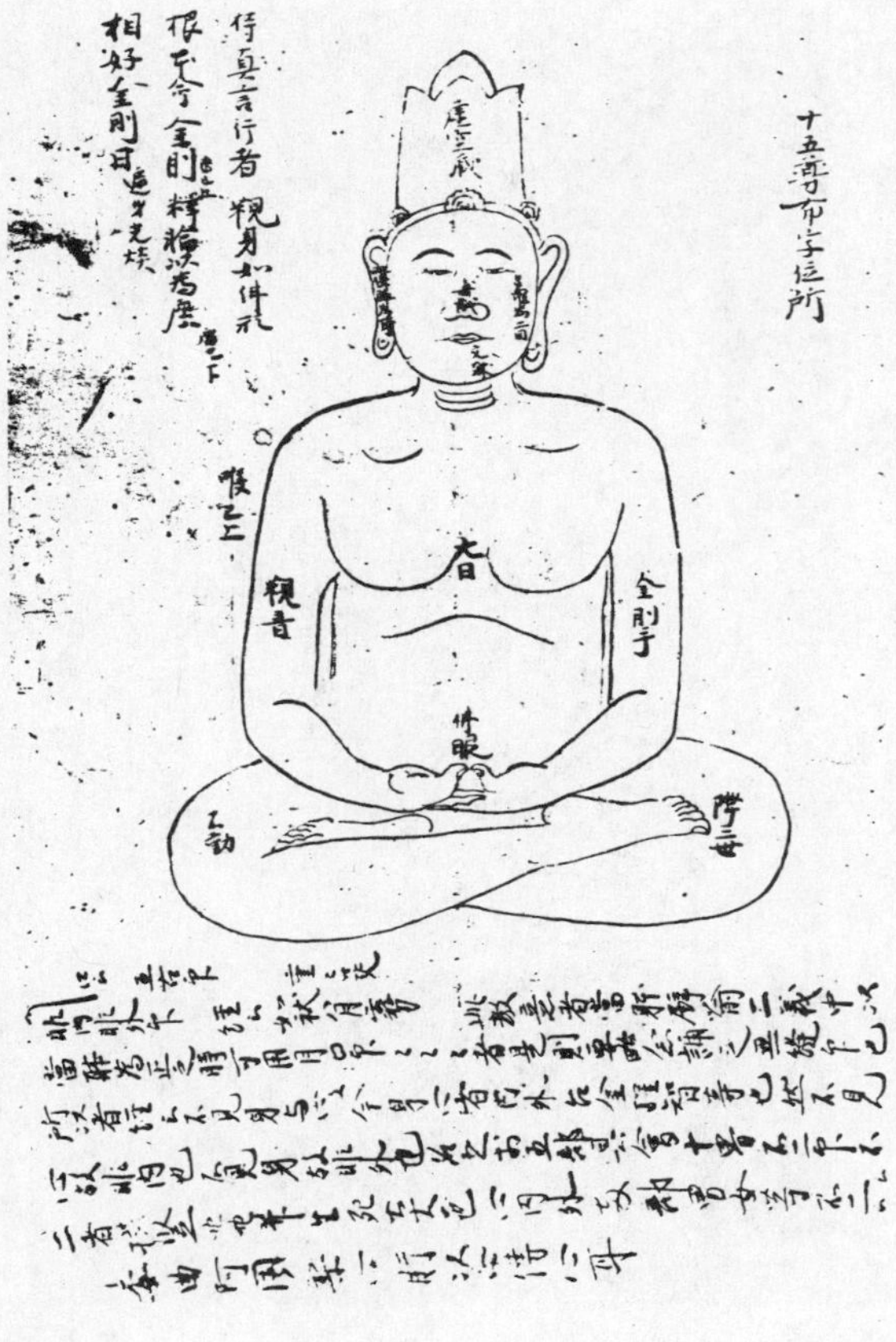


十五尊布字位所（B 本）。（神奈川県立金沢文庫蔵）。

肉体（天皇）の中に二つの性（男性・女性）が共存することを意味することになる。

むろん、この仕組みを上手に深々と演出したのは文観である。文観は『瑜祇経』の奥に「十五尊布字位所」による隠れた如来の力があることを十分、承知していたはずである。

㈣「虚空宝為冠」

虚空蔵菩薩の宝冠を頭上に位置づける。密教ではいかなる灌頂でも、金剛界大日の所変をあらわす宝冠を、（灌頂儀式の）受者に授ける。これを権力のシンボルとみるか、大日如来のシンボルとみるかは、議論のわかれるところである。もし文観の演出とみるならば、両方の意味をかけ合わせていたことになろう。

㈤「相好金剛日」

全身を金剛界十六大菩薩の金剛光菩薩（日輪）にあて、そのすがたかたち（相好《そうごう》）を理想とする。それは東方から出づる日輪（太陽）のごとき永遠の存在を指す。と同時にその力はダイヤモンド（金剛）のように永久に光り輝く、という。

清浄光寺・吉水神社蔵の『後醍醐天皇像』の頭部に着目すると、画像では、冕《べん》冠姿である。元来は中国の冠であるが、現世における王位の象徴である。十五尊布字位所の虚空蔵菩薩の宝冠すなわち大日如来（金剛界）の宝冠と、金剛界十六菩薩の中心をなす東方の金剛光とは、王位が「光り輝かなければ」無意味である点で、共通点を見出すことができよ

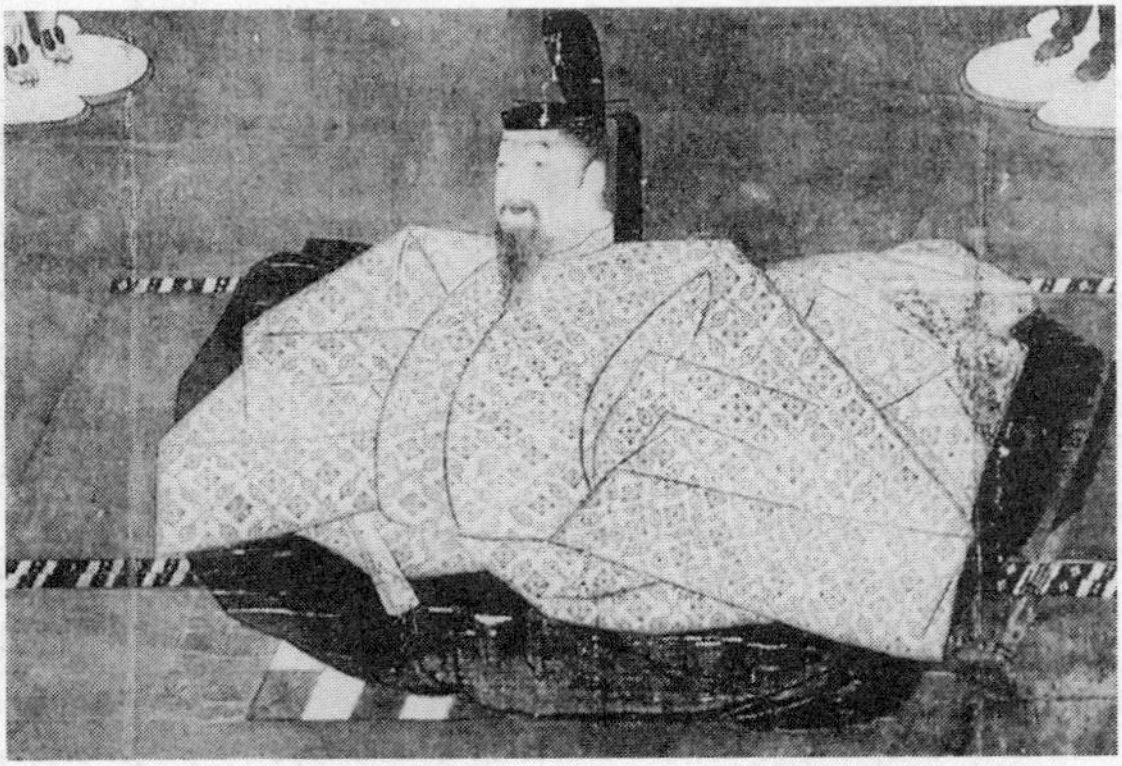

後醍醐天皇像（大徳寺蔵）。

後醍醐天皇像（吉水神社蔵）。

う。したがって、大徳寺所蔵の『後醍醐天皇像』は、私の論旨からは除外されなければならない。

## 十　玄旨《げんし》帰命壇《きみょうだん》と立川流

### 恵檀二流のうちの立川流ルート

天台宗の檀那流《だんなりゅう》は、良源門下の檀那院覚運《かくうん》（九五三―一〇〇七）が興し、恵心流は横川僧都として名高い恵心院源信《げんしん》（九四二―一〇一七）によって展開された。これらを総称してふつう恵檀二流《えだんにりゅう》という。

このうち特に檀那流に伝わった玄旨帰命壇という口伝の一種がある。くわしくは摩多羅《またら》神《じん》を本尊とする口伝灌頂のことで、公性の『玄旨血脈面授口決《げんしけちみやくめんじゆくけつ》』なども含む。人脈のうえでは恵光房澄豪《ちょうごう》のとき大いに発展し、後の恵鎮《えちん》のとき『玄旨帰命法』が成立した。これ以降、恵光房流は隆盛を極めるが、望月信亨氏によると文観弘真が大成したといわれる立川流の影響を強くうけたのもこの頃といわれる。しかしその相関関係は必ずしも明らかではない。『渓嵐拾葉集』で光宗が述べているように、阿弥陀の四種念仏ともう一つ真言系の秘密念仏の系譜は認められてはいるものの、両者の関連はいま一つはっきりしない。

ところでその玄旨帰命の意は、『他力信心聞書』（存覚著とするには異論がある）によると、「帰命といふは、帰はかへすと訓ず、命はいのちと訓ず。されば南無阿弥陀仏と申すはいのちを阿弥陀仏にかへすといふことばなり」と説いているところに根拠があると考えられる。さらに秘密念仏も加味して、「阿弥陀仏の体をいふには衆生のほかましまさず、その命といふはかぜなり、かぜは息なり。されば観経の下品中生に地獄の猛火化して清涼のかぜとなると、ときたまへるはかぜはいきなり。いきは命なり。命は弥陀なり」と弥陀命息の一致に来迎往生の可能性を定め生死の根元を見ている。

立川流の、赤白二渧をこの命息に対比せしめて実践面を説かんとする教義の一部に、『玄旨帰命法』の影響がみられる。その対比の中には、往生における死（タナトス）とエロス（性）が同次元に位置づけられている点が特徴的である。ただこの場合に死（タナトス）とエロス（性）の中心には、明らかに生きている人間がいるわけで、その人間が呼吸することにより、より明確な阿弥陀如来の名号を唱えつつも、それを超越して弥陀の「すがた」（如来）に帰命することを忘れてはならない。

本願寺の第三代覚如は、「マタ密教ニイハク弥陀即衆生ノ寿命、衆生界無量ノ故ヲ以テ無量寿トイヘリ」と念仏行者の十三カ条の掟を引きながら、同時に、密教でもこれが強調されていたことに注目している。このことは櫛田良洪氏も注意して、その源に正智院道範（一一七八―一二五二）の秘密念仏思想があることを指摘している。秘密念仏は真言念仏のことであり、平安時代中頃以降に密教の立場から真言（マントラ）と念仏が融合したもので、極楽浄土を密厳浄土の別徳と位置づけた。

真言系の秘密念仏ではまた、阿弥陀如来を覚鑁の影響をうけて大日如来と同体とした。そして西方浄土と密厳浄土を同一視することにより、高野聖などの念仏思想に独自の活動をもたらした。真言密教の即身成仏に往生成仏の理論を加えて、かりに現身で成仏できないとしても、口称念仏によって極楽往生できるとする。真言念仏の理論的根拠は、密教の浄土観はいうまでもなく覚鑁の『密厳浄土略観』にもとづいている。

身・口・意の三密が、無尽（無限で広大）の万徳により荘厳《しょうごん》（かざり覆われた）された大日如来の浄土がその場所であり、それは密教の三品悉地で区分けするならば、上品悉地に該当することになる。この密厳浄土は密厳国土であり、大日如来の蓮華蔵世界である。

両部曼荼羅諸尊の曼荼羅海会はすべてこの蓮華蔵世界の中におさまると同時に、『大日経』の所説である金剛法界宮もほぼこの世界観と同じ考えの中に当てはめることができる。『日本往生極楽記』が伝える無空（金剛峯寺座主、八九四―九一六）の極楽往生はその先駆的なものである。ただし高野山でかなり早くに極楽往生が実践されたとしても、阿弥陀如来を礼拝対象とする往生の根幹は変らなかった。速水侑氏は「当然のことながら、新仏教諸派の密教化は、当時既存の密教諸派の教理の流用付会によって行われたわけだから、鎌倉末―室町期の密教自体において、教団の底辺拡大＝民衆化を図る必要上、民衆にアピールするような恣意的な教理の世俗化が進行していたと考えられる。そうした密教世俗化は、天台宗の玄旨帰命壇や真言宗の立川流にもっともよくうかがうことができる」(『呪術宗教の世界』)と説いている。問題は密教の世俗化の範疇の中に、立川流・玄旨帰命壇をとらえることができるか否かである。たしかに立川流の教義を中世密教の真言・天台両宗の流れの中に求めるとき、世俗化の領域に位置づけることはできても、残されている教義それ自体は、ますます特異な一面を強く追求している事も見逃せない。たとえば玄旨帰命壇は明らかに檀那流に相伝された秘義の一種で、これに世俗化を前提とする普遍性はほとんどないと言ってよい。また真言立川流の場合も、その分脈として慈猛意教流などに原型をとどめないかたちで影響をあたえたもの(展開)は、特殊の末流の密教儀礼としか言いようがないきらいがある。

立川流、玄旨帰命壇いずれも儀式に使われる本尊の性格が必ずしもはっきりしない所がある。玄旨帰命壇は「玄旨壇」と「帰命壇」を組みあわせて一語としたもので、一心三観《いっしんさんかん》の奥義を口伝しながら玄旨灌頂の儀式を中心とする、「玄旨重大事」には生死の本源に到達した気持で灌頂を授かることを根本としている。すなわち生死の一大事として、智水の灑水を受者の頭頂にそそぐ儀式を行うが、この頭頂は立川流のようすを伝える『受法用心集』では、髑髏の頭上に赤白二渧の愛液を塗る場所に一致する。

私はそれまで真言密教の灌頂をうけた経験もあり、その際にも閼伽水たる灑水を頭上よりそそがれた感触もよく承知していた。ところが自分の頭上という場所について、それはど深く考えたことはなかった。というより水は頭からかぶるものだ、という先入観が以前からあって何の不自然さも感じていなかった。それにもっと身近なことを言えば、修行と水は元来、関係の深いものだという考えが自分自身の中にあった。それゆえ私には「帰命」という意、しかも頭上に灑水をそそぐ行為も灌頂に含まれているように思われてならない。

天台の数息観の中にも、これに類似した作法を見出すことができる。たとえば衆生と衆星（宇宙の星）が和合することについて、『玄旨壇秘鈔』下巻には「口伝云」として、「父母交懐シテ、赤白ノ一滴ヲ下ストキ、本命元神ノ二星、父母ノ肩ノ下、七日経ニ耳ヨリ入リ、一月ヲ経、赤白二水ト成ル。男女ノ赤白合シテ根門ニ浮ブ、其ノ量七分ノ円形也。コノ円形次第々々長《マシ》テ我等衆生ト成ル也。コノ故ニ衆生皆七星ノ変作ニテ有ル也」という。文中の「赤白二水」、「男女ノ赤白」という用語の使い方は明らかに立川流の影響をうけているようにも考えられるが、その直接的な脈絡は必ずしも明らかではない。ただ帰命という言い換えに注意するならば、同書の続きに「又、有ル口伝ニハ、赤白二渧和合時、本命七星ハ母ノ頂上ヨリ入テ衆生ノ心法ト成リ、元神ハ趺《アナウラ》ヨリ入テ衆生ノ色法ト成ルト云々」と述べるように、男女の肉体が交接し和合するときはじめて、合体による本命星すなわち北斗七星の精気が我々の身体の中に宿り、生命をおびるようになる。

ところがその際に心臓の鼓動を生命の証しとして聞くことができるのは、肉体の中ではなく宇宙（天空）にうかぶ七星の中においてである。つまりこの大宇宙の中で、心臓の鼓動がするのである。したがって我々の肉身がもし滅びたならば、われらの息風すなわち三世常住である阿弥陀如来となり、それはやがては本命である北斗七星に帰ってゆくという。その過程の中で、男女を「赤白二渧」と見立てている。その見立ての中では「コノ七星一切衆生ノ本命星也」と定義している。七星すなわち北斗七星はこの玄旨帰命壇の本尊摩多羅神画像の頭上に描かれている。本命星《ほんみょうせい》は人の運を司るもので、その機能は星曼荼羅にも描かれている。星曼荼羅はいうまでもなく密教を代表する北斗法の本尊で、多くの別尊マンダラの中でも特異な存在である。

これには二種あり、円形のものは天台座主慶円《けいえん》（九五四―一〇一九）、方形は東密の仁和寺寛助（一〇五七―一一二五）の創案になるという。いずれも平安時代の作例が残っており、円形には法隆寺本、方形は久米田寺本がある。いずれも画面の下方に北斗七星がめぐらされている。画像はこれが人間の運命を支配しているというのである。

玄旨帰命壇が立川流の影響を受けたとはいいながらも、天台系独自の作法をこの北斗七星を祭ることによって確実に残している。そしてまた、この壇が伝える灌頂は入壇と伝授がセットであるだけに、受者もかなりの時間をかけた準備が必要である。その作法も真言密教の入壇作法とは少し異なるものがある。

「北斗ト云フ事」には、裏書ではあるがと註記があり、「七星ヲ北斗ト云ハ、斗ノ字ヲ習フ、横ノ三点ハ三諦也、竪ノ一点ハ一心也」という。観想の次元では、横の三点は女性と見立てるし、たての一点は男性と見る。この比喩は、立川流の本尊で五色阿字の下方の五鈷杵と独鈷杵の図式にほぼ類似している。この七星の観想上のシンボル平面（三諦）は、教義の上では三観を表象することになるし、立体（一点）は一心をあらわす。しかしこの平面（女性的原理）と立体（男性的原理）の組みあわせにより、精気和合の力の表現をその接点に見る。その視座は三点の中央に位置づけられ、その玄なるものの奥、すなわち神秘・深秘の意識でかためられた幽玄なる世界は一度は閉じられるが、やがては本尊の前立《まえだち》像である摩多羅神が、脇の二童子と共に舞姿により再現してくれる。ただしその時のはやし歌は男女の冥合の寓意と解釈されがちであるが、永禄五年（一五六二）壬戌霜月に舜慶によって相伝された「一形対鏡事附摩多羅神」の注釈によると大便と小便の快感を歌ったもののようにもみうけられる。

摩多羅神（摩怛利神《またりじん》）は中古天台における、常行三昧堂の護法神である。この神像のおこりは、『常行堂摩多羅神の事』（「渓嵐拾葉集」第三十九）によると、円仁入唐の際、船中にて感得したものと伝えられている。円仁は中国の五台山の引声《いんぜい》念仏を日本に相伝し、比叡山に常行堂を建立し常行三昧を始修した。これによって阿弥陀信仰が起ることになるが、そのとき摩多羅神が本尊として勧請《かんじょう》されるのである。

その祭祀は平安時代末期から鎌倉時代にかけて、比叡山の恵檀二流が玄旨帰命壇の秘法の中でうけついでゆくが、とくに鎌倉時代に入って檀那流の秘密念仏の影響下で、天台法華の至極の法身、すなわち三観三身の法義の中で育まれてゆく。その中でこの摩多羅神も、阿弥陀三尊の垂迹・本地身という位置づけをされ、両者は同体とするのである。

その同体という意識は、どちらかというと天台よりも真言密教で使用される数息観の秘伝を通してとくに重視され、数息観は修行の呼吸としての基本でもあるから、息を吸ったり、吐いたりすることにより、眼前の阿弥陀如来そのものに風を感じ、息を感ずる作法に転じてゆく。そこから一心三観の極意を、この仏に表象するのである。その極意とは「鼻口より入る息は来迎なり、出づるのは即ち往生なりと示すべし。また鼻穴より出入する息は観音勢至、口中より出入の息は阿弥陀如来と思ふべし。此の如く意得するは時々来迎、節々の往生なり」(『帰命壇伝授之事』)。

ここでいう呼吸の息の出入は、『天台小止観』においては、調息の法として四相を示している。すなわち風相・喘相・気相・息相であるが、玄旨帰命壇の呼吸はこのうち風相に当るものと考えられ、小止観の「鼻中の息、出入に声有るを覚ゆる」という根拠は、息そのものがナムアミダブツの六字名号にも通じる力をもっているからである。善導大師像や空也上人像の口中阿弥陀の造形表現はその具現である。もしこの調息が仏教者による出家僧侶の生命の具現というならば、現代にこそ祈りの具現が宗派別に区分けされ、それがあたかも本来的であるような見方をされているようにみえる。

ところが中世以降の祈りの型の意識では、人間としての一個の肉体の中で、当然男女の冥合の時の調息の重要性も考えただろうし、修行の時の坐法の際の調息も考えただろう。また神祇の舞の調息も念頭に入れていたに違いない。つまり中世における文化の現象には、肉体を考える呼吸の調息ひとつをとりあげても、今日ほどの分化された聖と俗の区分けはなんらなかったのである。

そうした土壌の中に、立川流の、厳しい密教修行を改変させるほどの介入・影響を想定せざるを得ないのである。それゆえ魔界的な視野の中にある玄旨帰命壇の本尊である摩多羅神の画像を、やはり奇妙な眼で見つめることにする。「その神像のありさま、頭に唐制の幞頭を蒙り、身に和様の狩衣を着て、左の手に鼓を取り、右の手にてこれを打すがたなり。左右に童子あり、風折烏帽子を著て、右の手にささ葉を持、左の手にめうがを取りて舞へるありさまなり。中尊の両脇にも竹とめうがと在り。頂上に雲気あり、その内に北斗七星を画けり。是を摩多羅神の曼荼羅と云由なり」(『空華談叢第三摩多羅神の条』)。

## 摩多羅神のこと

これが玄旨帰命壇の灌頂の際に掛けられる画像である。主尊摩多羅神は西方(本地)に位置づけられ、『羅山文集』第三十七などの伝える容貌によると、摩多羅神は俗形で烏帽《えぼ》子《し》・狩衣《かりぎぬ》姿で袴を着し、夷踞して鼓を持っている。

右脇侍に儞子多《にした》童子を配するが、これは鼓を打つ姿で、空観をあらわす。また左脇侍に配された丁礼多《ていれいた》童子は、起舞する姿で仮観をあらわし、それぞれ左右の手に茗荷《みょうが》と笹竹《ささたけ》を持っている。

三尊にはそれぞれ歌舞の神語があり、いわゆる法楽の内證として弟子に歌わせる。そのはやし歌は「摩多羅神ハ、神《かみ》カトヨ、歩《あゆみ》ヲハコブ皆人《みなひと》ノ、ネガヒヲミテヌコトゾナカリキ」と画像の中尊に対して発声する。その神語は短い言葉からなるが、『玄旨壇秘鈔』下巻や『天台玄旨灌頂入壇私記』には次のようにいう。左脇侍の童子は「シ・リシニシ・リシ」(「私記」では「シツシリシニシツシリシ」)と歌い、これは何をあらわすかというと大便道の尻を歌ったものだという。これに対して右脇侍の童子は「ソ・ロソニソ・ロソ」(「私記」では「ササラサニササラサニ」)と歌い、これは小便道の陰蔵の「ソソ」を歌ったものだという。いずれにせよ、これが古くから竹葉および茗荷の一心三観の極意であるという。

このことと天台教学が展開する本覚思想とは若干の違いはあるにせよ、たどりつく所は同じスクールと考えてよいであろう。本覚思想で説く生死即涅槃や煩悩即菩提、凡聖不二や生仏一如という、つきつめれば相即不二論に帰するであろう出発点の展開および真理のとらえ方は、まず現実絶対肯定論から発している。

天台本覚思想はこれをよりどころとして、はばのひろい鎌倉新仏教を成立せしめたのである。衆生はそのままのありようという立場に立って、覚りの性（本覚）を直観し、自己の宗教体験を絶対視することによりどころを見出す。これを本覚思想を基調とする観心《かんじん》主義と称する。ただこの観心主義は玄旨帰命壇においても実践の行為において、いくつかの変革をもたらした。

　摩多羅神画像中の鼓を打つはやしの描写なども、その数値において象徴的意味をもたらすこととなった。たとえば摩多羅神について、密教化の過程で「大日と翻ずるなり。大は吾等が六大の貌、日は我等が六識の姿なり。およそ六識大体をその任に本来の恵日と顕はすなり。抑も中尊は六識の心王、脇の二童子は六識麤細の心教なり。いわゆる小鼓をもって早（囃）したまふは細念の貌、袖を翻して舞ひたまふは麤強の念なり。一義に摩多羅神は八識心王、丁礼多は七識の念、儞子多は六識の念なり。我等の本心は九識の静都にありしを、心王の太鼓、細念の小鼓にはやし立てられて、麤強の心教が十二因縁の舞台に舞ひ出したる貌なり」（『玄旨帰命灌頂私記』）。これは撃鼓の一心三観といい、摩多羅神を中観として空観・仮観をそれぞれ脇侍にあてる。ここでいう一心三観とは、すべての現象をとらえて、その事象や存在は仏教の相対的観念の世界をはなれて、真実の理法にかなうことをいう。脇侍の空観は仮より空《くう》に入る観といい、常識的立場の否定であり、我のとらわれからの超脱をいう。これに対して仮観は空より仮に入る観といわれ、空観の全うするところに出現する仏の智恵に照らし出された現象世界そのものをいう。中観は空観・仮観を別々に認め、

2点とも摩多羅神像。

それぞれ意義を尊重する立場をとる。

天台では一度に空観・仮観・中観を同時に観法することをいう。すでに述べたように玄旨帰命壇の根幹には、天台本覚思想が流れている。この思想は現代的視野に立つならば、絶対的な現実肯定論である。このことは生死即涅槃や煩悩即菩提のように相即不二を基盤としているのであるが、衆生はそのままの状態ですでに覚っていることを飲み込まなければならない。

### 男女冥合と妙適・適悦

『般若理趣経』に説くスラタ（surata）は「妙適」と訳し、これは男女冥合すなわち交接の歓喜をいう、ラティ（rati）は「適悦」と訳し、男女相互の決定的な感覚をとおしての肉体から得られる喜びのことである。

> 生死ハ夢ト聞テ信スレハ妄想ノ夢速ニ絶テ本覚ノ床ニ到ナリ。今日マテ夢ノナカラヘツル事ハ只実ト思フ心ニ引カレテ仏ノ世ニ出来事ハ長夜衆生ナリト知シメンカ為也。大乗無生ノ法門ヲ一ノ阿字ニ帰入シ給フ、故ニ開ケハ多ノ法門トナレトモ、ツ、ムレハ阿字也。大日経ノ疏ニ阿字ハ即本不生ノ不可得空也。普摂ス一切ノ仏法ヲ此空ヲ以、加持力ニヨルカ故ニ能摂テ一切法ヲ成仏スル也。阿字有色形、有声義、或時ハ文字ノ

色形ニ心安シ、或時ハ声ニテモ誦シ、閑ナラン時義ヲモ念ヒツケハ無上ノ理ニ住セン程アルマシキ事也。唱フレハ、猶文字ヲ多クソマキル、モ有ヌヘシ。口ヲ開ハ自ラ出息ハ阿字トナル。故ニイカナルマキレノ中ニモ此行程ハ易カルヘキ事ハ侍ヘラン。百千ノ経論ニ所〻説法ノ門モ皆此一字ニ摂スル。　（『阿字観』）

阿字観の極意も生と死を究極においているが、立川流でもそのことを念頭においていると私は思う。人間が呼吸することに注目すると、吸う息とはき出す息の出入のシステムとそこで一つの肉体がはなつエネルギー発露の構造は、「即」と「不二」という循環と回帰のシステムの中に収束される。その際の本当にかすかな極意を立川流は生命ある男性性と女性性という肉身において、冥合と適悦（ラティ）という瞬間芸術のような世界観で象徴させている。

今日では『理趣経』はほとんど毎日と言ってよいほど、真言宗寺院の勤行《ごんぎょう》（毎朝のおつとめ）に際して読誦されている。そのもっとも親しみのある『理趣経』の本文では、「適悦」すなわち菩薩の境地におきかえて、解釈することを極意としている。

それは冥合すなわち、男性と女性の性的な行為・いとなみを客観的なさめた目で見なおしてみることを意味しているのではなかろうか。いうならばこれは人間がたくさん集まり、蠢《うごめ》く集団の合理主義のリズムを有する大都会では、自ら行っているであろう性的行為の一瞬、すなわちおのおのを、静かにさめた目で、見なおすことが不可能なように思う。深く静かに潜行して初めて成りたつ神秘的な山岳の中にあってこそ通りすぎた性的行為をさめた目で見なおすことができるし、性そのものの本質や男性と女性が結合する不思議なプロセス・時間的経過をも十分に理解することができる。「生れ生れ生れて生の始めに暗く死に死に死んで死の終りに暗き輪廻転生の始終」を詳説している水原堯栄氏の切り込みかたからは、立川流の理論の本質についてやわらかく大切な宝珠をつつみ込むような視点を感じさせる。これは人間が生れて両親とともに幼児期をすごす人間形成中のもっとも大事な時間帯の意味を問いかけているような気がしてならない。かつて観賢が空海の廟を訪れて、岩窟をそっとかい間見るやいなや、観賢の両手には空海の身体や衣から出るこうごうしいまでの薫《にお》いがしみつき消えなかったという。この話の根拠は今日なお必ずしも解明されていないが、空海自身の生と死を超越した成仏の奥ぶかいところに発想の根拠があるのではないかと、考えている。

真言密教における香のにおい（焼香・塗香など）は、受け手の五感を通して身体をつつむもっとも大切な法具の一部とみなされている。「におい」は、いうならば人間が「生れること」と「死ぬこと」を結びつける意味を有しているといえよう。たとえば男性ならば幼時体験のなつかしい思い出と化す「母のにおい」をよみがえらせる一方法として、塗香、焼香があるのではなかろうか。それゆえに「におい」は仏を想う意識を発露させる、何か人間の根源にある生成の重要な要素であり階程なのである。私は時々、大師（空海）がいう六大無礙の中にこそ、「におい」すなわち鼻・嗅覚器官がかかわっているのではないか、自身と支分（肉体と精神）が最終的に浄化され、しだいに仏に近づいてゆく過程で「におい」は大きく、強烈になり、最終的にそれが消えることはありえないのではないか、と考えるようになった。

心定はその情景を次のように述べている。

「此ノ邪法（立川流のこと）修行ノ作法ト者、彼法ノ秘口伝ニ云ク、此ノ秘法ヲ修行シテ大悉地ヲ得ント思ハゞ本尊ヲ建立スベシ。女人ノ吉相ノ事ハ今註スルニアタハズ。其ノミソギト云ハ髑髏也《ナリ》。此ヲ取ルニ十種ノ不同アリ。一ツニハ智者、二ツニハ行者、三ツニハ国王、四ツニハ将軍、五ツニハ大臣、六ツニハ長者、七ツニハ父、八ツニ母、九ツニ千頂、十ニハ法界髏也。此十種ノ中ニ八種ハ知リ易シ。千頂ト云ハ千人ノ髑髏ノ頂上ヲ取リ集メテ、コマカニ末シテマロメテ本尊ヲ作ル也、法界髑トハ重陽《五節ナリ》ノ日、死陀林ニイタリテ数多ノ髑髏ヲ集メヲキ、日々ニ行テ吒枳尼ノ神呪ヲ誦ジ、加持スレバ下ニ置ケルカ常ニ上ニアカリテ見ユルヲ取ルベキ也。或ハ霜ノ朝ニユキテ見ルニ霜ノヲカザルヲ取ルベシ。或ハ其ノ中ニカウベノヌキメ（縫目）ナキ髑髏ヲ取ル也。是等ノ十種ノ中ニ何レニテモ撰ビ取テ本尊ヲ建立スベシ。是ヲ建立スルニ三種ノ不同アリ。一ツニハ大頭、二ツニハ小頭、三ツニハ月輪形也、大頭ハ本髑髏ヲハタラカサズ、ヲトガイヲ造リ、舌ヲ造リ、歯ヲツクリテ骨ノ上ニ麦漆ニテ、コクソヲカイテ生身ノシシムラノ様ニヨクミニクキ所ナクシ、タチヲ造リ定ムベシ。其上ヲヨキウルシニテヨク〳〵ヌリテ箱ノ中ニ納メ置キ、カタラヒヲケル好相ノ女人ヲ交会シテ其ノ和合ノ水ヲ此ノ髑髏ニヌリタル事百二十度ヌリカサヌベシ、毎夜ノ子丑ノ時ニハ反魂香ヲ焼キテ其ノ煙ヲアツムベシ。反魂真言ヲ誦セン事千返ヲ満ツベシ、是クノ如クシテ数日皆ヲハリナバ、髑髏ノ中ニ種々ノ相応物並ニ秘密ノ符ヲ書テコムベシ。是等ノ支度ヨク〳〵定ラバ頭ノ上ニ銀薄ト金薄トヲ各三重ニヲスベシ。其上ニ曼荼羅ヲカクベシ、曼荼羅ノ上ニ銀薄ヲヲスベシ。前ノ如シ。其上ニ又曼荼羅ヲカクベシ、是クノ如ク押重ネ書キ重サヌル事、略分ハ五重、中分ハ十三重、度分ハ百二十重ナリ、薄ヲ押テ曼荼羅ヲカク事皆男女冥合ノ二滞ヲモテスベシ。舌辰ニハ朱ヲサシ、歯ニハ銀薄ヲ押シ、眼ヲバ画ノ具ニテワコ〳〵トウツクシク彩色ヲスベシ。或ハ玉ヲモテ眼ニ入レ爪面貌ハシロキ物ヲヌリ、ベニヲ付テミメヨキ美女ノ形ノ如シ。或ハ童子ノ形ノ如シ、面貌ノ相好ニヨリテ物ヨク物アシクモ有ル事ナレバ、カマヘテウツクシクシテ醜キ所ナク福相ニシテ貧相ナクエ(笑)メルカホニシテイカレル形ナクスベシ、是クノ如ク造リ立ツル間ニ、人ノカヨハヌ道場ヲ構ヘテ種々美物酒ヲト、ノヘテ、細工ト行人ト女人トノ外ハ人ヲ入レズ、愁ル心ナクシテ、タノシミ遊ンデ正月ノ三日ノ如クイハヒテ、言ヲモ振舞ヲモタヤスベカラズシテ造ルベシ。既ニ造リ立ツレバ壇ノ上ニスエテ山海ノ珍物魚鳥兎鹿ノ供具ヲソナヘテ、反魂香ヲ焼キ種々ニマツリ行スルコト子丑寅ノ三時ナリ、卯ノ時ニ望マバ錦ノ袋七重ノ中ニツ、ミ籠ムベシ。コメテヨリ後ハタヤスク開ク事ナシ。其後ハ夜ハ行者ノハダヘニソヘテアタ、メ、昼ハ壇ニスエテ美物ヲ集メテヤシナイ行クベシ。昼夜ニ心ニカケテ余念ナカルベシ。是クノ如クイトナム事七年ニ至ルベシ、八年ニ成スレバ行者ニ悉地ヲ与フベシ。上品ニ成就スル者ハ此本尊言ヲ出シテ物語リ三世ノ事ヲ告テサトラシム故ニ是ヲ聞テ振舞ヘル事神通ヲヘタルガ如シ。中品ニ成就スル者ハ夢中一切ノ事ヲ告ク。下品ニ成就スル者ハ夢ウツ、ノ告ハナケレトモ一切ノ所望心ノ如ク成就スベシ。二ツニ小頭トハ大頭ハ持シニクキ故ニ大頭ノ頂上ヲ八分ニキリテカケテ養ヒ供養スルコトモ、其ノ骨ヲ画像トシテ霊木ヲモテ頭ヲ作リ具シテ薄ヲ押シ、曼荼羅ヲカキ和合水ヲヌリ、相応物秘符ヲコメ面顔ヲカサネル事前ノ如シ。昼夜頸ニカケテ養ヒ供養スル事モ前ノ如シ。三ツニ月輪形トハ大頭ノ頂上若ハ眉間等ヲ前ノ如ク取リテ大頭ノ中ナル脳ノフクロヲヨクアラヒ月輪形ノウラニ麦漆ニテフセテ其ノ中ニ種々ノ相応物ヲコムル事皆以テ前ノ如シ。月輪ノ面ニ行者持念ノ本尊ヲ画ノ具ニテカクベシ。朱ヲサスベシ、既ニシタテナバ、女ノ月水ニソメタル絹ニテ九帖ノ袈裟ヲ作テツ、ムベシ。九重ノ桶ノ中ニ入レテ七重ノ錦ノ袋ニ入レテ頸ニカケテ持念スル事前ノ如シ。凡ソ髑髏ヲ取ル作法ヨリ、ヲハリ建立シキハムルニ至テ種々ノ異説、種々ノ故実口伝アリ云々」

(『受法用心集』)

中世の戦場などでは、合戦が終れば死体はいたるところに散乱していた。心定は、そのようすを何度も見聞していたに相違ない。そして髑髏を採取する人たちも当時は、数多くいたはずである。しかし、神・仏を信仰する人々は、少なからず、死体に畏怖の念をいだき、髑髏に対しても恐れとけがれのような気持をいだく人もいたはずである。

髑髏に男女の和合水を百二十回も塗り、反魂香を焼香としながら、いぶすのである。この儀式は、錬金術でもあり、古代の葬送儀礼の一つ「もがり」の風習における、死者の領域を想うシステムが含まれているかもしれない。反魂香をたくこと自体は、髑髏をとおして、既に述べた男女の不二を超越して、不生不滅すなわち無生無死をさとることになる。ここに、立川流の根源では、死（タナトス）と性（エロス）、生死は、人間という生命感の中では一体であったことが確認される。この場合、反魂香はにおいのきつい香料であったと考えられる。そして、このことからも、仏前で焚く大形香炉の線香の香などは、礼拝し手を合わせる側（信仰者）について、単なる香による浄化作用だけではない嗅覚からのエロティシズムを感ずることがある。つまり、完全な浄化作用がもし、現世において実現されたとしたら、一転してエロスの権化のような存在に位置づけられるに違いない。

# あとがき

ちょうどこの『邪教・立川流』を脱稿した直後に、富山大学人文学部で集中講義をしてくれないか、という話があった。さっそくスケジュールをやりくりして、二つ返辞で引きうけることにした。講義は、立川流とは正反対の、空海の曼荼羅が中国から日本にどのように伝来したかという、正純な密教史と美術史の両面にわたる内容である。

富山県とはこれまでも妙に縁があり、自然に積み上がった安心感のようなものが、躊躇なく私に行くことを決めさせてしまったのである。妙に縁が、というのは私を僧籍に至らしめた得度の師僧、金山穆韶《かなやまぼくしょう》老師のことである。この老師が富山県出身で、新川郡大山町の文殊寺の生れであった。本書にも書いた私の祖父戒善は泉智等師の高弟であったが、金山老師も大正十三年に泉師より学修灌頂を受けておられ、肉食妻帯されていない老師と祖父が同門に近い存在だということを後年知った。

それから十数年後、老師に虚空蔵求聞持法を授けられた際、当時の私は加行を修了していたが、あまりこの受法がきつく脱水状態になってしまった。今でも鮮明に記憶している。

ほとんど歩けない状態で長時間、お堂にこもったきりで自室へも戻ることができず、意識がもうろうとしていた。老師は私を呼び、これ以上続けられるかどうかを低い小さな声でたずねた。なんとか続けたいと言うと、それでは、というようなタイミングであったかどうか、老師の命で、すぐさまつきそいの僧が私のために朱塗りの椀に真水を入れて持ってきてくれた。私はそのとき、真水にはなんともいえない匂いがあることをはじめて知った。椀に口を近づけたとたんに涸渇していた霊的な感性が、にわかによみがえった不思議なよろこび、そのとき私は「老師はやはり試しているのか」と直感的に思った。それから数年、毎年、山に登り、そのたびごとに奥ノ院などで真水を一杯いただくことがあるが、とてもあの時の真水の匂いやうま味にはほど遠く、同じ感覚を得ることはなかった。私の身体にはもはや邪悪な妄想が蓄積され、それを濾過するだけのフィルターが消えてしまったのかもしれない。

よく考えてみると、ちょうどこの真水を正純な密教の本質とすると、その飲み手であるわれわれ人間の側にこそ、立川流という魔物を発生させる要因があるように思える。密教は一歩誤ると邪義という大変な落し穴がまちうけているのは、そのゆえであろう。

こんなことを書いているうちに「現実はどうなんだろうか」などと少し不安になってきたので、関西の著名な真言宗のお坊さんに電話をしてみた。「立川流、あんたなあ、今でも同じだっせ、少しも変りませんがな、妻帯はしとる、酒は飲む、みんな同じ熱い風呂に女《おんな》入っているようなもんですさかえ、となりの水風呂のよさ考えてみいィ、いうてもそりゃあ無理ですわ。正だの邪だのあんたがいうのは、みんな一緒ですわ」と疳《かん》高い声でまくしたてられて、私はぐうの音も出ず、そら恐ろしい気もした。

密教は秘奥の世界である。求めても求めても真理の珠は奥深く、この両手でしっかりとつかむことなど至難のわざである。そして修法一つをとっても、その一座一座の法会の中に、さまざまな現象が加持力をつのらせて目に映る。そのような状況の中で、「正だの邪だの一緒ですわ」と言い切れる先述の坊さんこそ実は、熱烈な弘法大師の信仰者であり、毎月二十一日は高野山奥ノ院への団参をここ十三年間欠かしたことが無いという。

密家と称する在家や真言行者の僧侶はもちろんのこと、密教の事相や教相、すべて一筋縄ではいかない。目的に近づくための独自の方便（upāya）も有している。方便はさとりによって得られた智恵（般若）の熱のようなものが未ださめないうちに衆生を救済することを意図しているが、その方法は機に応じてたくみである。このたくみである、という一方法において見える世界に曼荼羅を位置づけ、さまざまな尊像を出現させてみせるのである。

密教美術に目を転ずると、秘伝の美の観念の中には動的なもの（観想によって得られる忿怒像など）と静的なもの（観想によって得られる如来・菩薩像など）が認められるが、現代芸術のパフォーマンスなども含めた作家の創作活動の中には、正純な密教と立川流の密教を同一に位置づける人も少なくない。その理由はどこにあるのかというと、密教の世界観が凡聖不二《ぼんしょうふに》といって、あまりにも広大かつ無限であるからである。

密教と性《エロス》は総体的にみるならば、決して背反はしない。むしろ観念の領域においては、両者は互いに手をとりあって、より生命的な次元でおぎないあってさえいる。この「おぎないあっている」といい切る場合は、人によっては誤解をうけかねないニュアンスが介在する。ただ、かつていわれた雑密の経典の概念でさえ「主尊が大日如来でないこと、また大日如来の教令輪身でないこと、曼荼羅や印契を説いていないこと等を特徴とする」（三崎良周『奈良時代の密教における諸問題』）という視点は現に生きているのであるが、このときも問題になった「しかしこの雑密の経典や陀羅尼法の指摘は、実は甚だ曖昧であって、阿地瞿多や菩提流志の訳経は、いわゆる純密と区別しがたいところがある」という線引きの問題については、密教修法と生命感（密教と生命という視点）を包括した構造論の中身を考えてゆかなければならない。その際に死《タナトス》と性《エロス》は密教を解釈する場合にとって不可欠の問題なのである。

立川流と聞いただけで身の毛もよだつといった時代はもうとっくの昔に過ぎ去ってしまった。私は、立川流を密教の生命感と身体論の関係で考えてゆくことが大切だと思う。密教では華厳哲学をよりどころとして、迷いの世界（衆生《しゅじょう》）と悟りの世界（法界《ほっかい》）をいったんは区分するかのごとくに見るが、実際の世界（loka）は同じで、ちょうど宇宙全体のようにわけへだてがない。

密教ではこの世界観を一法界《いちほっかい》といっているが、故土方巽、笠井叡、田中泯、麿赤児などの現代舞踏を見ていると、法界を舞台として踊っているようにも私には見える。その舞踏の構築の中に密教的解釈があるのか、ないのか、というと、私にはあるように思えるのである。むろんその踊りを通して見える芸術的所作・行為の中には密教の影響と現代感覚の接点をさぐるさまざまな問題が介在しているとみてよい。

# 文庫版あとがき

日本仏教史の中でも重要な位置をしめる分野として密教学がある。その信仰の歴史・理論の分析・研究は、いうまでもなく弘法大師空海（七七四―八三五）が、大同元年（八〇六）十月（八月説もある）に両界マンダラとその教義（教相・事相）を中国から伝えたことを出発点としている。今日「真言密教」とよばれるものが十八グループほどあり、その大部分はこの系統に属している。

ところが、この系統に属さない異端の密教と呼ばれる一派が、そうとう古くからある。それが「立川流」である。ただしこの立川流を研究するとなるといろいろ難しい問題がある。第一に立川流の目録はあるが、そこに記されている経典や儀軌・印信・血脈など基本となる資料は、そのほとんどがない。その理由は本文でも少しふれたが、江戸時代に登場した有快等が「立川流は邪教である」というレッテルをはり、高野山・京都を中心に立川流そのものの壊滅をはかるために、多くの重要な聖教《しょうぎょう》を焼き捨てたことに要因がある。有快ら正統密教の継承者達がこの邪教の蔓延を恐れたうえでの処置とみなすことができる。

わずかに残された、そのとぼしい資料を縫い合わせながら、これまで守山聖真、水原堯栄、櫛田良洪、村岡空といった真言学の名だたる学僧が苦心のすえ研究をかさね、これまでにもいくつかの著作や論文を発表されてきた。むろん本書はその先学の研究成果のうえに成り立っているのであるが、方法論の大部分は史学的手法というより、密教学的手法を通して私なりにまとめたにすぎない。ただ永く金沢文庫に勤務したおかげで、櫛田先生に接する機会をえ、数少ない立川流の断簡なども読む機会にめぐまれた。また水原堯栄老師は私の祖父真鍋戒善の親友の一人であったので、何度か清浄心院（高野山）でお目にかかることができた。私が立川流の骨格に接したのはその時が最初（昭和三〇年）である。ほぼ同時期に水原堯栄老師を聞き手として司馬遼太郎さんが『空海の風景』で立川流のことに関心を示され若干ふれているが、関心をもったのは司馬さんより私のほうが早かったかもしれない。司馬さんが晩年、三浦半島を取材するため金沢文庫を訪れたとき、私も会うことができたが、ついぞ立川流の話は出なかったのが残念だった。私が金沢文庫に立川流の資料があるのですよ、と言えばよかったのだがその時の司馬さんの目は、立川流どころか、三浦半島の先端に向いていたのでとてもその余裕はなかったようだ。ただ、司馬さんが水原堯栄老師と出会うことによって、真言密教とは何かという問題意識を、立川流を通して逆に真言密教の真髄に迫ろうという大胆な視点は大変興味深いものであった。私自身「なるほど」と納得させられた。また私の知る限りでは、水原・司馬両氏の仲介者が実は坂井栄信師（大阪市・豊中不動の住職）であったことも、司馬さんが亡くなられてからわかった。私も学生時代、この坂井さんに「立川流をやると面白いよ、これを手がけるだけで真言宗の宗学を新しく展開させることになるよ。それに物ごと逆の方からみるとよくわかる場合もあるもんだ」などとよくはっぱをかけられたものだ。今にして思えば、なつかしい気もする。さらに私にとってもう一人、「立川流をやれば」と声をかけてくれた重要人物がいた。それは醍醐寺におられた斎藤明道さんである。本書であつかっている醍醐寺の史料の多くは、斎藤さんの助言によって得られたものである。この場をかりて、心からお礼を申し上げたい。最後に本書が文庫本になるにあたり、筑摩書房編集部の渡辺英明氏には、原稿・図版の整理、校正等いろいろご配慮いただいたことに感謝申し上げる次第である。

二〇〇二年五月

徳島の自坊にて著者識

本書は一九九九年一月二〇日、筑摩書房より刊行された。

**江戸はこうして造られた** 鈴木理生

家康江戸入り後の百年間は謎に包まれている。海岸部へ進出し、河川や自然地形をたくみに生かした都市の草創期を復原する。（野口武彦）

**鉄砲と日本人** 鈴木眞哉

鉄砲伝来の時期と影響、戦国合戦での役割、江戸時代の鉄砲軽視など、これまで流布された通説を豊富な資料と痛快なまでの論理で次々と覆す。

**江戸病草紙** 立川昭二

江戸時代における病の記録を丹念にたどり、過去の痛みを追体験するとともに、病むことの意味を現代より見つめ直す渾身の一冊。（宮田登）

**蒼頡たちの宴** 武田雅哉

漢字への愛と憎しみが、中国の言語ユートピアンたちを普遍語作りへと駆り立てた。文字と言葉を巡る百家争鳴、奇奇怪怪の標本箱。（高山宏）

**明治下層記録文学** 立花雄一

近代の成立期・明治。時代の矛盾が凝縮された底辺社会に初めて目を向けたルポルタージュの先駆者の軌跡。大正～現代編を増補。（野本三吉）

**ヨセフス** 秦剛平

『ユダヤ古代誌』『ユダヤ戦記』で高名な歴史家フラウィウス・ヨセフス（三七－一〇〇）の生涯、著作、ヨセフス学の意義を考察した本邦初の試み。

**東京風俗志（上）** 平出鏗二郎

明治三十年、東京。街に息づく人々の暮らしが、二百点近い挿絵とともに鮮やかに甦る。上巻には風土、人情、宗教、年中行事、住居などを収録。

**東京風俗志（下）** 平出鏗二郎

下巻は流行の髪型、着物の柄、料理屋にビヤホール、祝儀・葬祭、寄席・相撲・芝居に四季の行楽まで。明治の東京風俗の稀有な記録。（紀田順一郎）

**新編 脳の中の美術館** 布施英利

「見る」に徹する視覚と共感覚に訴える視覚。ヒトの二つの視知覚形式から美術作品を考察する、芸術論へのまったく新しい視座。（中村桂子）

書物の出現 上　フェーヴル／マルタン　関根素子ほか訳

印刷機と製紙の技術、活字の発明が、大量に印刷できる書籍を生んだ。製紙工や書籍商、その生身の人間を通し鮮やかに語られる本の歴史絵巻。

書物の出現 下　フェーヴル／マルタン　関根素子ほか訳

印刷工房の発展、書籍取引の社会的考察、書物普及の実態とその地理など、ヨーロッパ・ユマニスムと宗教改革に与えた影響をかたる名著。

売春の社会史 上・下　バーン&ボニー・ブーロー　香川檀／家本清美／岩倉桂子訳

売春の歴史はそのまま、社会における女性の地位の変遷の歴史であり、男女関係の歴史でもある。豊富な資料を駆使して語られる、初の本格的世界通史。

プルタルコス英雄伝 上・中・下　プルタルコス　村川堅太郎編

デルフォイの最高神官、故国の栄光を懐かしみつつローマの平和を享受した〝最後のギリシア人〟プルタルコスが生き生きと描く英雄たちの姿。

『クオーレ』の時代　藤澤房俊

「母をたずねて三千里」などの挿話で親しまれてきたあの名作の背景に、こんな現実が……。イタリアの国家と少国民誕生の歴史。　（牧原憲夫）

上海にて　堀田善衞

一九四五年、上海。革命と反革命の修羅場に青春の時を持った著者が、日本人にとって中国体験とは何かを問う希有のエッセイ。　（大江健三郎）

逸脱の日本中世　細川涼一

狂気、男色、魔道――能や説話を題材に、近代的理性からは逸脱と映るテーマを通して中世人の心の深層に迫る、異色の中世史。　（佐伯順子）

漂泊の日本中世　細川涼一

女性と旅と信仰をめぐる知られざる中世史。旅する白拍子、小町伝説、王権と芸能の関わりや信仰の形から中世人の姿を描きだす。文庫オリジナル。

エラスムス　J・ホイジンガ　宮崎信彦訳

宗教改革で揺れる激動の時代、強い信念を持して生きた文人エラスムス。優れたルネサンス人の生涯を「中世の秋」の歴史家が敬愛をこめて描く。

都市　増田四郎

「都市」という現象を世界史的な視野から概観し、西欧と日本・中国の市民意識の本質的な相違を解明した比較文化論の名著。（阿部謹也）

水晶宮物語　松村昌家

世界初の万国博覧会会場として脚光を浴びた水晶宮。その八四年の生涯から、建物が象徴するヴィクトリア朝の繁栄と栄光を追う。（村岡健次）

アラブが見た十字軍　アミン・マアルーフ　牟田口義郎／新川雅子訳

十字軍とはアラブにとって何だったのか？　豊富な史料を渉猟し、激動の12・13世紀をあざやかに、しかも手際よくまとめた反十字軍史。

サマルカンド年代記　アミン・マアルーフ　牟田口義郎訳

オマル・ハイヤーム自身の手による『ルバイヤート』が存在した！　幻の自筆本をめぐってイスラーム世界を駆けぬける、冒険歴史大河ドラマ。

ギルガメシュ叙事詩　矢島文夫訳

ニネベ出土の粘土書板に初期楔形文字で記された英雄ギルガメシュの波乱万丈の物語。「イシュタルの冥界下り」を併録。最古の文学の初の邦訳。

解読　古代文字　矢島文夫

ロゼッタ石、シュメールの粘土板、ルーン文字……古代文字から暗号まで解読に命をかけた人びとの歴史を概観し、文字が含み持つ秘密を探り出す。

占星術の起源　矢島文夫

古代オリエントに遡るという占星術の起源をたどり、西洋中世におよぶ星辰崇拝と占いの文化的・科学的背景を神話や資料から解明する。

世界史の流れ　レーオポルト・フォン・ランケ　村岡哲訳

革命の時代にあって危機にさらされた君主制。その問題意識に応えて、ローマ帝国の興亡から同時代までを論じた実証主義的史学講義。（佐藤真一）

宗教の深層　阿満利麿

人間の宗教意識を考える。本居宣長や夏目漱石、柳田國男などの作品と人生に近代における求道の可能性を探り、聖性を希求する（竹田青嗣）

十牛図
上田閑照
柳田聖山
禅の古典「十牛図」を手引きに、自己と他、自然と人間、自身への関わりを通し、真の自己への道を探る。現代語訳と詳注を併録。（西村惠信）

世界宗教史（全8巻）
ミルチア・エリアーデ
宗教現象の史的展開を膨大な資料を博捜し著された人類の壮大な精神史。エリアーデの遺志にそって共同執筆された諸地域の宗教の巻を含む。

世界宗教史1
ミルチア・エリアーデ
中村恭子訳
人類の原初の宗教的営みに始まり、メソポタミア、古代エジプト、インダス川流域、ヒッタイト、地中海地域、初期イスラエルの諸宗教を収める。

世界宗教史2
ミルチア・エリアーデ
松村一男訳
20世紀最大の宗教学者のライフワーク。本巻はヴェーダの宗教、ゼウスとオリュンポスの神々、ディオニュソス信仰等を収める。（荒木美智雄）

世界宗教史3
ミルチア・エリアーデ
島田裕巳訳
仰韶、竜山文化から孔子、老子までの古代中国の宗教と、バラモン、ヒンドゥー、仏陀とその時代、オルフェウスの神話、ヘレニズム文化などを考察。

世界宗教史4
ミルチア・エリアーデ
柴田史子訳
ナーガールジュナまでの仏教の歴史とジャイナ教から、ヒンドゥー教の総合、ユダヤ教の試練、キリスト教の誕生などを収録。（島田裕巳）

世界宗教史5
ミルチア・エリアーデ
鶴岡賀雄訳
古代ユーラシア大陸の宗教、八—九世紀までのキリスト教、ムハンマドとイスラーム、イスラームと神秘主義、ハシディズムまでのユダヤ教など。

世界宗教史6
ミルチア・エリアーデ
鶴岡賀雄訳
中世後期から宗教改革前夜までのヨーロッパの宗教運動、宗教改革前後における宗教、魔術、ヘルメス主義の伝統、チベットの諸宗教を収録。

世界宗教史7
ミルチア・エリアーデ
奥山倫明／木塚隆志／深澤英隆訳
エリアーデ没後、同僚や弟子たちによって完成された最終巻の前半部。メソアメリカ、インドネシア、オセアニア、オーストラリアなどの宗教。

世界宗教史8　ミルチア・エリアーデ　奥山倫明／木塚隆志／深澤英隆訳

西・中央アフリカ、南・北アメリカの宗教、日本の神道と民俗宗教。啓蒙期以降ヨーロッパの宗教的創造性と世俗化などを収録。全8巻完結。

原典訳 チベットの死者の書　川崎信定訳

死の瞬間から次の生までの間に魂が辿る四十九日の旅――中有（バルドゥ）のありさまを克明に描き、死者に正しい解脱の方向を示す指南の書。

神話と古代宗教　カール・ケレーニイ　高橋英夫訳

古代ギリシア人・ローマ人にとって、神話は荒唐無稽な作り話などではなく、生（ビオス）としての宗教であった。碩学の畢生の主著。図版多数。

デュメジル・コレクション（全4巻）　ジョルジュ・デュメジル　丸山静／前田耕作編

王権とは、暴力とは、法とは何か。根源的な問題群にアクチュアルな観点から再考を迫るデュメジルの神話論集。全篇本邦初訳、長文解題付。

デュメジル・コレクション1　ジョルジュ・デュメジル　丸山静／前田耕作編

「三機能理論」によってそれ以前の研究からの変換点となった『ミトラ＝ヴァルナ』、その全面的展開『ユピテル・マルス・クイリヌス』を収録。

デュメジル・コレクション2　ジョルジュ・デュメジル　丸山静／前田耕作編

三機能体系説の拡大深化を目指した『ゲルマン人の神話と神々』、王の推戴の儀礼と神話を比較検討する『セルウィウスとフォルトゥナ』を収録。

デュメジル・コレクション3　ジョルジュ・デュメジル　丸山静／前田耕作編

草創期ローマの謎に大胆に挑んだ『ローマの誕生』、インド＝イラン学への本格的寄与となった画期的論考『大天使の誕生』を収録。

デュメジル・コレクション4　ジョルジュ・デュメジル　丸山静／前田耕作編

神話の翻案・変奏の手法分析を試みた『神話から物語へ』、戦士機能が宿命的に帯びる栄光と悲惨、功と罪を描く『戦士の幸と不幸』を収録。

邪教・立川流　真鍋俊照

女犯の教義と髑髏本尊の秘法のゆえに、徹底的に弾圧、邪教法門とされた真言立川流の原像を復元し、異貌のエソテリズムを考察する。貴重図版多数。

正法眼蔵随聞記　水野弥穂子訳

日本仏教の最高峰・道元の人と思想を理解するうえで最良の入門書。厳密で詳細な注、わかりやすく正確な訳を付した決定版。（増谷文雄）

密教世界の構造　宮坂宥勝

真言密教の開祖であり、古代日本の代表的な知性である空海。人間精神の発達を十段階に分けて論じた雄大な密教体系に肉薄する。（山折哲雄）

暮らしのなかの仏教語小辞典　宮坂宥勝

日常語化されている仏教語四三八語について、その意外なルーツ、現在の用法に変わるまでのプロセスなどを探りながら仏教の教えを語る小辞典。

日本奇僧伝　宮元啓一

神通力の持ち主行基、空を飛ぶ陽勝、奇行を重ねた増賀、苦行の末に験力を発揮した空也など、歴史の表舞台に現れない奇僧たちの魅力あふれる姿。

沙門空海　渡辺照宏／宮坂宥勝

日本仏教史・文化史に偉大な足跡を残す巨人・弘法大師空海にまつわる神話・伝説を洗いおとし、真の生涯に迫る空海伝の定本。（竹内信夫）

自己愛人間　小此木啓吾

思い込みや幻想を生きる力とし、自己像に執着しつづける現代人の心のありようを明快に論じた精神分析学者の代表的論考。（柳田邦男）

シゾイド人間　小此木啓吾

一見社交的だが傷つくことを恐れ、人との深い結びつきが持てない現代人、シゾイド人間。精神分析の視点から心の成り立ちを探る。（福島章）

男性の誕生　M‐L・フォン・フランツ／松代洋一／高後美奈子訳

女性は女性で「ある」が、男性は男性に「ならねばならない」。古典小説『黄金のろば』を題材に、ユングの高弟が男性の精神的成熟の要件を明かす。

子どもの悲しみの世界　森省二

愛する人や大切にしていた物を失う悲しみ。これを上手に乗りこえながら、大人に成長していくための心の働きをやさしく語る。（本田和子）

ちくま学芸文庫

邪教・立川流

二〇〇二年六月十日　第一刷発行

著　者　真鍋俊照（まなべ・しゅんしょう）

発行者　菊池明郎

発行所　株式会社　筑摩書房
東京都台東区蔵前二―五―三　〒一一一―八七五五
振替〇〇一六〇―八―四一二三

装幀者　安野光雅

印刷所　大日本法令印刷株式会社

製本所　株式会社積信堂

ちくま学芸文庫の定価はカバーに表示してあります。
乱丁・落丁本及びお問い合わせは左記へお願いいたします。
筑摩書房サービスセンター
埼玉県さいたま市櫛引町二―六〇四　〒三三一―八五〇七
電話番号　〇四八―六五一―〇〇五三



ISBN 4-480-08703-6 C0114